AF325810

Putin, ¿maestro del juego?

Jacques Baud

Putin,
¿Maestro del juego?

Max Milo

Max Milo, París, 2023
www.maxmilo.com
ISBN: 9782315013111

1. Introducción

El programa diario «C dans l'air» de *France 5* es una fuente inagotable de inspiración. Alternando reportajes y comentarios de un panel de expertos franceses, cubre un amplio abanico de temas de política interior y exterior.

El 17 de octubre de 2021, una edición especial del programa «Putin, maestro del juego», conducido por Caroline Roux, nos permitirá conocer de cerca la política llevada a cabo por «el maestro del Kremlin», Vladimir Putin. Nos ofrece la oportunidad de profundizar en la reflexión iniciada por France 5 y de echar un vistazo crítico a nuestra imagen de Rusia. Seguiremos el programa a medida que se desarrolle, proporcionando un marco para una reflexión más holística.

Nuestro primer objetivo es ofrecer una mejor comprensión de las amenazas, riesgos y peligros de las actuales relaciones entre Occidente y Rusia.

El segundo objetivo es destacar la labor de los periodistas y medios de comunicación que trabajan honestamente y ponerla en perspectiva con las reflexiones de los «expertos» de *France 5*.

A finales de 2021, nuestros medios de comunicación se hicieron eco del ruido de botas lanzadas sobre la frontera ucraniana, anunciando un posible conflicto a principios de 2022. Tras una larga carrera dedicada a la prevención de conflictos, y con mi amplio conocimiento de Rusia, pensé que sería útil explorar formas de mejorar nuestras relaciones con el país.

El primer paso en este proceso es cuestionar nuestra percepción de Rusia, su mentalidad, su política exterior y sus objetivos, y comprobar hasta qué punto nuestros diplomáticos tienen una imagen coherente del «enemigo».

Contrariamente a la opinión generalizada, los servicios de inteligencia estratégica, es decir, los que analizan la situación internacional para los responsables políticos, trabajan casi en un 95% con fuentes abiertas, es decir, nuestros medios de comunicación. Así pues, además de la influencia de los medios de comunicación en las opiniones de los responsables políticos, existe también una influencia estructural de los medios de comunicación y de los «expertos» en las decisiones políticas que afectan a la vida pública.

Por eso la diversidad de la información es un elemento fundamental para el ejercicio del poder en democracia. El objetivo de este libro no es justificar o excusar una determinada forma de gobierno, ni posicionarse a favor o en contra de un determinado gobierno (aunque sus conclusiones parezcan hacerlo), sino saludar a los medios de comunicación que contribuyen a esta diversidad.

1.1 Metodología

Lógicamente, las acusaciones occidentales son respondidas con la retórica contraria en los países señalados (en este caso, Rusia). Como en mi libro *Gouverner par les fake news*, mi objetivo no es transmitir los mensajes de los países acusados. En este sentido, he utilizado casi exclusivamente fuentes occidentales, por lo general estadounidenses o francesas, a menudo procedentes de los principales medios de comunicación, fuentes oficiales o fuentes que son autoridades en la materia.

A diferencia de *los fact-checkers* como *Conspiracy Watch*, que evitan definir términos como «conspiración» con fines de censura y desinformación, aquí utilizaremos una terminología precisa. A diferencia de ellos, utilizaremos el *fact-checking* para demostrar que hay periodistas honestos que hacen su trabajo con diligencia. Desde esta perspectiva, analizaremos las situaciones sin sesgo político.

1.2 Terminología

El término «*mentira*» significa afirmar algo a sabiendas de que es falso. No utilizaremos este término cuando la «verdad» se haya publicado después del reportaje. En cambio, en un programa ya preparado, que contiene imágenes que *ya han* sido «desacreditadas», utilizaremos el término «mentira». En este libro también utilizaremos el término «desinformación» en el mismo sentido.

Las noticias falsas son informaciones que pueden ser deliberadamente falsas o no. Es el resultado de la ignorancia, un malentendido, la distorsión de la información o una mentira deliberada.

«*Propaganda*» es el acto de destacar un aspecto de las cosas en detrimento de otros. No nos equivoquemos: no difunde necesariamente información falsa. En cambio, al destacar un solo aspecto de las cosas, distorsiona nuestra percepción. Generalmente conduce al conspiracionismo.

La «*teoría de la conspiración*» o «*conspiracismo*» consiste en crear una narrativa a partir de información parcial, hipótesis o sospechas tratadas como hechos y ensambladas según una lógica arbitraria. Como crea una historia a partir de elementos dispares, el conspiracionismo puede combinar elementos de propaganda con información falsa y desinformación.

Por ejemplo, afirmar que Rusia está a *la sombra de los Chalecos Amarillos*, basándose en tuits de Rusia, es una mezcla de propaganda (porque probablemente también haya tuits de Suiza, Bélgica o Alemania) y desinformación (porque los «rusos» no son «Rusia», y mucho menos el Gobierno ruso) ensambladas en una teoría de la conspiración. El punto débil de las teorías de la conspiración suele ser el objetivo que se les atribuye («¿con qué fin?»).

Hablamos de *falta de integridad* cuando una persona trata una suposición como un hecho, dejando que sus prejuicios hablen por sí mismos o ignorando con autoridad explicaciones alternativas para hacer acusaciones.

2. La política exterior de Vladimir Putin

2.1.¿Busca Vladimir Putin reconstituir la URSS?

No. La URSS era un Estado marxista, cuya razón de ser era promover la dinámica de la lucha de clases en el mundo. La Rusia de Vladimir Putin es un Estado de economía liberal, fundamentalmente diferente en su ideología y en su forma de operar.

Se le acusa repetidamente[1] de lamentar la antigua URSS y de haber declarado que «*la destrucción de la URSS fue la mayor catástrofe geopolítica de la historia del siglo XX*[2]». Esta frase es utilizada regularmente por medios de comunicación como *Le Monde*[3], *Le Figaro*[4] o *France 24*[5] y, por supuesto, *France 5*[6] para explicar su «nostalgia» por la URSS y su ambición de redescubrir su «grandeza». Esto es objetivamente falso y políticamente engañoso.

---

1. Programa «C dans l'air», 19 de enero de 2022 («Ucrania: ¿se puede evitar la guerra? #cdanslair 19.01.2022», *France 5/YouTube*, 20 de enero de 2022 (18'24»).

2. «Comment un homme a changé la Russie», *la-croix.fr*, 26 de abril de 2005

3. «La caída del imperio soviético, veinticinco años después», *lemonde.fr*, 8 de septiembre de 2016.

4. «Vladimir Fedorovsky: "La caída de la URSS sigue siendo un trauma..."», *lefigaro.fr*, 16 de diciembre de 2016.

5. «Poutine, l'incontournable patron de la Russie», *France 24*, 18 de marzo de 2018.

6.Programa «C dans l'air», 19 de enero de 2022 («Ucrania: ¿se puede evitar la guerra? #cdanslair 19.01.2022», *France 5/YouTube*, 20 de enero de 2022 (32'12»).

La frase original procede de un discurso pronunciado el 25 de abril de 2005, en el que Vladimir Putin lamenta la *forma caótica en que se ha producido* la transición a la democracia:

> *Por encima de todo, debemos reconocer que el colapso de la Unión Soviética fue un gran desastre geopolítico del siglo. En cuanto a la nación rusa, se convirtió en un auténtico drama. Decenas de millones de nuestros conciudadanos y compatriotas se encontraron fuera del territorio ruso. Además, la epidemia de desintegración contagió a la propia Rusia: se depreciaron los ahorros individuales y se destruyeron los viejos ideales. Muchas instituciones se disolvieron o se reformaron por descuido. (...)[7].*

Así que no es un desastre para la humanidad, sino para la vida cotidiana de la población rusa. La frase hace referencia a una verdadera nostalgia entre la población, cuyo electorado, entre un 11 y un 13%, sigue siendo fiel al Partido Comunista, principal partido de la oposición. En ningún momento Putin lamenta el antiguo sistema comunista. Al contrario, aboga por una economía liberal con Occidente como modelo. En cuanto a la reconstitución del imperio ruso, se trata de una fantasía muy occidental, que ni el gobierno ruso ni Vladimir Putin han reivindicado nunca.

La tarea de Vladimir Putin no es reconstituir el imperio soviético, sino restaurar la voz de Rusia en la escena internacional para defender sus intereses. Pero, contrariamente a la creencia popular, este enfoque no tiene ambiciones territoriales ni ideológicas. Su principal objetivo es servir de contrapeso a la agobiante omnipresencia de Estados Unidos, que actúa únicamente en su propio interés, en detrimento de los de sus aliados y del resto del mundo. Putin ha

---

7.*Discurso anual ante la Asamblea Federal de la Federación Rusa*, 25 de abril de 2005, Kremlin, Moscú (http://en.kremlin.ru/events/president/transcripts/22931)

observado con razón que, desde 1990, Occidente ha venido tomando una mala decisión tras otra, creando conflictos que ya no es capaz de resolver. Europa es incapaz de hacer frente a Estados Unidos. Por una sencilla razón: Europa no es ni miembro del Consejo de Seguridad ni potencia nuclear. Por eso acepta pisotear sus propios valores.

Aunque los europeos son perfectamente conscientes de que el mundo bipolar de la Guerra Fría se ha convertido en unipolar y dominado por Estados Unidos, no han medido todas las consecuencias, incluidas las suyas propias. El desequilibrio en el seno del Consejo de Seguridad de las Naciones Unidas ha provocado un gran número de disfunciones a escala internacional. Entre ellas, guerras interminables, lanzadas ilegalmente por Estados Unidos. Se han librado con la complacencia y la participación de los países europeos, y han dado lugar a fenómenos migratorios sin precedentes y a problemas de seguridad que van de la delincuencia organizada al terrorismo.

2.2.¿Busca Rusia ampliar su «zona de influencia»?

2.2.1. La Europa de la Guerra Fría

En *France 5*, Jean-Dominique Giuliani, Presidente de la Fundación Robert Schuman, afirma que «*Rusia quiere tener una zona de influencia en los Estados bálticos o en Polonia.*[8]». Rusia nunca ha reivindicado tal «zona», ni abierta ni secretamente. Ni el *Concepto Estratégico de Seguridad Nacional 2000*[9] ni la *Estrategia de Seguridad Nacional de Rusia 2021*[10] mencionan esta noción ni una sola vez.

---

8. Programa «C dans l'air», 25 de enero («Ucrania: ¿un mano a mano ruso o estadounidense? #cdanslair 25.01.2022», *France 5/YouTube*, 26 de enero de 2022 (19'02»)
9. https://www.bits.de/EURA/natsecconc.pdf
10. https://carnegiemoscow.org/commentary/84893

Esto demuestra lo ignorantes que son los que se presentan como «expertos» en los temas de los que hablan... a menos que estén mintiendo.

La tendencia histórica a la expansión que se atribuye hoy a Rusia es fundamentalmente un atributo del pensamiento marxista que guiaba la política soviética. En este esquema, la URSS se veía a sí misma como la punta de lanza de la lucha de clases y participaba en una guerra *permanente* y *sistémica* con Occidente, que formaba parte de un proceso histórico. Hasta la muerte de Stalin, el pensamiento militar estratégico de la URSS estuvo dominado por la idea de que su seguridad sólo estaría garantizada por una victoria del socialismo sobre el capitalismo, y que era inevitable una confrontación entre ambos sistemas. Los estrategas soviéticos hablaban del principio de la «*inevitabilidad de la guerra*».

En respuesta a este peligro, en 1949 se creó la OTAN. Su propósito: colocar a Europa Occidental bajo el paraguas nuclear de Estados Unidos. Por eso, desde entonces, la estructura militar de la OTAN está dirigida por un militar estadounidense.

Los 12 primeros miembros de la OTAN están todos situados en la parte occidental de Europa: la Alianza era claramente defensiva y se basaba en los planes de invasión alemanes de las dos guerras mundiales. Estaba separada de la URSS por un cinturón de países no miembros y por los países de Europa del Este. En 1952, la integración de Grecia y, sobre todo, Turquía, empujó a la OTAN hasta la frontera de la URSS y alarmó a los soviéticos. Pero el cambio decisivo fue la entrada de la República Federal de Alemania (RFA) en la OTAN el 8 de mayo de 1955. Esto condujo a la creación de la Organización del Tratado de Varsovia (o Pacto) una semana después.

A primera vista, la creación del Tratado de Varsovia no parecía realmente necesaria: los países de Europa del Este estaban dirigidos por partidos comunistas a menudo más férreos que sus homólogos soviéticos, y Moscú mantenía un férreo control sobre ellos. En

Polonia, por ejemplo, el Ministro de Defensa era el mariscal de la URSS (que se convirtió en mariscal polaco en 1949) Konstantin Rokossovki. También de nacionalidad soviética, había conducido al Ejército Rojo a la victoria, a pesar de haber sido condenado a muerte en 1937, pena que no le fue levantada hasta 1956. El control de Moscú era tal que la necesidad del Tratado de Varsovia no era evidente. Así que hay otra explicación.

Esta es la cuestión: los soviéticos adquirieron armas nucleares en 1949 y comprenden que cuanto más cerca esté la OTAN de sus fronteras, más cortos serán sus tiempos de prealerta nuclear y mayor será el riesgo de tener que utilizar armas nucleares.

La razón de ser del Pacto de Varsovia era crear una «zona tampón» formada por los países del Este (Alemania Oriental, Polonia, Checoslovaquia, Hungría y Rumanía). Su función principal era formar un glacis, no para detener a un agresor, sino para frenarlo y dar tiempo al ejército soviético a ponerse en orden de batalla y contraatacar.

Víctimas de varios intentos de invasión a lo largo de dos siglos (1812, 1918-1922 y 1941-1945), por no hablar de la Revolución de 1917 instigada por Alemania, los rusos conservan una profunda desconfianza hacia Occidente, que siempre tiene la desafortunada tendencia a iniciar guerras en casi todas partes. Junio de 1941 aún está muy fresco en la memoria de la gente, y los soviéticos no quieren encontrarse de nuevo en la misma situación.

No se trataba tanto de proteger mejor a la URSS como de formalizar los límites de una zona tampón para evitar que las dos potencias nucleares de la época, EEUU y la URSS, entraran en contacto directo demasiado pronto, forzando el uso de armas nucleares.

Con la muerte de Stalin en 1953, la idea de un enfrentamiento sistémico con Occidente se desvaneció. En 1956, por iniciativa de Nikita Jruschov, el XX Congreso del *Partido Comunista de la Unión Soviética* adoptó la política de *coexistencia pacífica* entre el bloque comunista y el bloque occidental, con el corolario de incluir el principio de la no inevitabilidad de la guerra en la estrategia soviética. Sin embargo, los soviéticos seguían creyendo que el socialismo seguía el curso de la historia. Incluso sin guerra, su victoria era inevitable. Dedujeron que, para impedirla, la única opción abierta a los países «capitalistas» sería un ataque preventivo contra la URSS.

2.2.2. *La posguerra fría*

Tras la caída del comunismo, cuando la idea de una nueva arquitectura de seguridad para el continente europeo estaba en el aire, Rusia no veía a los nuevos miembros de la OTAN como una amenaza para su seguridad. Fueron los cambios introducidos por la administración Bush a principios de la década de 2000 los que alarmaron a los rusos y llevaron a Vladimir Putin a reaccionar en su discurso de Munich en 2007.

Jean-Dominique Giuliani se equivoca al afirmar en *France 5* que Rusia no se siente amenazada por los escasos contingentes de la OTAN desplegados ocasionalmente cerca de su frontera[11]. Tampoco se siente amenazada por la OTAN, como afirman falsamente *Radio-Télévision Suisse*[12] o Caroline Roux[13]. Rusia está lejos de ser paranoica, en palabras de Pierre Servent[14], un «experto» en estrategia militar, que no ha entendido absolutamente nada del problema. Vladimir Putin sabe perfectamente que es improbable que la OTAN lance una gran ofensiva contra Rusia. Pero los rusos se dan cuenta de que una acción militar contra poblaciones civiles rusoparlantes cercanas a su

---

11. Programa «C dans l'air», 25 de enero («Ukraine: la surenchère russe... ou américaine? #cdanslair 25.01.2022», *France 5/YouTube*, 26 de enero de 2022 (19'10»)
12. «Washington advierte de un posible ataque ruso "en cualquier momento" en Ucrania», *rts.ch*, 19 de enero de 2022.
13. «C dans l'air» emitido el 11 de enero de 2022 («Poutine rêve d'URSS, l'Ukraine sous tension #cdanslair 11.01.2022», *France 5/YouTube*, 12 de enero de 2022) (26'50»)
14. «C dans l'air» emitido el 11 de enero de 2022 («Poutine rêve d'URSS, l'Ukraine sous tension #cdanslair 11.01.2022», *France 5/YouTube*, 12 de enero de 2022) (26'50»)

territorio podría desencadenar una reacción en cadena a partir de un incidente menor, como en 1914. El juego de alianzas podría entonces hacer que la situación evolucionara rápidamente, sin que Rusia dispusiera de tiempo de alerta suficiente para defender su suelo nacional por medios convencionales. El uso de armas nucleares se convertiría entonces en la primera opción, si no la única.

Así pues, lo que Rusia teme es una situación similar a la de Ucrania en 2021-2022. Esto es exactamente lo que Vladimir Putin explicó en su rueda de prensa con Emmanuel Macron en febrero de 2022[15].

Este riesgo es perfectamente simétrico para la OTAN, como demostró la crisis ucraniana que cristalizó en diciembre de 2021: al acercarse a la frontera rusa, la OTAN se estaría privando de una capacidad de alerta temprana. Rusia es una potencia nuclear, y cuanto más nos acerquemos a su territorio, menos margen habrá para un conflicto convencional.

Por eso, en 1997, George F. Kennan, diplomático estadounidense (y artífice de la estrategia de contención de la URSS a finales de los años cuarenta), advertía en el *New York Times*:

> *(...) la ampliación de la OTAN sería el error más funesto de la política estadounidense en toda la posguerra fría[16].*

También por esta razón Rusia nunca ha reclamado territorio ucraniano: ni tiene intención de que *la OTAN se acerque* a su frontera, ni tiene intención de acercarse a la OTAN. A finales de febrero de 2002, cuando se estaba escribiendo este libro, aún se desconocía el resultado de la ofensiva rusa. Sin embargo, estaba claro que el objetivo no era conquistar territorio, sino imponer una forma de «neutralización» a Ucrania.

15.Conferencia de prensa tras las conversaciones ruso-francesas, *kremlin.ru*, 8 de febrero de 2022.
16.George F. Kennan, A Fateful Error, *The New York Times*, 5 de febrero de 1997

Hasta qué punto Volodymyr Zelensky hablaba en serio cuando mencionó un posible rearme nuclear de Ucrania en febrero de 2022 en la Conferencia de Seguridad de Múnich[17] está abierto a debate. Es probable que los rusos lo vieran como una amenaza potencial, que los desplantes del ministro francés de Asuntos Exteriores no contribuyeron a mitigar.

El hecho es que los estadounidenses han percibido el peligro de estar «en desacuerdo» con Rusia. Por eso intentan reactivar el tratado de *Fuerzas Nucleares Intermedias* (INF) que Donald Trump denunció en 2019. Un tratado establece una norma por la que se pueden tomar medidas diplomáticas o incluso sanciones, pero cuando se suprime la norma, todo vale. Así que las principales víctimas de la política estadounidense son los propios países de Europa del Este: tener armas nucleares no te protege, y puede obligarte a usarlas.

Ahora, durante la crisis de Ucrania, Putin ha demostrado que cuanto más se acercan las dos potencias nucleares de la zona euroatlántica, más probable es que se vuelvan nucleares. Así, en caso de conflicto, los rusos probablemente no tendrán tiempo de considerar la naturaleza de los misiles cargados en los lanzadores Mk41 situados en Polonia y Rumanía. Como la amenaza está demasiado cerca, podrían considerarlos por defecto como un ataque nuclear.

Los países de la «*nueva Europa*» se han adherido a la OTAN sin darse cuenta de que, en caso de guerra, están destinados a convertirse en los campos de batalla nucleares de un posible enfrentamiento con Rusia, mientras que, fuera de una alianza, permanecerían (al menos durante más tiempo) bajo una amenaza convencional. Este es el riesgo al que se enfrentan países como Suecia y Finlandia, que han decidido ingresar en la OTAN.

17.Zelensky: Ucrania podría reconsiderar su estatus nuclear, *uawire.org*, 19 de febrero de 2022

La capacidad nuclear otorgada a la OTAN por Estados Unidos es a la vez su fuerza y su debilidad. Es su fuerza porque actúa como elemento disuasorio frente a un agresor tentado de utilizar armas nucleares, lo que es probable que ocurra al atacar un territorio santuario (por ejemplo, Rusia). En cambio, es una debilidad porque le impide intervenir en una situación aparentemente menos grave cuando uno de los adversarios dispone de armas nucleares. Por ejemplo, la crisis ucraniana habría resultado muy diferente si Europa hubiera tenido una capacidad de defensa autónoma. En este caso concreto, la influencia de Estados Unidos habría sido probablemente menos perniciosa y habría permitido negociar para evitar las hostilidades. Por eso Estados Unidos hace todo lo posible por impedir la aparición de una capacidad de defensa europea.

Así pues, el plan de Rusia no es «ampliar su zona de influencia», sino asegurarse de que los países de su entorno estén libres de toda influencia. Por ello, algunos expertos han planteado la posibilidad de una Ucrania neutral. En este escenario, Ucrania se encontraría en una situación algo comparable a la de Suiza desde 1815 o Austria desde 1955, cuyas neutralidades les fueron impuestas por los europeos (a diferencia de la neutralidad belga en el siglo XX, decretada por ella misma pero violada por todos al no ser reconocida por nadie). La neutralidad reconocida por todos es sólida porque beneficia a todos. Esta es la esencia de las exigencias transmitidas por Vladimir Putin a la administración Biden como base de negociación. Esta visión también es compartida en Estados Unidos[18]. Una configuración de este tipo también beneficiaría a la OTAN, pues le devolvería su capacidad estratégica de alerta temprana.

---

18. Anatol Lieven, Ukraine: The Most Dangerous Problem in the World - But there's already a solution, *The Nation,* 15 de noviembre de 2021; Katrina van den Heuvel, Opinion: What a sensible Ukraine policy would look like, *The Washington Post,* 4 de enero de 2022.

2. La política exterior de Vladimir Putin

Cabe señalar que el término «finlandización» utilizado en la rueda de prensa entre Emmanuel Macron y Volodymyr Zelensky fue inapropiado en su momento. El término «finlandización» no es sinónimo de «neutralización», sino que se refiere a la situación de Finlandia durante la Guerra Fría, cuando tenía una política de neutralidad resultante de un acuerdo con la URSS al final de la Segunda Guerra Mundial. Este acuerdo se alcanzó para que Rusia renunciara a sus reivindicaciones territoriales sobre Finlandia. En última instancia, la incapacidad de Occidente para resolver el conflicto del Donbass mediante los Acuerdos de Minsk podría conducir a la «finlandización» de Ucrania, mientras que Rusia se habría conformado con la «neutralización».

La preocupación de Rusia es simétrica a la de Estados Unidos, que trata de evitar injerencias exteriores en el continente americano. Se trata de la «doctrina Monroe», que pretende prohibir cualquier alianza o coalición que pueda amenazar directamente sus fronteras. Adoptada en el siglo XIX en respuesta a la intervención colonial europea en el continente americano, esta doctrina se aplicó contra Cuba en 1962. Los soviéticos habían desplegado allí misiles en respuesta a la instalación de misiles Júpiter en Turquía. La «crisis de los misiles» se resolvió con la retirada de los misiles por ambas partes.

Probablemente para subrayar esta simetría, Vladimir Putin telefoneó a su homólogo venezolano el 20 de enero de 2022[19] y al presidente cubano cuatro días después[20].

De hecho, cuando los países de la «nueva Europa» ingresaron en la OTAN, lo más probable es que no tuvieran en mente el riesgo de enfrentamiento con Rusia. Hoy en día, su pertenencia a la Alianza debería obligarles a mantener relaciones normales con su vecino

---

19.Conversación telefónica con el presidente de Venezuela, Nicolás Maduro, *kremlin.ru*, 20 de enero de 2022.
20.Conversación telefónica con el Presidente de Cuba Miguel Díaz-Canel Bermúdez, *kremlin.ru*, 24 de enero de 2022.

oriental, ya que su política exterior repercute en el conjunto de la Alianza. Sin embargo, no es así: al contrario, la pertenencia a la OTAN ha estimulado sus sentimientos antirrusos.

En estos países, el auge del conservadurismo militante y nacionalista ha ido de la mano del desprecio por sus minorías rusoparlantes, la creciente injerencia en los asuntos rusos con apoyo oficial a actividades militantes transfronterizas (contrarias a la Carta de la ONU) y la difusión de información falsa que es el «pan de cada día» de los teóricos de la conspiración occidentales.

Un ejemplo de la militancia infantil de esta «nueva Europa» es el proyecto *Intermarium* que Polonia intenta resucitar desde 2015[21]:

> *Estamos asistiendo a una interesante evolución en Europa, donde Polonia ya no tiene que preocuparse por una amenaza militar a su retaguardia europea y ahora puede concentrarse en combatir las intenciones geopolíticas rusas. Es más, Estados Unidos también está interesado en apoyar a los polacos, creando unas condiciones excepcionalmente buenas para el éxito del Intermarium.*

El *Intermarium es una* especie de alianza político-militar que reuniría a los países del Báltico al Mar Negro, con el objetivo de aislar a Rusia. Concebida en los años treinta por el mariscal Pilsudski -amigo personal de Adolf Hitler-, cuenta con el apoyo de Polonia y Lituania. También cuenta con el apoyo del movimiento neonazi ucraniano Azov, respaldado por países occidentales, según afirma el sitio web británico *Bellingcat*[22].

21.Emil Avdaliani, Polonia y el éxito de su proyecto Intermarium, *moderndiplomacy.eu*, 31 de marzo de 2019.
22.Oleksiy Kuzmenko, «Defend the White Race: American Extremists Being Co-Opted by Ukraine's Far-Right», *bellingcat.com*, 15 de febrero de 2019.

2. La política exterior de Vladimir Putin

Los esfuerzos por crear una «zona de influencia» en la región de los países del antiguo bloque del Este parecen provenir más de Europa, con el apoyo de Estados Unidos. Existe un deseo estadounidense de aislar a Rusia, claramente apoyado por la Unión Europea. Estos esfuerzos se han puesto de manifiesto desde que Vladimir Putin empezó a reaccionar ante este cerco y a afirmar el papel geoestratégico de Rusia.

2.3 ¿Hubo una promesa de que la OTAN no se expandiría hacia el Este después de 1990?

Tras el colapso del sistema comunista, el mapa geopolítico de Europa cambió. La ampliación de la OTAN hacia el este, con la inclusión de Hungría, la República Checa y Polonia en 1999, seguidas de los tres países bálticos, Eslovaquia, Eslovenia, Rumanía y Bulgaria en 2004, ha empujado a la Alianza inexorablemente hacia la frontera rusa.

Al principio, Rusia no vio ninguna amenaza en este desarrollo. Pero las cosas dieron un nuevo giro a principios de la década de 2000, cuando los estadounidenses planeaban desplegar misiles antimisiles (BMD) en Europa del Este. Esta fue la razón de la firme postura de Vladimir Putin en Múnich en 2007, cuando recordó las garantías dadas a Mijaíl Gorbachov en 1990-1991, descartando cualquier expansión de la OTAN hacia el Este. El anuncio de un «diálogo intensificado» con Ucrania y Georgia con vistas a su ingreso en 2008 adquirió una nueva dimensión.

A menudo presentado como un rumor fantasioso propagado por Rusia[23], las garantías occidentales de la no expansión de la OTAN

23.*La ampliación de la OTAN y Rusia: mitos y realidades* (www.nato.int/docu/review/2014/Russia-Ukraine-Nato-crisis/Nato-enlargement-Russia/FR/index.htm)

están atestiguadas por numerosos documentos desclasificados hechos públicos en diciembre de 2017 por el *Archivo de Seguridad Nacional de* la Universidad George Washington[24].

En 2021, Jens Stoltenberg, Secretario General de la OTAN, transmitió a[25] -con toda lógica- la postura de la Alianza de que «*nunca se prometió que la OTAN no se expandiría hacia el este tras la caída del Muro de Berlín*[26]». Es un mentiroso.

Quienes apoyan esta propuesta, como *Conspiracy Watch*[27], Bruno Tertrais, de la *Fundación para la Investigación Estratégica* (FRS)[28], Isabelle Mandraud en *France 5*[29] o Nicolas Gosset, del *Instituto Real de Altos Estudios de Defensa* (IRSD), en *RTBF*[30], sostienen que no ha habido promesas porque no ha habido tratado ni acuerdo escrito.

Es cierto que no hay tratados ni decisiones del Consejo del Atlántico Norte (CAAN) que concreten estas promesas. Pero eso no significa que no se hayan hecho. Así que el argumento es un poco simple. Por varias razones.

En primer lugar, desde el punto de vista jurídico, ahora tenemos la impresión de que, al haber «perdido la Guerra Fría», la URSS ya no tiene nada que decir sobre la evolución del mundo. Pero esto no es cierto. Ya en noviembre de 1989, la idea de la reunificación alemana estaba en el aire. Pero Occidente sabía que la URSS, como vencedora

---

24.«Documentos desclasificados muestran garantías de seguridad contra la expansión de la OTAN a líderes soviéticos de Baker, Bush, Genscher, Kohl, Gates, Mitterrand, Thatcher, Hurd, Major y Woerner», *National Security Archive*, 12 de diciembre de 2017, Washington D.C.

25.«Conversation on The Future of NATO», nato.int, 25 de marzo de 2021 (actualizado el 29 de marzo de 2021)

26.«La ampliación de la OTAN y Rusia: mitos y realidades», *Revista de la OTAN*, 2014.

27.«¿Prometió realmente la OTAN a Rusia no expandirse hacia el este? No es tan sencillo...», *Conspiracy Watch*, 20 de diciembre de 2017.

28. https://twitter.com/BrunoTertrais/status/943152395273539584

29.Isabelle Mandraud en el programa «C dans l'air» el 11 de enero de 2022 («Poutine rêve d'URSS, l'Ukraine sous tension #cdanslair 11.01.2022», France 5/YouTube, 12 de enero de 2022) (24'06»)

30.Nicolas Gosset, en el programa «QR l'actualité», 21 de febrero de 2022

de Alemania en 1945, tenía un derecho de veto de iure sobre la reunificación. Por tanto, estaban obligados a obtener su acuerdo y responder a su legítima necesidad de seguridad.

Esto es lo que dijo Hans-Dietrich Genscher, Ministro de Asuntos Exteriores alemán, en su discurso del 31 de enero de 1990 en Tutzing (Baviera), según informa la Embajada estadounidense en Bonn[31]:

> *Sin embargo, Genscher advirtió que cualquier intento de extender el alcance militar [de la OTAN] al territorio de la República Democrática Alemana (RDA) bloquearía la reunificación alemana.*

Para la URSS esto significaba que la OTAN se estaba acercando *ipso facto a* la frontera soviética. En aquel momento todavía existía el Tratado de Varsovia y la doctrina de la OTAN no había cambiado, así que era legítimo que la URSS viera en ello un riesgo para su seguridad. Y lo que es más, al aceptar la reunificación alemana, la URSS aceptó retirar su *Grupo de Fuerzas Soviéticas en Alemania (GSFR)*, su contingente más poderoso y moderno, debilitando así significativamente su posición estratégica en Europa. Por ello, Genscher señala que

> *Los cambios en Europa del Este y el proceso de unificación alemana no deben «socavar los intereses de seguridad soviéticos». En consecuencia, la OTAN debe descartar «ampliar su territorio hacia el este, es decir, acercarse a las fronteras soviéticas».*

Por ello, Mijail Gorbachov no tardó en poner condiciones a su acuerdo, lo que llevó a James Baker, Secretario de Estado

---

31. https://nsarchive.gwu.edu/document/16112-document-01-u-s-embassy-bonn-confidential-cable

estadounidense, a entablar inmediatamente conversaciones con él. El 9 de febrero de 1990, para disipar sus inquietudes, Baker declaró[32]:

> *No sólo para la Unión Soviética sino también para otros países europeos es importante tener garantías de que si Estados Unidos mantiene su presencia en Alemania en el marco de la OTAN, ni un centímetro de la actual jurisdicción militar de la OTAN se extenderá en dirección este.*

Así que hubo promesas, sencillamente porque Occidente no tenía *otra alternativa que* obtener la aprobación de la URSS y, sin promesas, Alemania no se habría reunificado. Gorbachov sólo accedió a la reunificación alemana porque había recibido garantías del Presidente George H.W. Bush y de James Baker, del Canciller Helmut Kohl y de su Ministro de Asuntos Exteriores Hans-Dietrich Genscher, de la Primera Ministra británica Margaret Thatcher, de su sucesor John Major y de su Ministro de Asuntos Exteriores Douglas Hurd, del Presidente François Mitterrand, pero también del Director de la CIA Robert Gates y de Manfred Wörner, entonces Secretario General de la OTAN[33].

El 17 de mayo de 1990, en un discurso pronunciado en Bruselas, Manfred Wörner declaró[34]:

---

32. *Record of Conversation between Mikhail Gorbachev and James Baker*, 9 February 1990 (National Security Archive, The George Washington University, Washington DC) (https://nsarchive2.gwu.edu//dc.html?doc=4325680-Document-06-Record-of-conversation-between)

33. «Documentos desclasificados muestran garantías de seguridad contra la expansión de la OTAN a líderes soviéticos de Baker, Bush, Genscher, Kohl, Gates, Mitterrand, Thatcher, Hurd, Major y Woerner», *National Security Archive*, 12 de diciembre de 2017, Washington D.C.

34. Dave Majumdar, «Nuevos documentos desclasificados: Gorbachev Told NATO Wouldn't Move Past East German Border», *The National Interest*, 12 de diciembre de 2017.

2. La política exterior de Vladimir Putin

> *El hecho de que estemos dispuestos a no situar un ejército de la OTAN fuera del territorio alemán ofrece a la Unión Soviética una firme garantía de seguridad.*

En febrero de 2022, en la revista alemana *Der Spiegel*, Joshua Shifrinson, politólogo estadounidense, reveló un documento fechado el 6 de marzo de 1991, clasificado SECRETO, redactado tras una reunión de los directores políticos de los ministerios de Asuntos Exteriores de Estados Unidos, Gran Bretaña, Francia y Alemania. En él se recogen las palabras del representante alemán, Jürgen Chrobog[35]:

> *Durante las negociaciones 2+4 dejamos claro que no ampliaríamos la OTAN más allá del Elba. Así que no podemos ofrecer la adhesión a la OTAN a Polonia y a los demás.*

Los representantes de los demás países también aceptaron la idea de no ofrecer el ingreso en la OTAN a los demás países de Europa del Este. Raymond Seitz, el representante estadounidense, declaró:
> *Hemos dejado claro a la Unión Soviética -en las conversaciones «dos más cuatro» y en otros foros- que no nos beneficiaremos de la retirada de las tropas soviéticas de Europa Oriental.*

En segundo lugar, haya o no constancia escrita, hubo *acuerdo* porque era inevitable que *lo hubiera*. Según el derecho internacional, una promesa es un acto unilateral válido que debe respetarse (*«promissio est servanda»*). Quienes niegan esto hoy en día son individuos que desconocen el valor de una palabra dada. Pero es cierto que tales principios tienen poco valor ante un abogado neoyorquino...

---

35. Klaus Wiegrefe, «Neuer Aktenfund von 1991 stützt russischen Vorwurf», *Der Spiegel*, 18 de febrero de 2022.

El problema es que Occidente -y los estadounidenses en particular- consideraron que la caída del comunismo era su victoria, que querían que fuera total, y que por tanto Rusia no tenía nada más que decir. En realidad, Occidente no ganó la Guerra Fría, fue el sistema comunista el que la perdió: no era viable y se derrumbó por sí mismo. Sin embargo, los «halcones» estadounidenses vieron la oportunidad de destruir completamente a Rusia. Robert M. Gates, antiguo jefe de la CIA (1986-1993), revela en sus memorias que Richard Cheney, entonces Secretario de Defensa, pretendía destruir Rusia[36]:

> *Cuando la Unión Soviética se derrumbó a finales de 1991, Dick [Cheney] quería ver el desmantelamiento no sólo de la Unión Soviética y del imperio ruso, sino de la propia Rusia.*

Así que lo que nuestros columnistas calificaron de «paranoia» en el discurso de Vladimir Putin del 21 de febrero de 2022 tenía una realidad definida en 1991.

En aquella época, China era todavía un país en desarrollo, y Estados Unidos pensaba que podía descartar cualquier «competencia» en términos de seguridad internacional. Luchaban por evitar de cualquier modo que Rusia volviera a alzarse y desafiara su liderazgo. Por eso, durante la «década de Yeltsin», a pesar de las buenas relaciones con la administración Clinton, no hubo desarrollo ni inversiones occidentales significativas en Rusia. En su lugar, Rusia fue presa del capitalismo salvaje y de oligarcas sin escrúpulos, que despojaron al país y fomentaron el reinado de las mafias. A principios de la década de 2000, estos oligarcas huyeron a Israel y Gran Bretaña con inmensas fortunas.

Así que las bonitas promesas de 1990-1991 se olvidaron rápidamente y los países de la «nueva Europa» -según la expresión de Donald

---

36.Robert M. Gates, *Duty: Memoirs of a Secretary at War*, Knopf Doubleday, 2014, p. 97.

2. La política exterior de Vladimir Putin

Rumsfeld- se incorporaron gradualmente a la Alianza Atlántica a partir de 1999. Para los antirrusos primitivos de hoy, Occidente ha cumplido de buena fe con sus obligaciones y lo que no está escrito no está dicho... Mala noción de la palabra dada y del honor, porque no es ésta la opinión de Robert M. Gates, que declaró en julio de 2000[37]:

> *En un momento de especial humillación y dificultad para Rusia, la aceleración de la expansión de la OTAN hacia el este, cuando a Gorbachov y a otros se les hizo creer que esto no ocurriría -al menos no rápidamente-, creo que probablemente no sólo ha empeorado la relación entre Estados Unidos y Rusia, sino que ha hecho mucho más difícil trabajar constructivamente con ellos.*

Nótese la frase «*fueron inducidos a creer*», que indica que hubo claramente mala fe por parte de Estados Unidos desde el principio.

Por tanto, los rusos tienen razón al cuestionar la palabra y las intenciones de la OTAN[38]. En realidad, el único error de Mijaíl Gorbachov fue creer en la buena fe de las democracias occidentales y no pedirles garantías por escrito... Como dice Stephen F. Cohen, Profesor de Estudios Rusos y Eslavos de la Universidad de Nueva York Cohen, Profesor de Estudios Rusos y Eslavos en la Universidad de Nueva York, el problema es que, *volens nolens,* esta promesa incumplida -ni en la forma ni en el espíritu- ha erosionado la confianza rusa en la palabra de Occidente[39].

---

37. *Robert Gates, Universidad de Virginia, Miller Center Oral History, Presidencia de George H.W. Bush,* 24 de julio de 2000, p. 101 (http://web1.millercenter.org/poh/transcripts/ohp_2000_0723_gates.pdf)

38. Philippe Descamps, «Quand la Russie rêvait d'Europe: L'Otan ne s'étendra pas un pouce vers l'est», *Le Monde Diplomatique,* septiembre de 2018, pp. 10-11.

39. «Stephen F. Cohen: NATO expansion and Russia», *YouTube/Carnegie Council for Ethics in International Affairs,* 2 de junio de 2010.

Dicho esto, en contra de lo que pueda parecer -y a pesar de los antiguos sentimientos antirrusos- la mayoría de los países de Europa Oriental no se incorporaron a la OTAN por miedo u hostilidad hacia Rusia.

En los años noventa, Rusia era muy débil y no representaba ninguna amenaza seria para ellos: la desintegración de la URSS había destruido su ejército y su base industrial. De hecho, el ingreso en la OTAN no era tanto una garantía contra una posible agresión rusa como un paso necesario hacia una mayor integración en las estructuras occidentales. Ambas partes la consideraban una promesa de occidentalización y una forma de compromiso con la comunidad europea. No hay que olvidar que los países de Europa del Este habían tenido partidos comunistas mucho mejor establecidos y mucho más feroces que en la propia URSS, y que sus servicios de seguridad eran a menudo mucho más brutales que los de los soviéticos; además, conservaron en gran medida su cultura y algunos siguieron practicando eliminaciones «discretas» al menos hasta los años noventa...

Pero estas diferencias se olvidaron rápidamente. Gracias a la ayuda concedida por Estados Unidos para la modernización de sus equipos militares, la pertenencia a la OTAN también contribuyó a aliviar su carga financiera. Este fenómeno se vio favorecido en gran medida por su participación en las coaliciones lideradas por Estados Unidos en Afganistán e Irak. De este modo, Estados Unidos compró literalmente países dispuestos a venderse y a hacer su trabajo sucio en Oriente Medio (incluidos los programas de tortura de la CIA)... ¡La naturaleza siguió su curso! No es de extrañar que en 1998 el New York Times informara de que la expansión de la OTAN fue promovida por el lobby armamentístico estadounidense, que gastó unos 51 millones de dólares en sobornar a políticos estadounidenses con este fin[40].

40.Katharine Q. Seelye, «Arms Contractors Spend to Promote An Expanded NATO», *The New York Times,* 30 de marzo de 1998.

La secuencia de los acontecimientos demuestra que, en el Este, el ingreso en la OTAN precedió a menudo al ingreso en la Unión Europea, que entonces se percibía como una garantía de rápido desarrollo y prosperidad, y que era el verdadero objetivo.

Adhesión de los países de Europa del Este a la OTAN y a la Unión Europea

País	OTAN	Unión Europea
República Checa	Marzo de 1999	Mayo de 2004
Hungría	Marzo de 1999	Mayo de 2004
Polonia	Marzo de 1999	Mayo de 2004
Bulgaria	Marzo de 2004	Enero de 2007
Estonia	Marzo de 2004	Mayo de 2004
Letonia	Marzo de 2004	Mayo de 2004
Lituania	Marzo de 2004	Mayo de 2004
Rumanía	Marzo de 2004	Enero de 2007
Eslovaquia	Marzo de 2004	Mayo de 2004
Eslovenia	Marzo de 2004	Mayo de 2004
Albania	Abril de 2009	
Croacia	Abril de 2009	Julio de 2013
Montenegro	Mayo de 2017	
Macedonia del Norte	Marzo de 2020	

Figura 1 - Los países de la «nueva Europa» siempre ingresaron en la OTAN antes que en la Unión Europea. Se guiaron más por la prosperidad que se esperaba de la Unión Europea que por el miedo o el odio a Rusia.

Lo mismo puede decirse de Ucrania, cuyo deseo de acercarse a la Unión Europea y a la OTAN probablemente se deba menos a su hostilidad hacia Rusia que a unas expectativas exageradas sobre los beneficios de ese acercamiento. Ésta era también la percepción de Rusia en aquel momento. Por eso, en contra de un mito cuidadosamente alimentado en Occidente, Rusia nunca se opuso a este acercamiento, como veremos. En 2022, la perspectiva de recibir ayuda de la Unión Europea y de externalizar sus gastos de defensa seguirá siendo sin duda el principal motor de la política del país, cuya economía se ha deteriorado y cuya corrupción ha aumentado desde su acercamiento a la Unión Europea en 2014.

En los años noventa, las élites rusas no veían a la OTAN como una amenaza. De ahí que nunca exigieran su disolución, contrariamente a lo que afirma la politóloga Clémentine Fauconnier en *France 5*[41]. Por el contrario, veían la Alianza como la base de una nueva arquitectura de seguridad europea, en la que Rusia podía participar plenamente. No eran los únicos, ya que en su discurso del 31 de enero de 1990 en Tutzing, Hans-Dietrich Genscher «*ve la continuidad de las alianzas, pero asumiendo más un papel político que militar*».[42]

A mediados de los años noventa, Rusia ya no veía realmente como un problema la expansión de la OTAN hacia el este, y no consideró necesario retractarse de las promesas realizadas antes de la reunificación alemana.

En cuanto a la idea -defendida por Bruno Tertrais- de que Occidente cumplió su palabra al transformar la CSCE en la OSCE, no es cierta. En primer lugar, esta transformación no pretendía satisfacer a Rusia. Se trataba de transformar una estructura hasta entonces informal (que era lo que le había dado tanto éxito durante la guerra fría) en una estructura permanente, debido a su papel durante la guerra de los Balcanes. Desde entonces, la OSCE ha desempeñado principalmente un papel en materia de seguridad humana y menos en cuestiones de seguridad internacional. Concebida por los soviéticos a finales de los años sesenta como un foro para resolver cuestiones de seguridad internacional, Occidente la ha orientado gradualmente hacia los derechos humanos y las cuestiones de seguridad humana.

41.«C dans l'air» emitido el 11 de enero de 2022 («Poutine rêve d'URSS, l'Ukraine sous tension #cdanslair 11.01.2022», *France 5/YouTube*, 12 de enero de 2022) (19'55»)
42. https://nsarchive.gwu.edu/document/16112-document-01-u-s-embassy-bonn-confidential-cable

Aunque los rusos siguen considerándola un modelo, la OSCE no se corresponde con lo que habían previsto al final de la Guerra Fría en materia de cooperación para la seguridad en Europa.

La crisis ucraniana revela la falta de pensamiento estratégico de Occidente. Desde que la OTAN tocó la frontera rusa, ni la Alianza ni Rusia han dispuesto de una zona tampón que les diera la flexibilidad necesaria para responder a un conflicto por debajo del umbral nuclear. Al estar en contacto directo con territorio ruso santuarizado, la OTAN -y los países de Europa del Este en particular- se exponen al riesgo de verse implicados casi de inmediato en un conflicto nuclear.

Esto explica las dos propuestas presentadas por Rusia a Estados Unidos y a la OTAN a mediados de diciembre de 2021, tituladas «*Tratado entre Estados Unidos de América y la Federación Rusa sobre garantías de seguridad*» y «*Acuerdo sobre medidas para garantizar la seguridad de la Federación Rusa y de los Estados miembros de la Organización del Tratado del Atlántico Norte*». En Occidente, la extrema derecha de la izquierda habla de «*ultimátum*[43]», y Pascal Boniface afirma que Vladimir Putin ha declarado que «*los dos proyectos de tratado son lo tomas o lo dejas*[44]». Error: la página web de la oposición rusa *Meduza* habla claramente de «*propuestas*»[45]. De hecho, como durante toda la crisis ucraniana de 2021-2022, las declaraciones e intenciones rusas se están «inflando» artificialmente para dar la ilusión de que Putin dará marcha atrás y de que la diplomacia occidental habrá sido eficaz después: esto es manipulación.

---

43. Françoise Thom, «¿Qué significa el ultimátum ruso a Occidente?», *desk-russie.eu*, 30 de diciembre de 2021.

44. Programa «C dans l'air», 25 de enero («Ukraine: la surenchère russe... ou américaine? #cdanslair 25.01.2022», *France 5/YouTube*, 26 de enero de 2022 (14'41»)

45. «Términos de Moscú Rusia publica una propuesta de garantías de seguridad jurídicamente vinculantes, exigiendo a la OTAN que abandone su actividad en Ucrania y a EE.UU. que se retire militarmente del mundo postsoviético», *Meduza*, 17 de diciembre de 2021.

Los rusos no eran tontos cuando hicieron sus propuestas, y sabían que ni Estados Unidos ni la OTAN las aceptarían tal como estaban. Pero consiguieron dos cosas. En primer lugar, plasmaron claramente sobre el papel unas exigencias que no eran realmente nuevas, sino que se habían quedado en meros «temas de conversación». Ahora han obligado a Occidente a adoptar posiciones claras. En segundo lugar, han fijado el punto de partida y el nivel de las negociaciones con exigencias, algunas de las cuales son un poco más elevadas de lo que les gustaría, para conservar una baza en la negociación.

Se argumentará que todos los países tienen derecho legítimo a ingresar en la OTAN y que Rusia no tiene legitimidad para interferir en estas decisiones. Esto es cierto, pero no se trata de eso: la cuestión no es el derecho de los países a ingresar en la OTAN, sino si es sensato que la propia Alianza acepte a determinados miembros. Vladimir Putin ha comprendido muy bien que este proceso ha carecido hasta ahora de toda racionalidad, en particular al ignorar la dimensión nuclear del problema.

Unirse a una alianza no es un acto trivial, porque implica obligaciones para todos sus miembros. Fue un mecanismo de este tipo el que condujo al asesinato del archiduque Francisco José en 1914, que causó 40 millones de muertos...

De hecho, la OTAN tiene una política de «puertas abiertas», pero se malinterpreta. Se describe en el Artículo 10 del Tratado de Washington:

> *Artículo 10 - Las Partes podrán, por acuerdo unánime, invitar a adherirse al Tratado a cualquier otro Estado europeo que pueda favorecer los principios del presente Tratado y contribuir a la seguridad de la zona del Atlántico Norte. Cualquier Estado así invitado podrá convertirse en Parte del Tratado depositando su instrumento de adhesión ante el Gobierno de los Estados Unidos de América. El Gobierno de los Estados Unidos*

de América informará a cada una de las Partes del depósito de cada instrumento de adhesión.

En otras palabras, los países son «*invitados*» en la medida en que puedan «*contribuir a la seguridad de la región del Atlántico Norte*». Evidentemente, el criterio no es la seguridad de los países individuales, sino la seguridad colectiva de la región. Esto es lo que los países de la «Nueva Europa» no han entendido. Además, significa que todos los países de la zona euroatlántica pueden ser miembros, pero que la decisión queda a discreción de la Alianza, que no tiene ninguna obligación de aceptar a todos los países que deseen adherirse.

Así que cuando Philippe Lamberts, miembro del Parlamento Europeo, dice que corresponde a los ucranianos decidir si quieren o no formar parte de la OTAN[46], es inexacto. En cualquier caso, la decisión corresponde a los países miembros de la Alianza, en función de la seguridad que les aportaría Ucrania.

Dicho esto, tenemos derecho a preguntarnos si la decisión adoptada por los países de la OTAN sería racional en esta situación, del mismo modo que tenemos derecho a preguntarnos qué ganó la OTAN en términos de seguridad cuando integró a los países bálticos. Estos países, desprovistos de toda tradición democrática e impulsados por un odio casi atávico hacia los rusos, podrían ser el origen de pogromos o actos de violencia susceptibles de requerir una intervención exterior -quizás por parte de Rusia- bajo el pretexto de la «responsabilidad de proteger» (R2P). Cargados de ideologías de otra época, estos países no conceden derechos de ciudadanía a sus residentes rusoparlantes (en la medida en que sus pasaportes son expedidos por la Unión Europea).

46.Programa «Crise ukrainienne: Ce que les médias traditionnels n'osent pas dire», *ATIPIK TV/YouTube*, 8 de febrero de 2022

Además, afirmar que «Rusia no puede tener derecho de veto sobre la ampliación de la OTAN» resulta un poco simplista. Es cierto que Rusia no tiene derecho a intervenir en las decisiones de la Alianza. Pero la ampliación de la Alianza tampoco está exenta de condiciones. Hay un principio aceptado por todos los miembros de la OSCE y consagrado en el *Documento de Estambul* (1999)[47] y en la *Declaración de Astana* (2010)[48]: «*La seguridad de cada Estado participante está inextricablemente vinculada a la de todos los demás*». Esto significa que la seguridad de un país no puede lograrse a expensas de otro. Así ocurre, en efecto, cuando la OTAN y Estados Unidos en particular despliegan armamento y reducen *ipso facto los* tiempos de alerta y de alerta rápida de un país.

Hasta ahora, la aceptación de nuevos miembros de la OTAN se hacía con euforia y sin ninguna reflexión estratégica, porque Rusia y China eran débiles. Hoy, sin embargo, la situación es radicalmente distinta, y los problemas de un país pueden convertirse rápidamente en los de toda la Alianza, como en 1914. La crisis ucraniana ha puesto de manifiesto los riesgos que supone para la propia OTAN una expansión poco meditada.

Esto es lo que dijo Vladimir Putin en Moscú durante su conferencia de prensa con Emmanuel Macron el 8 de febrero de 2022. El problema es que nuestros «expertos» no escuchan.

En palabras de Richard Sakwa, catedrático de Política Rusa y Europea de la Universidad de Kent[49],

> *Una auténtica paradoja geopolítica es que la OTAN existe para gestionar los riesgos creados por su propia existencia.*

---

47. https://www.osce.org/files/f/documents/0/2/39570.pdf
48. https://www.osce.org/files/f/documents/b/3/74987.pdf
49.Daniel McLaughlin, «Familiar chill blows through Russia but it has also changed for the better», *The Irish Times*, 18 de diciembre de 2021.

2.4.¿Es una broma la adhesión de Rusia a la OTAN?

A principios de la década de 1990, Suiza se planteó la posibilidad de adherirse a instituciones continentales como la Unión Europea y la OTAN. Pero, deseosa de preservar su neutralidad, consultó a estas instituciones, así como a los miembros del Consejo de Seguridad, para calibrar las posibles implicaciones de dicha adhesión. En este contexto, dialogué con las más altas autoridades rusas de asuntos exteriores y defensa de la época, lo que me permite expresar un punto de vista más cercano a la percepción rusa que el actual.

Documentos recientemente publicados por Gran Bretaña muestran que Rusia estaba considerando seriamente la posibilidad de ingresar en la OTAN en 1995, pero que la idea fue descartada como una «broma» por las cancillerías occidentales[50]. La razón de ser de la OTAN es colocar a sus miembros bajo la protección nuclear de Estados Unidos. Sin embargo, Estados Unidos no veía a las dos principales potencias nucleares coexistiendo en la misma alianza. En parte por este motivo, el General de Gaulle retiró a Francia del mando integrado de la Alianza en 1966.

En la década de 1950 los soviéticos se habían puesto en contacto con algunos países influyentes de la OTAN para explorar la idea de una posible adhesión. Aunque parece que se hacían pocas ilusiones sobre sus posibilidades de éxito, el hecho de que se lo plantearan no fue probablemente una aberración. De hecho, tras la muerte de Stalin, la política de coexistencia pacífica entre el bloque comunista y el bloque occidental, y el abandono del principio de la «*no inevitabilidad de la guerra*» en la estrategia soviética, abrieron la posibilidad de nuevas relaciones en el continente europeo. En aquel momento,

---

50.Chris York, «Un plan secreto para permitir que Rusia se uniera a la OTAN fue descartado como 'farsante', revelan documentos desclasificados», *The Huffington Post*, 31 de diciembre de 2019.

los soviéticos vivían en una forma de economía de guerra, y buscaban salir de ella para desarrollar una economía real.

Pero estábamos en plena Guerra Fría, y Occidente no veía realmente cómo podría integrarse la URSS en un sistema de seguridad colectiva como la OTAN, cuya finalidad era ofrecer a sus miembros protección nuclear frente a la Unión Soviética. Sin mencionar siquiera los problemas ideológicos, Occidente teme bloquear por completo los mecanismos de toma de decisiones de la Alianza y hacerla inoperante[51].

A principios de la década de 1990, los soviéticos/rusos revivieron la idea de la adhesión. También en este caso, la idea es menos descabellada de lo que parece. Naturalmente, si vemos la OTAN tal y como es hoy, es decir, con el propósito que justificó su creación en 1949 (enfrentarse a la URSS/Rusia), la idea parece absurda. Por el contrario, si imaginamos una OTAN repensada, con una noción de seguridad basada no en la idea de confrontación, sino en la de cooperación, entonces la propuesta rusa parece coherente y realista.

En 1990-1991, la esperanza generada por el fin del comunismo era muy real para los nuevos dirigentes rusos. En julio de 1991, con la disolución del Tratado de Varsovia, vieron la oportunidad de reflexionar sobre una nueva arquitectura de seguridad para el continente europeo. Los soviéticos/rusos nunca exigieron ni quisieron que se disolviera la OTAN a cambio de la disolución del Tratado de Varsovia, contrariamente a lo que afirma Caroline Roux[52], y Occidente nunca prometió hacerlo, como afirma el general Vincent Desportes

---

51.«Aquella vez que la Unión Soviética intentó entrar en la OTAN en 1954», *euromaidanpress.com*, 31 de marzo de 201; véanse también los documentos desclasificados por la OTAN: http://archives.nato.int/uploads/r/null/2/4/24086/C-R_54_14_ENG.pdf.
52.Programa «C dans l'air», 25 de enero («Ukraine: la surenchère russe… ou américaine? #cdanslair 25.01.2022», *France 5/YouTube*, 26 de enero de 2022 (20'20»)

en *France 5*[53]. Por el contrario, Rusia se ha unido a la *Asociación para la Paz (APP) de* la OTAN.

Sin embargo, Rusia estaba muy apegada a la OSCE (creada por iniciativa de la URSS) y acariciaba la idea de una seguridad colectiva basada en ella, que reuniera a países europeos y norteamericanos. Los dirigentes rusos, que habían visto los daños causados por el comunismo, pensaban que una arquitectura de seguridad basada en el equilibrio de poder estaba anticuada y soñaban con un sistema más cooperativo. Ésta era la idea de una *«casa común europea»*, que Mijail Gorbachov lanzó en 1989, tomando prestada la idea de Charles de Gaulle de una *«Europa del Atlántico a los Urales»*.

Pero la idea no tenía nada de absurda. En su discurso del 17 de mayo de 1990, Manfred Wörner, entonces Secretario General de la OTAN, declaró[54]:

> *La principal tarea de la próxima década será construir una nueva estructura de seguridad europea, que incluya a la Unión Soviética y a los países del Pacto de Varsovia. La Unión Soviética tendrá un importante papel que desempeñar en la construcción de dicho sistema. Si observamos la situación actual de la Unión Soviética, a la que prácticamente no le quedan aliados, comprenderemos su justificado deseo de no verse obligada a abandonar Europa.*

La creación del *Consejo de Cooperación del Atlántico Norte (CCAN)* por parte de la OTAN a finales de 1991 fue acogida con entusiasmo por las autoridades y la opinión pública rusas. La idea de una

---

53. «La OTAN aumenta las tensiones en Europa - C à Vous», *France 5/YouTube*, 28 de febrero de 2022 (01'15»)

54. Dave Majumdar, «Nuevos documentos desclasificados: Gorbachev Told NATO Wouldn't Move Past East German Border», *The National Interest*, 12 de diciembre de 2017.

cooperación continental en materia de seguridad gozaba de gran popularidad y no descartaba la posibilidad de ingresar en la OTAN. En octubre de 1993 tuvieron lugar conversaciones en este sentido entre Boris Yeltsin y el Secretario de Estado norteamericano, Warren Christopher, que sin embargo se mantuvo reservado:

> *A su debido tiempo estudiaremos la cuestión de la adhesión como una eventualidad a más largo plazo. Habrá una evolución, basada en el desarrollo de un hábito de cooperación, pero con el tiempo[55].*

La reacción de la OTAN no cumplió las expectativas del pueblo ruso. En junio de 1994, en contra del consejo de la opinión pública, el gobierno ruso se unió a la recién creada *Asociación para la Paz* de la OTAN. En 1997, para dar la ilusión de que quería desarrollar la cooperación con Rusia, la OTAN sentó las bases del *Consejo OTAN-Rusia* (NRC), creado en 2002. Su objetivo es mantener un diálogo con Rusia para que la expansión de la OTAN no se perciba como una amenaza. En realidad, como resume Bill Clinton, se trata de una forma bastante cínica de no poner en práctica las promesas hechas a los dirigentes de la antigua URSS:

> *Lo que los rusos obtienen de este acuerdo excepcional que les proponemos es la oportunidad de sentarse en la misma sala que la OTAN y unirse a nosotros siempre que todos estemos de acuerdo en algo, pero no tienen ninguna posibilidad de impedirnos hacer algo que no acepten. Pueden mostrar su desaprobación abandonando la sala. Y, como segunda gran*

55.Memorándum interno de Warren Christopher sobre su entrevista del 22 de octubre de 1993 con Boris Elstin (desclasificado el 8 de mayo de 2000) citado por Dave Majumdar, «How Bill Clinton Accidentally Started Another Cold War», *The American Conservative*, 18 de octubre de 2017.

2. La política exterior de Vladimir Putin

*ventaja, obtienen nuestra promesa de que no pondremos nues-
tros asuntos militares con sus antiguos aliados, que ahora serán
nuestros aliados, a menos que nos despertemos una mañana y
decidamos cambiar de opinión*[56].

Para los países de Europa del Este, la situación es algo diferente. En sus mentes, la pertenencia a la Unión Europea y a la OTAN suelen ir de la mano: el objetivo es garantizar su desarrollo en un entorno seguro, en un planteamiento más oportunista que filosófico. Para ellos, los valores de la democracia y los derechos humanos siguen siendo, a pesar de todo, muy secundarios. Así, a pesar de ciertas garantías constitucionales y legales, sus servicios de inteligencia siguen siendo servicios de seguridad que conservan en gran medida el legado de sus predecesores comunistas, como demuestra su participación en el programa de torturas de la CIA, ¡lo que no parece molestar lo más mínimo a la Unión Europea! Es más, su afán por seguir los pasos de Estados Unidos en Afganistán e Irak estuvo más motivado por la modernización de sus fuerzas armadas que por valores humanistas.

Donald Rumsfeld los describió como la «*nueva Europa*»[57]. Han contribuido en gran medida a crear la crisis migratoria interviniendo junto a Estados Unidos en Oriente Medio, negándose después a aceptar las consecuencias, y ahora cuentan con los países de la «*vieja Europa*» para hacerle frente.

56.James Goldgeier y Michael McFaul, *Power and Purpose: US Policy towards Russia after the Cold War*, Washington 2003, pp. 204-205.
57.Mark Baker, «U.S.: Rumsfeld's 'Old' And 'New' Europe Touches On Uneasy Divide», *RFE/RL*, 24 de enero de 2003

Putin, ¿maestro del juego?

2.5.¿Fue oportunista la intervención de Rusia en Siria?

En el programa «C dans l'air» del 17 de octubre de 2021, Vladimir Putin fue retratado como un pusilánime que busca conquistar nuevos territorios. Esta es la retórica desarrollada por la administración Trump, tal y como nos la presenta Laure Mandeville[58]. Ella afirma que la negativa de Obama a intervenir tras el ataque químico en Ghouta en agosto de 2013 constituyó un *«vacío geopolítico, y Putin ve esto como una oportunidad absolutamente de ensueño para llevar a cabo una operación [en Siria]»*. Esta idea de la debilidad occidental explotada por Putin es una pura construcción occidental erigida en un hecho, a menudo referida por los «expertos» de «C dans l'air». Es simplista y falsa.

Y sabemos que no era cierto desde 2016, gracias a la explicación que dio una pieza clave en aquel momento: John Kerry, entonces secretario de Estado de EEUU.

En febrero de 2016, Alexander Yakovenko, embajador de Rusia en Gran Bretaña, reveló que la decisión de intervenir en Siria se tomó en el verano de 2015, cuando el Estado Islámico (EI) alcanzó la ciudad de Palmira. En aquel momento, la coalición occidental predijo que el EI entraría en Damasco en octubre, y que entonces Estados Unidos habría podido establecer una zona de exclusión aérea sobre la ciudad. Así que no fue por debilidad occidental, sino para evitar que la capital fuera entregada a los yihadistas, por lo que los rusos intervinieron[59].

Laure Mandeville es evidentemente muy discreta sobre la ambigüedad -por no decir la perfidia- de los occidentales. Porque, como explica John Kerry, la coalición occidental permitió deliberadamente

---

58. Programa «C dans l'air», 17 de octubre de 2021 («Poutine, maître du jeu #cdanslair 17.10.2021», *France 5/YouTube*, 18 de octubre de 2021) (54'11»)
59. Alexander Yakovenko, «Russia and the US are partners in trying to end the war in Syria», *The Evening Standard*, 15 de febrero de 2016.

el desarrollo del EI, con la esperanza de que ello obligara al gobierno sirio a negociar:

> *La razón por la que Rusia se involucró fue que el EI se había hecho más fuerte. Daech amenazaba con llegar a Damasco y por eso Rusia intervino. Porque no querían un gobierno de Daech y apoyaban a Assad.*
>
> *Y sabíamos que [Daech] estaba creciendo. Estábamos observando. Vimos que Daech era cada vez más poderoso y pensamos que Assad estaba amenazado. Sin embargo, pensamos que probablemente podríamos arreglárnoslas, que Assad negociaría entonces. En lugar de negociar, pidió ayuda a Putin[60].*

Un examen de los mapas muestra que los ataques occidentales (incluidos los franceses y belgas) *solo* tienen como objetivo al EI en la medida en que está en contacto con fuerzas rebeldes apoyadas por Occidente (como los kurdos), y cuando no está en contacto con fuerzas aliadas del Gobierno sirio[61]. De hecho, fue entre finales de 2014 (inicio de los ataques occidentales) y septiembre de 2015 (inicio de los ataques rusos) cuando la expansión territorial del EI fue más rápida[62].

60.John Kerry, grabación de una reunión con la oposición siria en la Misión de las Naciones Unidas en los Países Bajos, 22 de septiembre de 2016, publicada por Wikileaks («Leaked audio of John Kerry's meeting with Syrian revolutionaries/UN (improved audio)»), *YouTube*, 4 de octubre de 2016.
61.Georges Malbrunot, «La France face au conflit syrien: le choix de l'i-realpolitik», *Outre-Terre 2015/3* (n°44) (pp. 23-26).
62.Ver mapas dinámicos de la guerra https://syria.liveuamap.com/

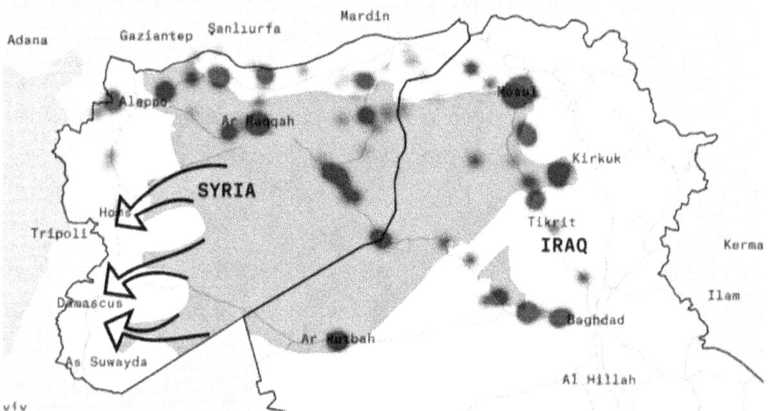

Figura 2 - Mapa de los ataques occidentales (puntos negros) contra el EI (zona gris oscuro) entre 2014 y septiembre de 2015 (cuando llegaron los rusos). Las flechas muestran las ofensivas del EI hacia Damasco. Como puede verse, los ataques solo alcanzaron a los islamistas que estaban en contacto con los kurdos o con grupos apoyados por Occidente, pero nunca tuvieron como objetivo a las fuerzas del EI cuando estaban en contacto con las fuerzas sirias. [Fuente: airwars.org]

No fue hasta finales de 2015, tras la intervención rusa, cuando el territorio del EI comenzó a reducirse[63]. A finales de septiembre de 2015, Rusia propuso a Occidente la creación de una coalición ampliada para luchar contra el EI, pero estos se negaron.

En aquel momento, Occidente no estaba interesado en destruir al EI. Pretendían desmantelar Siria y dividirla en una zona kurda (en el noroeste), una zona chií (en el oeste) y una zona sunnita (en el este), en la que estaban dispuestos a permitir el desarrollo de un Estado salafista. Un informe SECRETO de la *Agencia de Inteligencia de Defensa de* Estados Unidos (DIA) sobre la situación en Siria, fechado el 5 de agosto de 2012, expone la idea de fomentar la creación de un Estado islámico en el este de Siria:

63.Ver «La guerra civil siria, cada día», *YouTube* (actualizado diariamente)

2. La política exterior de Vladimir Putin

Si la situación se desmadra existe la posibilidad de establecer un principado salafista declarado o no en el este de Siria (Hasaka y Der Zor), y esto es exactamente lo que desean las potencias que apoyan a la oposición, para aislar al régimen sirio, considerado el fondo estratégico de la expansión chií (Irak e Irán)[64].

Se trata de la zona que se salvó de los ataques de la coalición internacional hasta la llegada de las fuerzas rusas a la región. La idea de un Estado salafista en Siria forma parte de un plan estadounidense (elaborado de acuerdo con Israel) para la partición de Siria, mencionado por John Kerry durante su comparecencia ante la *Comisión de Asuntos Exteriores del Senado* en febrero de 2016[65]. Este plan será retomado por la administración Trump y explica la actual presencia estadounidense en Siria[66]. No es del todo casual que Abu Bakr al-Baghdadi, y luego Abu Ibrahim al-Hachimi al-Qourashi, líderes del EI, fueran abatidos por fuerzas especiales estadounidenses dentro de zonas que habían sido santuariizadas por las fuerzas occidentales contra las fuerzas armadas sirias[67].

Así que la intervención de Rusia en Siria no es el resultado de un capricho de Vladímir Putin, sino del peligro resultante de una

---

64. Brad Hoff, «Occidente facilitará el ascenso del Estado Islámico para aislar al régimen sirio: documento de la DIA de 2012», *Foreign Policy Journal*, 21 de mayo de 2015; véase también: http://www.judicialwatch.org/wp-content/uploads/2015/05/Pg.-291-Pgs.-287-293-JW-v-DOD-and-State-14-812-DOD-Release-2015-04-10-final-version11.pdf
65.Patrick Wintour, «John Kerry dice que la partición de Siria podría formar parte del 'plan B' si fracasan las conversaciones de paz», *The Guardian*, 23 de febrero de 2016.
66.James Dobbins, Jeffrey Martini & Philip Gordon, «A Peace Plan for Syria», *Rand Corporation*, 2015 (Documento PE-182-RC); Jeff Mackler, «The US Plan to Partition Syria», *Counterpunch*, 9 de febrero de 2018; Nafeez Mosaddeq Ahmed, «US military document reveals how the West opposed a democratic Syria», *mondiplo.com*, 24 de septiembre de 2018.
67.Chantal Da Silva, Ammar Cheikh Omar, Courtney Kube y Phil Helsel, «ISIS leader dies during U.S. special forces raid in Syria, Biden says», *NBC News*, 3 de febrero de 2022.

estrategia deliberada de los países occidentales, que jugaron con fuego… ¡y se quemaron!

En febrero de 2012, Rusia, junto con Martti Ahtisaari, Premio Nobel de la Paz y ex presidente finlandés, propuso a los países occidentales un plan de tres puntos, que incluía la salida de Bashar al Assad[68]:

> *Uno: no debemos dar armas a la oposición. Dos: debemos entablar inmediatamente un diálogo entre la oposición y Assad. Tres: debemos encontrar una manera elegante de que Assad se haga a un lado.*[69].

Desde el principio de la crisis siria, Rusia se mostró favorable a una solución política para destituir a Bashar al-Assad. Es Occidente quien se niega: su objetivo no es sustituir a Bashar al-Assad, sino desmantelar Siria, que Israel -y, por tanto, Estados Unidos y Francia- perciben como un bastión avanzado de Irán.

Por cierto, el mapa y los comentarios de Kerry tienden a demostrar que François Hollande no dijo la verdad durante el juicio contra los autores de los atentados del 13 de noviembre de 2015[70]: la participación de Francia en la coalición en 2014-2015 en Irak, y luego en Siria, no tenía -en esa etapa- como objetivo destruir al EI, sino desintegrar Siria. Solo después de quemarse los dedos (con los atentados) Francia resolvió plantearse la destrucción del EI.

También debemos recordar que en términos de derecho internacional, sea cual sea nuestra opinión sobre Bashar al-Assad,

---

68. Julian Borger y Bastien Inzaurralde, «West 'ignored Russian offer in 2012 to have Syria's Assad step aside'», *The Guardian*, 15 de septiembre de 2015.

69. Fanny Arlandis, «En 2012, la France et ses alliés auraient ignoré un plan prévoyant le départ de Bachar el-Assad», *Slate.fr*, 15 de septiembre de 2015.

70. Luc-Antoine Lenoir, «EN DIRECT - Procès 13-Novembre: "Nous n'avions pas l'information qui aurait pu empêcher les attentats", Hollande testifies», *Le Figaro*, 10 de noviembre de 2021.

Rusia fue invitada oficialmente por el gobierno sirio a intervenir en Siria, como dice John Kerry. Por tanto, es legítimo que lo haga. En cambio, Estados Unidos y Francia operan ilegalmente en Siria. La resolución 2170 de 15 de agosto de 2014 del Consejo de Seguridad de las Naciones Unidas[71], a menudo invocada por Francia, no autoriza la intervención en un país soberano (¡aunque no te guste su presidente!).

La gente intenta hacernos ver el apoyo de Rusia a Siria como una especie de amistad entre dictadores. Se trata de una simplificación excesiva de la situación. En concreto, el problema no es tanto si el presidente Assad es legítimo o no, sino a qué conduciría su derrocamiento y quién le sucedería. A priori, Rusia no tenía ninguna intención de permanecer en Siria, simplemente de evitar la misma situación que en Libia. Por eso, en marzo de 2016, menos de seis meses después del inicio de su intervención y tras devolver la ventaja al ejército sirio, Rusia retiró parcialmente su contingente[72].

2.6.¿Es la empresa Wagner el ejército paralelo `de Vladimir Putin?

La existencia de la empresa militar privada (PMC) Wagner se viene barajando desde hace varios años, pero fue en 2021 cuando los medios de comunicación franceses empezaron a interesarse por ella. La retirada de los militares franceses, solicitada por el gobierno maliense, y al mismo tiempo el reclutamiento de personal de Wagner, desencadenaron la cólera del ministro francés de Asuntos Exteriores y una campaña de propaganda sin precedentes contra Rusia.

---

71. https://www.undocs.org/fr/S/RES/2170 (2014)
72.Denis Dyomkin y Suleiman Al-Khalidi, «Putin says Russians to start withdrawing from Syria, as peace talks resume», *Reuters*, 14 de marzo de 2016.

Interrogado por Caroline Roux sobre la presencia de mercenarios rusos de la organización Wagner en África «*contra los intereses franceses*»[73], Jean-Yves Le Drian afirma que, en la República Centroafricana, están «*confiscando la capacidad fiscal del Estado*» para pagarse a sí mismos y están «*multiplicando las violaciones, las exacciones y las depredaciones para a veces incluso sustituir a la autoridad del país*». Naturalmente, con la relativa integridad que le caracteriza, no aporta ni pruebas ni ejemplos de sus afirmaciones. Sus declaraciones fueron ampliamente difundidas por la prensa francesa[74] y suscitaron la cólera de las autoridades de Bangui[75].

Unos días más tarde, Sylvie Baïpo-Temon, ministra de Asuntos Exteriores de la República Centroafricana, respondió a Jean-Yves Le Drian en *TV5 Monde*[76]. Denunció los comentarios «*inaceptables*» y «*engañosos*» de su homólogo francés y refutó todas sus acusaciones, que «*no representan lo que ocurre en la República Centroafricana*».

Explica que estas declaraciones se refieren a una misión de evaluación de tres meses llevada a cabo por Rusia -a petición del gobierno centroafricano- sobre las aduanas centroafricanas, que produjo recomendaciones. Según los medios de comunicación centroafricanos, este trabajo debería permitir aumentar los ingresos fiscales en 36.000 millones de francos CFA[77]. Baïpo-Temon señala que el ministro francés intenta desde hace tiempo «*infantilizar*» *a* su país[78]. Recuerda que el

---

73.Programa «C dans l'air», 17 de octubre de 2021 («Poutine, maître du jeu #cdanslair 17.10.2021», *France 5/YouTube*, 18 de octubre de 2021) (1h27'17»)
74.«Le groupe Wagner se substitue à l'autorité de l'État en Centrafrique, selon Paris», *Le Figaro/AFP*, 17 de octubre de 2021; «Le groupe Wagner se substitue à l'autorité de l'État en Centrafrique, selon Paris», Mediapart/AFP, 17 de octubre de 2021.
75.«Centrafrique: les autorités fustigent la sortie du chef de la diplomatie française Drian», *africa24tv.com*, 21 de octubre de 2021.
76.«Centrafrique: la ministre des Affaires Étrangères accuse Le Drian de «"propos mensongers"», *TV5Monde*, 21 de octubre de 2021.
77.«RCA: L'expertise russe a permis aux douanes de faire une recette de 36 milliards FCFA», *nouvellesplus.com*, 9 de agosto de 2021
78.«Cooperación con los rusos: la República Centroafricana acusa a Francia de "infantilizarla"», *Tchadinfos*, 20 de octubre de 2021.

2. La política exterior de Vladimir Putin

presidente Macron[79] ya había «*acusado al presidente Touadéra de ser rehén de la presencia rusa*», lo que es falso. Subraya que la República Centroafricana es un «*país autónomo, independiente y soberano y que tiene derecho a recurrir a sus socios*». También señala que la presencia de Rusia en el país se deriva de la negativa de otros países a responder a su petición de ayuda y, en particular, a la solicitud del presidente Touadéra en 2016 de mantener la fuerza SANGARIS, cuya retirada había solicitado precisamente Le Drian. Por ello, considera que los comentarios de Le Drian son «*difamatorios y engañosos*» y condena la «*guerra informativa*» *que* libra París.

En respuesta a las acusaciones de abusos formuladas por la comunidad internacional, la República Centroafricana ha creado una comisión de investigación. La Sra. Baïpo-Temon señala también que todas las tropas que se han desplegado en la República Centroafricana han cometido abusos, y que a estas alturas todavía no se ha cerrado el caso de la violación de menores por miembros de la fuerza SANGARIS. En cualquier caso, los paramilitares rusos parecen ser objeto de menos acusaciones de violación que los soldados franceses (que estaban bajo la responsabilidad de Le Drian en la época[80]... y que fueron objeto de una investigación aparentemente chapucera[81] , seguida de un despido cuando menos cuestionable).[82]

79.«Centrafrique: Macron considera al presidente Touadéra "rehén del grupo Wagner"», *rfi.fr*, 31 de mayo de 2021.
80.«Soupçons de viols en Centrafrique par des militaires français: l'affaire en quatre dates», *franceinfo,* 30 de abril de 2015; «Soupçons de viols par des soldats français en Centrafrique : des enfants témoignent», *franceinfo*, 8 de mayo de 2015; «Quatre militaires français entendus sur des accusations de viols en Centrafrique», *franceinfo / AFP*, 8 de diciembre de 2015; «Centrafrique: la justice enquête sur de nouvelles accusations de viols par des soldats français», franceinfo / AFP, *8 de febrero de 2016*; «Centrafrique: nouvelles accusations d'abus sexuels pour des soldats français et de l'ONU», *franceinfo Afrique*, 2 de abril de 2016.
81.Nathalie Hernandez, «Militaires accusés de viol en Centrafrique: les parties civiles dénoncent une enquête lacunaire et partiale», *Radio France*, 11 de marzo de 2017.
82.«Accusations de viols contre des soldats français en Centrafrique: non-lieu ordonné», *Le Monde/AFP*, 15 de enero de 2018; Maria Malagardis, «Viols d'enfants par

Parece que la presencia de Wagner en África es más un problema para París que para los africanos. En la República Centroafricana, el Parlamento ha agradecido a los rusos su compromiso[83], y el Gobierno ha erigido un monumento en su honor[84].

En resumen, las declaraciones de Le Drian ilustran los problemas de la «Françafrique 2.0»: los países africanos quieren ser libres para tomar sus propias decisiones. La condescendencia de Le Drian explica por sí sola por qué Francia ya no es bienvenida en esta región. Porque cuando una fuerza extranjera -nacional o multinacional- interviene en un país, sustituye en gran medida su autoridad: los soldados franceses, aunque hagan un muy buen trabajo, lo hacen al servicio de Francia y no de Malí, Níger o cualquier otro país. Este problema general afecta también a las operaciones de mantenimiento de la paz de las Naciones Unidas y de la OSCE. A veces conduce a situaciones en las que los militares no son muy eficaces (como en la República Democrática del Congo, por ejemplo), porque no se sienten realmente concernidos por el problema.

Los africanos se han dado cuenta de que la forma en que Francia lleva a cabo las operaciones aumenta sus problemas; y cuando quieren trabajar a su manera y dialogar con los que los franceses llaman yihadistas, se lo impiden. Quieren ser soberanos en su propio país.

Esto es, en gran medida, lo que llevó al golpe de Estado en Mali y al uso de la empresa militar privada (PMC) rusa llamada Wagner. Las PMC (utilizadas ampliamente por Occidente en Irak, Afganistán, Libia y otros lugares) plantean muchas cuestiones funcionales y

---

des soldats en Centrafrique: un non-lieu qui ne dissipent pas le malaise», *Libération*, 15 de enero de 2018.

83.Nadia Chahed, «Centrafrique: l'Assemblée adresse ses "remerciements" aux paramilitaires russes de la société Wagner», *aa.com.tr*, 16 de octubre de 2021.

84.Fatma Bendhaou, «Centrafrique: inauguración de un monumento a la gloria de los soldados rusos», *aa.com.tr*, 1 de diciembre 2021

jurídicas. Pero tienen una ventaja considerable: cuando se les dice que se vayan, se van («el que la hace la paga»).

Básicamente, lo que se conoce como Wagner es una entidad poco conocida. Se describe como un «*ejército paralelo de Vladimir Putin*[85]», supuestamente dirigido por Evguéni Prigogine, conocido como el «*cocinero del Kremlin*» y -por cierto -según *France* info- *por haber intentado* influir en la elección de Donald Trump[86] (lo que fue desmentido posteriormente, como veremos más adelante). En resumen, no sabemos nada de él y nos lo estamos inventando, hasta el punto de que algunos expertos se preguntan si Wagner existe en la forma que se le atribuye. Más bien parece tratarse de una constelación de pequeñas empresas de seguridad que reciben mandatos ad hoc[87]. Estas empresas tienen bases en varios países europeos (Hungría, Serbia, Suiza, Italia, Alemania, Grecia y Taiwán) y responden a varios nombres distintos de «Wagner»[88].

La forma en que lo presentan las autoridades y los medios de comunicación franceses es más propaganda (o incluso desinformación) que análisis. Jean-Yves Le Drian, Caroline Roux y otros tienden a presentarnos la imagen de un ejército compacto, una especie de fuerza en la sombra, que *CNews* describe como «*el ejército secreto de Vladimir Putin*[89]». Esto no se basa en ningún hecho concreto, y la realidad parece menos romántica. Según *Africa Intelligence, la*

85.Charlotte Lalanne, «Centrafrique, Mali... Comment les mercenaires russes de Wagner tissent leur toile», *L'Express*, 3 de octubre de 2021 (actualizado el 4 de octubre de 2021)

86.«¿Qui est le groupe Wagner, pourvoyeur de mercenaires russes en Centrafrique?», *rfi/franceinfo*, 29 de enero de 2019.

87.Amy Mackinnon, «Russia's Wagner Group Doesn't Actually Exist», *Foreign Policy*, 6 de julio de 2021.

88.Nykolaï Koval, «"Фабрики" наемников: где в России готовят террористов», *obozrevatel.com*, 12 de junio de 2018.

89.François Blanchard, «Mali: ¿qué es el grupo Wagner, "el ejército secreto de Vladimir Putin"?», *CNews*, 7 de octubre de 2021 (actualizado el 11 de octubre de 2021).

«diplomacia paralela» de Wagner es un problema para Moscú[90]... ¿Se está creando Vladimir Putin deliberadamente más problemas a sí mismo?

Parece más probable que Le Drian diga tonterías como coartada para no tener una verdadera estrategia en los países donde Francia está comprometida. Como siempre, sus operaciones militares parecen eficaces porque matan a mucha gente, pero no resuelven el problema[91]. Por ejemplo, según *France Inter, «en Malí (...), en 2020, murieron más civiles a manos de soldados que supuestamente debían protegerlos (35%) que a manos de los llamados grupos yihadistas (24%)[92]»*.

Esto es lo que el gobierno maliense reprocha a Francia: conducir su guerra a nivel táctico, sin estrategia de conjunto, y, en última instancia, crear terrorismo[93]. El paternalismo francés ha hecho el resto: al sentir que no se le consulta sobre la dirección de las operaciones, el gobierno maliense se apoya en actores privados a los que puede dirigir a su antojo, o incluso despedir.

En Francia se ha creado una novela en torno a este *«ejército en la sombra»*, definido como una *«empresa de desestabilización de Occidente a través de África»* que *«se paga a lo bestia»*. Sus dirigentes se *apoderan de minas de oro y plata y tienen intereses en yacimientos de gas.* El 16 de febrero de 2022, en *France 5,* la periodista Alexandra Jousset, que les ha investigado, declaró que en Mali *«no podrán luchar realmente contra los terroristas, porque vemos que una fuerza como BARKHANE no ha podido luchar eficazmente».* Dijo que había 1.000

90.«La diplomacia paralela de Wagner avergüenza a Moscú», *AfricaIntelligence.fr*, 28 de octubre de 2021.

91.«Choguel Maïga: face au retrait de Barkhane, "nous avons l'obligation de chercher des solutions"», *rfi.fr*, 27 de septiembre de 2021.

92.Nathanaël Charbonnier, «Les armées régulières seraient tout aussi meurtrières (voire plus) que les terroristes au Sahel», *France Inter*, 3 de mayo de 2021.

93.Marie Brette, «Opération Barkhane: "Plus il y a de militaires français au Sahel, plus il y a de djihadistes"», *TV5 Monde*, 3 de febrero de 2020 (actualizado el 6 de febrero de 2020).

hombres desplegados, que «*ya han comenzado la prospección de tres minas de oro en Mali*»[94]. Al día siguiente, el presidente Macron habló de 800 hombres[95], mientras que un «funcionario francés» habló de 300-400 hombres[96]: la cifra exacta es un misterio.

Lo único justo que dice nuestro periodista es que estos rusos sólo les proporcionarán protección. Los malienses temen que sus aliados franceses estén organizando un contragolpe, y esta es la principal razón por la que han recurrido a un contratista ruso.

Dicho esto, es probable que los rusos también proporcionen entrenamiento. Pero no están destinados a asumir las misiones de BARKHANE, como le gusta decir a Francia. En realidad, el motivo por el que la junta en el poder en Malí ya no quiere a Francia es que cree que su enfoque no acabará con el terrorismo. La junta quiere una estrategia menos destructiva, que incluya el diálogo con los rebeldes, a lo que París se negó[97]. Así que los rusos son sólo un elemento de una estrategia más compleja y holística que la que los franceses han practicado en diez años. Combinando elementos militares con el diálogo, esta estrategia es al menos un intento de salir de un punto muerto.

Rusia no tiene menos legitimidad en África que Francia. El problema es que Francia no está acostumbrada a que los países africanos se sientan demasiado cómodos con París.

Sin embargo, las empresas militares privadas suelen ser un problema porque contribuyen a la militarización de las situaciones, sin tener las mismas limitaciones jurídicas y políticas que los

---

94.Alexandra Jousset en el programa «C à dire» el 16 de febrero de 2022 («Wagner: qui sont les mercenaires de Poutine?», *France 5/YouTube*, 17 de febrero de 2022)

95.Sylvie Corbet y Samuel Petrequin, «France and EU to withdraw troops from Mali, remain in region», *ABC News/Associated Press*, 17 de febrero de 2022.

96.John Irish, «Un funcionario francés afirma que entre 300 y 400 mercenarios rusos operan en Mali», *swissinfo.ch*, 11 de enero de 2022.

97.Charlotte Lalanne, «Diálogo con los yihadistas: entre París y Bamako, la brecha se ensancha», *L'Express*, 21 de octubre de 2021.

ejércitos tradicionales. Organizaciones como Wagner no son una excepción. Pero centrarse en Wagner oscurece los crímenes de guerra cometidos por las empresas militares privadas occidentales en Irak y Afganistán, donde todos los países occidentales utilizaron decenas de miles de mercenarios[98]. Por ejemplo, como observó el propio autor, la seguridad de la embajada estadounidense en Kabul corrió a cargo de mercenarios. Lo que los estadounidenses y los franceses llamaron modestamente «contratistas» en Afganistán e Irak se convirtieron en «mercenarios» en la República Centroafricana. En Irak, fueron culpables de numerosos crímenes de guerra[99] mientras escapaban a la justicia[100]... para gran disgusto de nuestros famosos valores occidentales tan bien defendidos por los expertos en nuestras pantallas de televisión...

98.Mark Cancian, «In Afghanistan, Contractors Were Unsung Heroes Of US Efforts», *Breaking Defense*, 30 de agosto de 2021.
99.Peter W. Singer, «La oscura verdad sobre Blackwater», *Brookings.edu*, 2 de octubre de 2007
100.Michael Safi, «Trump pardons Blackwater contractors jailed for massacre of Iraq civilians», *The Guardian*, 23 de diciembre de 2020.

3. Espionaje y acciones para desestabilizar a Rusia

3.1.¿Está Rusia librando una guerra híbrida contra Occidente?

No. Pero es un mito cuidadosamente alimentado en Occidente, como demuestra Nathalie Loiseau, diputada europea, en el reportaje de France 5 *Putin, maestro del juego*[101]. Está claro que no tiene ni idea de lo que habla y -como muchos políticos e investigadores occidentales- utiliza este concepto como cajón de sastre, para dar una coherencia artificial a acontecimientos que *a priori* no tienen nada que ver entre sí. Como prueba de ello, el informe no da ningún ejemplo, ni cuál podría ser el objetivo de una «guerra híbrida» de este tipo.

Esta guerra híbrida se basa en un concepto descrito por Valery Guerassimov, jefe del Estado Mayor ruso, en un artículo de 2013 titulado «*El valor de la ciencia en la prospectiva*»[102]. Tras la crisis ucraniana de 2014, los occidentales intentan dar sentido a una invasión rusa sin tropas rusas, a una revolución democrática de militantes

---

101.Programa «C dans l'air», 17 de octubre de 2021 («Poutine, maître du jeu #cdanslair 17.10.2021», *France 5/YouTube*, 18 de octubre de 2021) (1h18'07»)
102.Герасимов Валерий, «Ценность науки в предвидении», *vpk-news.ru*, 26 de febrero de 2013 (https://vpk-news.ru/articles/14632).

nacionalistas de extrema derecha, a la legitimidad de un gobierno que gobierna sin haber sido elegido, etc. Construimos entonces una lógica que reúne la ciberguerra, el terrorismo, la guerra clandestina, la guerra convencional y, por supuesto, la guerra de la información. El artículo de Guerassimov se convierte en la clave de lectura de acontecimientos incoherentes.

A raíz de la propaganda ucraniana, se está creando literal y artificialmente una base doctrinal rusa, que medios como *Le Temps*[103] o *La Croix*[104] utilizan para condenar a Rusia. La revista *Le Point* va incluso más lejos, afirmando que la doctrina está *«validada por el propio Vladimir Putin»*[105]. Son unos mentirosos: en realidad, el concepto no existe, y Rusia ni lo ha teorizado ni lo ha invocado. Tanto es así que, en 2015, incluso la OTAN se pregunta si la guerra híbrida existe realmente...[106]

El problema vino del especialista en Rusia Mark Galeotti, quien primero comentó el artículo ruso, que describió como la *«Doctrina Guerassimov»* y que ilustraría el concepto ruso de guerra híbrida[107]. Pero en 2018, al darse cuenta del daño que había causado involuntariamente, Galeotti se disculpó -con valentía e inteligencia- en un artículo titulado *«Siento haber creado la Doctrina Guerassimov»* publicado en la revista *Foreign Policy*[108]:

---

103. Frédéric Koller, «Désinformation, l'offensive russe», *Le Temps*, 27 de diciembre de 2016.

104. Olivier Tallès, «Bruxelles s'alarme de la désinformation russe», *La Croix*, 4 de mayo de 2017.

105. Marc Nexon, «Gerasimov, le général russe qui mène la guerre de l'information», *Le Point*, 2 de marzo de 2017.

106. Dr. Damien Van Puyvelde, «¿Existe realmente la guerra híbrida?», *Revista de la OTAN*, 7 de mayo de 2015.

107. Mark Galeotti, «The 'Gerasimov Doctrine' and Russian Non-Linear War», *inmoscowsshadows.wordpress.com*, 7 de junio de 2014.

108. Mark Galeotti, «Siento haber creado la 'doctrina Gerasimov'», *Foreign Policy*, 5 de marzo de 2018.

En su artículo, Guerassimov analiza la evolución reciente de los conflictos (especialmente en Oriente Medio) y extrae lecciones sobre cómo incorporarlos al pensamiento militar. Su texto es una aproximación metodológica, no una descripción de cómo Rusia habría incorporado esas lecciones a su doctrina.

Pero el daño está hecho: Occidente insiste en explicar un conflicto en términos de una doctrina que no existe, y nuestros «expertos» siguen difundiendo informaciones engañosas, por ejemplo, sobre un *«proyecto de desestabilización de la Unión Europea»*. El concepto de «guerra híbrida» ofrece un espacio indefinido que permite a «expertos» de todo pelaje crear coherencia en torno a acusaciones (la mayoría de las cuales no están verificadas) y dar una «lógica» a las acciones atribuidas a Rusia. Sin plantear en ningún momento cuáles serían los objetivos de tal guerra. ¿Para mantener malas relaciones? ¿Para atraer sanciones?

A veces parece como si nos estuviéramos creando situaciones de crisis a partir de incidentes delictivos (como *el pirateo informático, el phishing y similares*) para provocar un frente unido y aplacar la ira pública contra políticas a menudo incoherentes y los políticos corruptos que las conciben.

3.2.¿Atacó Rusia a diplomáticos estadounidenses en Cuba y otros países utilizando armas sónicas?

El 9 de agosto de 2017, en una rueda de prensa del Departamento de Estado, la portavoz Heather Nauert informó de que diplomáticos de la embajada estadounidense en La Habana se quejaban de diversas dolencias y que algunos de ellos habían tenido que ser repatriados[109]. La revista *Time* afirma que estos diplomáticos han sido «heridos» por un «arma acústica» que les ha estado apuntando desde finales de 2016[110], y sufren graves deficiencias o incluso pérdida de audición[111].

La imaginación se desboca. Se habla de «cañones acústicos», similares al sistema desarrollado por los alemanes en 1942 (que inspiró a Hergé para *El asunto del girasol*). Se habla del mal funcionamiento de un micrófono colocado en la embajada: se trata sin duda de *«La Cosa»*, descubierta en 1952 en la embajada estadounidense de Moscú[112], que era un dispositivo de escucha totalmente pasivo, sometido a una radiación constante de microondas y que devolvía una señal modulada por la voz humana. En *Fox News*, el presentador Lou Dobbs, sugiere atacar Cuba; el «experto» Sebastian Gorka afirma que Rusia está detrás de estos «ataques» y que utilizó las mismas armas en Crimea[113]. El 3 de octubre de 2017, quince diplomáticos cubanos fueron expulsados debido a que *«Cuba no protege al personal diplomático estadounidense*[114]*»*.

Los científicos son menos categóricos. El neurólogo Seth Horowitz afirma que *«no hay ningún fenómeno acústico en el mundo*

109.Nora Gámez Torres, «Ahora Rusia es sospechosa de ataques contra diplomáticos en Cuba. Will U.S. strike back?», *Miami Herald*, 11 de septiembre de 2018.

110. https://soundcloud.com/user-493247881/the-sound-in-havana#t=0:00; Josh Lederman & Michael Weissenstein (Associated Press), «What Americans heard in mysterious sonic attacks in Havana», *pbs.org*, 12 de octubre de 2017.

111.Kate Samuelson & Justin Worland, «U.S. Diplomats in Cuba Were Injured by a 'Sonic Weapon' What Is That?», *Time Magazine*, 10 de agosto de 2017.

112.Véase el artículo de Wikipedia «La Chose (dispositivo de escucha)».

113.Fox Business, «Rusia estuvo detrás de los ataques a embajadas de EEUU en Cuba y China: informe», *YouTube*, 11 de septiembre de 2018.

114.Rex W. Tillerson, «On the Expulsion of Cuban Officials From the United States», *U.S. Department of State*, 3 de octubre de 2017; Gardiner Harris, Julie Hirschfeld Davis & Ernesto Londoño, «U.S. Expels 15 Cuban Diplomats, in Latest Sign Sign Sign Détente May Be Ending», *The New York Times*, 3 de octubre de 2017; «Mysterious 'attacks' in Cuba: Washington expels fifteen Cuban diplomats», *Le Monde/AFP*, 3 de octubre de 2017.

que pueda causar este tipo de síntomas[115]». ¡En enero de 2019, el *New York Times* reveló que los médicos empezaban a dudar de la naturaleza e incluso de la existencia de los síntomas[116], mientras que los científicos afirmaban que se trataba de la llamada de apareamiento de una langosta caribeña[117]!

A pesar de ello, la prensa francesa -cuya deontología se basa en la rusofobia- sigue retransmitiendo las mentiras de Donald Trump. En 2020, *Le Monde señaló* sin ambigüedad a Moscú[118], y *La Croix* afirmó que, en marzo de 2017, «*Vladimir Putin premió personalmente al joven científico Ilya Romanchenko, (...) por sus investigaciones sobre el desarrollo de generadores de impulsos radioeléctricos de alta potencia (...) mientras que el número de víctimas del síndrome de La Habana aumentaba[119]*». ¡La prensa acude al rescate de los necios de la administración Trump!

En septiembre de 2021, *BuzzFeed News* reveló[120] que un informe desclasificado del Departamento de Estado, fechado en noviembre de 2018, establecía que el problema no procedía de microondas y planteaba la posibilidad de un origen natural[121]. Pero en diciembre

---

115. Kevin Loria, «Mysterious sonic weapons reportedly caused brain injuries in US diplomats in Cuba - here's what we know», www.businessinsider.com, 24 de agosto de 2017.
116. Carl Zimmer, «¿Los sonidos que atormentaron a los diplomáticos estadounidenses en Cuba? Lovelorn Crickets, Scientists Say», *The New York Times*, 4 de enero de 2019.
117. Marianne Guenot, «A declassified 2018 State Dept report suggests noises linked to 'Havana Syndrome' were probably just crickets», *Business Insider*, 1 de octubre de 2018; Alexander L. Stubbs & Fernando Montealegre-Z, *Recording of 'sonic attacks' on U.S. diplomats in Cuba spectrally matches the echoing call of a Caribbean cricket, Biorxiv*, 4 de enero de 2019; «Attaque sonique à l'ambassade US de Cuba: la surprenant hypothèse des grillons», *Sciences et Avenir / AFP*, 8 de enero de 2019.
118. «Síndrome de La Habana: el origen de la misteriosa enfermedad se traslada de Cuba a Moscú», *Le Monde*, 8 de diciembre de 2020.
119. François d'Alançon, «Le 'syndrome de La Havane', une saga digne de la guerre froide», *La Croix*, 29 de noviembre de 2021.
120. Dan Vergano, «A Declassified State Department Report Says Microwaves Didn't Cause 'Havana Syndrome'», *BuzzFeed News*, 30 de septiembre de 2021.
121. https://www.documentcloud.org/documents/21068770-jason-report-2018-havana-syndrome

3. Espionaje y acciones para desestabilizar a Rusia

de 2021, en *France-Culture,* Philippe Hayez, exdirector adjunto de inteligencia de la DGSE, afirmó que se trataba de una *«operación de intimidación global de los servicios de inteligencia estadounidenses».* Reconoció que no había pruebas, pero subrayó que *«todo apunta a que nuestra vieja Rusia está detrás de esto».*[122]

En realidad, no sabe nada en absoluto al respecto y se lo está inventando. En enero de 2022, un informe clasificado SECRETO de la CIA[123] determinó que el problema no provenía de una *«potencia hostil»*[124].

Este ejemplo pone de manifiesto la ligereza con la que Occidente formula sus ataques contra Rusia y aplica sanciones. Pone de relieve la incapacidad de nuestros servicios de inteligencia para analizar con objetividad y pericia los acontecimientos que afectan a nuestra política exterior y de seguridad nacional.

También demuestra que nos guiamos por la ideología y que somos incapaces de aprender de los errores del pasado. ¡Porque no es la primera vez!

El 13 de septiembre de 1981, Alexander Haig, entonces Secretario de Estado, acusó a los soviéticos de utilizar micotoxinas en Afganistán[125]. Los análisis de las muestras recogidas demostraron que se trataba de... excrementos de abejas[126]! Para no tener que justificar su ignorancia y su mala fe, el gobierno estadounidense nunca quiso desclasificar el caso, que oficialmente sigue sin resolverse.

---

122. «¿Qu'est-ce que le syndrome de la Havane dont suffer plusieurs diplomates américains?», *France Culture,* 2 de diciembre de 2021.

123. «Señales acústicas y efectos fisiológicos en diplomáticos estadounidenses en Cuba», *Grupo JASON,* noviembre de 2018.

124. Ken Dilanian y Josh Lederman, «CIA says 'Havana Syndrome' not result of sustained campaign by hostile power», *nbcnews.com,* 20 de enero de 2022.

125. Johnathan B. Tucker, «The 'Yellow Rain' Controversy: Lessons for Arms Control Compliance», *The Nonproliferation Review,* primavera de 2001.

126. «Yellow Rain Falls», *The New York Times,* 3 de septiembre de 1987

Asimismo, en 1981, el encallamiento del submarino soviético S-363 cerca de la base naval de Karlskrona[127] desencadenó una crisis de paranoia en Suecia. Los militares suecos afirmaron que los soviéticos se estaban infiltrando en sus aguas para llevar a cabo operaciones clandestinas. Al mismo tiempo, Viktor Rezun, un desertor del GRU, reveló los secretos de las fuerzas especiales soviéticas (Spetsnaz) a los servicios de inteligencia occidentales: eso fue todo lo que se necesitó para sugerir los escenarios más alarmantes. Los suecos alertaron a la comunidad internacional de inteligencia, y se desarrolló una caza de submarinos a lo largo del flanco norte de la OTAN. Los servicios suecos captaron sonidos sospechosos pero no encontraron nada. ¡Quince años después descubrieron que los sonidos procedían de las flatulencias de los arenques[128]!

Estas anécdotas son divertidas, pero revelan una serie de fenómenos. En primer lugar, el notable nivel de incompetencia de los «expertos», que hacen encajar hechos (que ni siquiera estaban probados) en sus prejuicios. En segundo lugar, el estado de ánimo que domina las relaciones internacionales actuales y que transforma los acontecimientos (de los que no conocemos ni las razones, ni el curso, ni los actores) en certezas, con el único fin de reforzar unos objetivos de política exterior predefinidos.

---

127. Joris Nieuwint, «Whiskey On The Rocks - When Sweden Woke Up To Find a Russian Submarine Stuck On a Rock», *warhistoryonline.com*, 5 de agosto de 2015.
128. «Cómo los pedos de arenque casi provocan una crisis diplomática: Magnus Wahlberg en TEDxGöteborg», *TEDx Talks*, 2 de noviembre de 2012.

3.3. ¿Estuvieron los servicios secretos rusos detrás de la explosión del depósito de municiones de Vrbětice, en la República Checa?

El informe de Caroline Roux aborda la responsabilidad de Rusia en la explosión del depósito de municiones de Vrbětice, en la República Checa, en 2014, presuntamente llevada a cabo por los mismos dos «agentes» del GRU «identificados» por Bellingcat en el asunto Skripal.

En aquella época yo era responsable de la lucha contra la proliferación de armas ligeras y de la seguridad física de los depósitos de armas y municiones de la OTAN. El accidente de Vrbětice había sido claramente identificado y comunicado a la OTAN como un problema técnico causado por un fallo de mantenimiento, y no había absolutamente ninguna prueba de sabotaje. Incluso Miloš Zeman, Presidente de la República Checa, señaló que durante 7 años nadie había mencionado la responsabilidad de agentes rusos en este incidente y que el informe de los servicios secretos (BIS) *«indica que no hay pruebas ni testimonios de la presencia de dos agentes rusos en el lugar»...*[129]

Así pues, *France 5* difunde una teoría que crea un hecho a partir de una suposición. Es una teoría conspirativa que, de paso, proporciona a la República Checa un pretexto para satisfacer a su amo estadounidense: la empresa rusa ROSATOM ha sido excluida del concurso para construir una central nuclear[130] y la decisión de adquirir la vacuna rusa Spoutnik-V ha sido anulada[131]. Antaño satélite de la URSS, la República Checa es ahora satélite de Estados Unidos...

---

129. Petr Musil, «Zeman: Nemůžeme nechat cizí agenty páchat u nás terorismus. BIS ale zatím nemá důkazy», *Prima News (cnn.iprima.cz)*, 25 de abril de 2021.
130. «Los checos prohíben a Rosatom participar en una licitación nuclear y descartan la vacuna Sputnik», *AFP*, 20 de abril de 2021.
131. «Czechs Rule Out Russia's Coronavirus Vaccine After Spying Fallout», *The Moscow Times*, 20 de abril de 2021.

Esta acusación, que convenientemente surgió 7 años después de los hechos, pretendía ocultar otro asunto. Unos días antes, el 17 de abril de 2021, las autoridades rusas anunciaron que habían detenido a individuos que preparaban un golpe de Estado contra el presidente Lukashenko de Bielorrusia[132]. Dada la guerra de influencias reinante, es difícil decir si esto es cierto o falso. El hecho es que, en su discurso ante la Asamblea Federal el 21 de abril, Vladimir Putin declaró:

> *Puedes pensar lo que quieras sobre, por ejemplo, el presidente ucraniano Yanukóvich o Maduro en Venezuela. Repito, pueden gustarte o no gustarte (...). Puedes tener tu propia opinión sobre las políticas del presidente bielorruso Alexander Lukashenko. Pero la práctica de organizar golpes de Estado y planear asesinatos políticos, incluidos los de altos funcionarios, bueno, eso es ir demasiado lejos. Sobrepasa todos los límites[133].*

Naturalmente, nuestros medios de comunicación apenas se hicieron eco del suceso y ningún gobierno occidental reaccionó. Esto parece indicar que las acusaciones de Putin son fundadas y que nuestros servicios organizan golpes de Estado...

3.4.¿Apoya Vladimir Putin la política hacia Bielorrusia?

Contrariamente a lo que afirma Occidente, la política de Rusia es no interferir en la política interna de otros países. Por ello, mantiene lazos cordiales con Minsk, sin aprobar sus políticas.

Al final de la Guerra Fría, a diferencia de las demás repúblicas de la antigua URSS, que se apresuraron a adoptar un modelo económico

---

132.Wesley Dockery, «Bielorrusia: Detenidos en Moscú dos hombres acusados de planear un golpe de Estado», *dw.com*, 17 de abril de 2021.
133.«Discurso presidencial ante la Asamblea Federal», *kremlin.ru*, 21 de abril de 2021.

occidental, Bielorrusia se mantuvo dentro de un sistema fuertemente inspirado en el modelo soviético. A pesar de su proximidad cultural con Rusia, Bielorrusia tiene una concepción del Estado y de la sociedad diametralmente opuesta a la de los dirigentes rusos, y ha hecho todo lo posible por mantener una trayectoria independiente.

Bielorrusia vio en la no alineación una forma de escapar a las rivalidades Este-Oeste de la Guerra Fría, exacerbadas por la integración en la Unión Europea y la OTAN de los sentimientos profundamente antirrusos de sus vecinos. Mantiene así vínculos equilibrados entre Oriente y Occidente.

A principios de 2020, para distanciarse aún más de Moscú, Bielorrusia decidió abastecerse de petróleo en Estados Unidos[134], en detrimento de su gran vecino; las primeras entregas llegaron en junio[135]. Sin embargo, tras las elecciones de agosto de 2020 y los rumores de que Lukashenko sólo había sido elegido gracias a la manipulación de los votos, Occidente adoptó sanciones económicas, que se reforzaron en 2021 tras el asunto del vuelo FR4978 de RyanAir.

El resultado: gracias a las sanciones occidentales, Rusia se ha convertido en su único socio estable. En respuesta a esta situación, Bielorrusia se acercó a Rusia y, en 2021, firmó un tratado de unión que abarca varios ámbitos, entre ellos el aduanero.

Así, en lugar de aprovechar la debilidad de Bielorrusia para acercarla a Europa, se hizo todo lo posible para empujarla a los brazos de Rusia: en noviembre de 2021, Bielorrusia reconoció la anexión rusa de Crimea, aunque hasta entonces se había abstenido de hacerlo[136].

---

134. «Bielorrusia quiere reducir su dependencia del petróleo ruso», *AFP/lapresse.ca*, 21 de enero de 2020; «Беларусь начала покупать нефть в США после конфликта с российскими нефтяными компаниями», Настояще Время *(Hora Actual)*, 15 de mayo de 2020 (https://www.currenttime.tv/a/belarus-nachala-pokupat-neft-usa/30614362.html)

135. Roustem Falyakhov, «Из Техаса с любовью: Лукашенко привезли американскую нефть», gazeta.ru, *11 de junio de 2020* (https://www.gazeta.ru/business/2020/06/11/13115077.shtml).

136. «Belarus leader, in U-turn, says annexed Crimea is legally Russian», *Reuters*, 30 de noviembre de 2021.

Esta incoherencia occidental tiende a alimentar entre las poblaciones bielorrusa y rusa la sensación de que Occidente -la Unión Europea en particular- no pretende mejorar las cosas, sino empeorarlas. Al satisfacer las ambiciones de unos cuantos políticos europeos mediocres, estamos poniendo en entredicho la credibilidad de nuestras propias instituciones.

3.5.¿Aprobó Putin el secuestro del vuelo 4978 de Ryanair por Bielorrusia?

El 23 de mayo de 2021, una amenaza anónima de bomba enviada por correo electrónico obligó al vuelo FR4978 de RyanAir, procedente de Atenas y con destino a Vilna, a aterrizar en Minsk. Inmediatamente, a pesar de la información disponible en ese momento, la emisora estatal suiza RTS acusó al Presidente Alexander Lukashenko de haber «*ordenado personalmente a un caza MiG-29 interceptar el avión tras esta alerta*[137]», citando al servicio de prensa bielorruso. Esto es mentira: el servicio de prensa en cuestión afirma claramente que la decisión de llamar a un avión de combate se tomó *después de que* el piloto decidiera aterrizar en Minsk[138]. Lukashenko ordenó que el aeropuerto estuviera preparado para recibir al avión de RyanAir y que fuera escoltado por un avión militar, de acuerdo con las normas internacionales[139]. La cadena suiza crea así una narrativa conspirativa.

137.«La Biélorussie a arrêté un militant après avoir intercepté son avion», *RTS Info*, 23 de mayo de 2021 (actualizado el 24 de mayo de 2021).

138.«ВВС и войска ПВО всегда готовы отразить любую угрозу в воздушном пространстве - Гурцевич», *Belta*, 23 May 2021 (17:01) https://www.belta.by/society/view/vvs-i-vojska-pvo-vsegda-gotovy-otrazit-ljubuju-ugrozu-v-vozdushnom-prostranstve-gurtsevich-442589-2021/

139.«Команду принять в Минске "заминированный" самолет Ryanair дал лично Лукашенко», Belta, 23 May 2021 (14:38) (https://www.belta.by/president/view/

Suponiendo que el Presidente bielorruso hubiera tomado deliberadamente la iniciativa de secuestrar un avión de pasajeros y obligarlo a aterrizar con un caza, se consideró que se trataba de una *«operación especial»*[140] del Presidente Lukashenko. Una operación que, dada su gravedad, sólo podía haberse llevado a cabo con la bendición de Vladimir Putin.

Sintomáticamente, en *France 5*, Caroline Roux presentó dos programas *en rápida sucesión*, con el nombre de Putin en el título: «*Quand l'ami de Poutine pirate un avion de ligne...*» («*Cuando el amigo de Putin secuestra un avión de línea...*»). (24 de mayo) y «*Avión secuestrado: ¿puede Europa 'reencuadrar' a Putin?*» (25 de mayo). Intentan convencernos de que se trató de un acto de «*piratería de Estado*» que no podría haber tenido lugar sin la aprobación de Vladimir Putin, a pesar de que no hay absolutamente ninguna prueba que sugiera ninguna implicación rusa. Esta falta de pruebas no ha impedido a la Unión Europea adoptar -y mantener- sanciones contra Bielorrusia[141], algunas de las cuales han pedido sanciones contra Rusia[142] y algunas de las cuales se han aplicado[143].

En el programa del 24 de mayo, Laure Mandeville, de Le *Figaro*, *hablaba de* un «*caos de operaciones especiales llevadas a cabo en el espacio aéreo europeo (...) por los bielorrusos hoy, pero ya había algunas antes de Putin*»[144]. Aunque de momento no hay pruebas de

---

komandu-prinjat-v-minske-zaminirovannyj-samolet-ryanair-dal-lichno-lukas-henko-442580-2021/)

140.Laure Mandeville, «Avion détournée en Biélorussie: l'Europe a un gros problème sur son flanc Est», *Le Figaro*, 26 de mayo de 2021 (actualizado el 27 de mayo de 2021).

141.Alberto Nardelli, «EU Sanctions Russian Billionaire as U.S. Joins Action on Belarus», *Bloomberg*, 21 de junio de 2021.

142.Ilya Zaslavskiy, «Why the EU should punish Russian 'Kremligarchs' for Ryanair hijacking», *euractiv.com*, 3 de junio de 2021.

143.Alberto Nardelli, John Follain y Alexander Sazonov, «EU Sanctions Russian Billionaire as U.S. Joins Action on Belarus», *Bloomberg*, 21 de junio de 2021.

144.Programa «C dans l'air», 24 de mayo de 2021, «Quand l'ami de Poutine pirate un avion de ligne... #cdanslair 24.05.2020», *France 5/YouTube*, 25 de mayo de 2021 (02'20»)

ello, crea un escenario a partir de cero afirmando que las autoridades bielorrusas querían «*interceptar el avión de pasajeros irlandés*» y enviaron un MiG-29 por orden personal de Alexander Lukashenko, «*claramente con un deseo de intimidación*», «*para dar la vuelta al avión*»[145]. En realidad, el FR4978 dio media vuelta hacia Minsk a las 12.47 horas, mientras que el MiG-29 despegó de la base aérea de Baranovitchi a las 13.04 horas. Es cierto que la información procedía de Bielorrusia en aquel momento, pero fue confirmada rápidamente por las declaraciones de los pasajeros, por la transcripción literal del diálogo entre el avión y la torre de control y, posteriormente, por el informe de la OACI.

Bielorrusia tiene un gobierno autoritario. Es un blanco fácil para todo tipo de acusaciones, fundadas o infundadas. En este caso, el juego va un paso más allá, ya que el objetivo es establecer -artificial-mente- un vínculo con Rusia. Para lograrlo, los expertos de *France 5* construyen un escenario basado en sus percepciones. Por ejemplo, Frédéric Encel, partiendo de la base de que Lukashenko es un dirigente autoritario, le atribuye la decisión de «*utilizar el método fuerte*» y enviar «*un cazabombardero para interceptar un avión de pasajeros*». Suponiendo que se tratara de un «*golpe de fuerza*», «*para desafiar a la Unión Europea*», Encel dedujo que lógicamente se requería «*el apoyo o la promesa de apoyo de Vladimir Putin*»[146]. Caroline Roux añadió: «*Hablamos de Bielorrusia, pero en realidad hablamos de Rusia*[147]». Sin embargo, Benoît Vitkine, corresponsal de Le *Monde* en Moscú, confiesa -por una vez- que «*no hay mucho*» *que* sugiera la implicación rusa. Tres días después, sin embargo,

145. https://youtu.be/-LfZt4ESJ44?t=235

146.Programa «C dans l'air» («Quand l'ami de Poutine pirate un avion de ligne... #cdanslair 24.05.2020», France 5/YouTube, 25 de mayo de 2021) (11'30»)

147.«C dans l'air» («Cuando el amigo de Putin secuestra un avión de pasajeros... #cdanslair 24.05.2020», France 5/YouTube, 25 de mayo de 2021) (24'13»)

Isabelle Mandraud escribía en *Le Monde* sobre «*la posición dominante de Rusia en este asunto.*[148]»

El 25 de mayo, en el programa «C à vous» de *France 5*, la periodista Anne Nivat declaró que Lukashenko «*quería complacer a Vladimir Putin con esta maniobra absolutamente descabellada, para demostrar que él también era capaz de violar el orden internacional, el derecho internacional, etc.*[149]», pero unos segundos después señaló que «*sigue siendo bastante embarazoso para Putin*[150]». No me extraña.

En resumen, su afirmación no tiene ninguna base factual. Se lo está inventando. Porque, como señala *Libération*, este asunto avergüenza a Rusia[151], que no aparece en ningún momento del incidente. ¿Cuál sería el objetivo de Vladimir Putin? ¿Atraer nuevas sanciones contra Rusia? Se trata de un conjunto de suposiciones convertidas en hechos. Literalmente, conspiracionismo.

Los expertos están al servicio de la propaganda gubernamental, que habla de «*piratería de Estado*»,[152] en palabras de Clément Beaune, Secretario de Estado de Asuntos Europeos. Marie Mendras, investigadora del CNRS y profesora de Science Po, lo califica de «*increíble acto de piratería y toma de rehenes, que podría haber costado la vida a todos los pasajeros a bordo*»[153]. El columnista Pierre Haski lo considera un acto «*muy elevado en la escala de violaciones del derecho internacional*» que Lukashenko habría llevado a cabo creyendo que

---

148.Isabelle Mandraud, «Avion détournée par la Biélorussie, sanctions de l'Union européenne: nos réponses à vos questions», *Le Monde*, 28 de mayo de 2021.
149.Programa «C à vous», «Alexandre Loukachenko, l'autocrate biélorusse - C à Vous - 25/05/2021», *France 5/YouTube*, 25 de mayo de 2021 (04'10»)
150.*Id.*
151.Léo Vidal-Giraud, «La Russie forcée de soutenir le Bélarus mais impuissante à le contrôler», *Libération*, 27 de mayo de 2021.
152.Robin Verner, «Avion détourné par le Bélarus: Clément Beaune dénonce «une piraterie d'Etat»», *BFM TV*, 24 de mayo de 2021.
153.Marie Mendras en el programa «C à vous», «Alexandre Loukachenko, l'autocrate biélorusse - C à Vous - 25/05/2021», *France 5/YouTube*, 25 de mayo de 2021 (04'50»)

la Unión Europea no reaccionaría[154]. ¡Patrick Martin-Genier, profesor de Sciences Po, ve incluso «*amenazada la integridad*» de Europa![155]

Sus divagaciones se basan en la premisa de que el avión fue secuestrado deliberadamente con el único propósito de detener a Roman Protassevitch[156], un opositor de extrema derecha que iba a bordo. El director de RyanAir[157] afirma que había agentes del KGB a bordo del avión para secuestrarlo y detener al opositor[158]. En realidad, no sabemos nada al respecto, pero el conspiracionismo occidental está en marcha[159]. Se acusa a Grecia de haber permitido a esos agentes embarcar en el avión en Atenas[160]. Pero el 27 de mayo, el Primer Ministro griego, Kyriakos Mitsotakis, declaró que, tras una «*investigación en profundidad*» de sus servicios de inteligencia (EYP), había resultado que *no* había «*absolutamente ninguna prueba (...). Ninguna, cero*» de la presencia de agentes bielorrusos «*u otros servicios de seguridad*» en el avión[161].

De hecho, los vídeos de vigilancia del aeropuerto de Minsk, publicados justo después del incidente, muestran a Protassevitch saliendo del avión libremente y solo a las 14.02 horas[162] para subir al autobús lanzadera que le llevará a la terminal. Alertada por los tuits

---

154.Programa «C dans l'air», 25 de mayo de 2021 («Avion détourné: l'Europe peut-elle "recadrer" Poutine? #cdanslair 25.05.2021», *France 5/YouTube*, 26 de mayo de 2021) (02'20»)

155.Id. en 06'38

156.«Le pouvoir biélorusse a détourné un avion de Ryanair afin de capturer un opposant», *La Montagne*, 23 de mayo de 2021.

157. https://youtu.be/-LfZt4ESJ44?t=965

158.Bill Bostock, «Belarus had KGB agents on the passenger plane that was diverted to arrest a dissident journalist, Ryanair CEO says», *Business Insider*, 24 de mayo de 2021.

159.«Les pressions s'accentent sur la Biélorussie après le détournement d'un avion», *RTS.ch*, 25 de mayo de 2021.

160.Alexia Kefalas, «Grèce: les services secrets mis en cause pour avoir pas protégé Protassevitch», *lefigaro.fr*, 25 de mayo de 2021.

161.«Atenas niega la presencia de agentes del KGB en el avión secuestrado por Minsk», *AFP/VOA*, 27 de mayo de 2021.

162. https://youtu.be/IF2DAEboPCE?t=1539

de la oposición bielorrusa[163, 164], la policía aeroportuaria le interrogó a las 14.53, 50 minutos después de su salida del avión[165], sin que interviniera otro pasajero ni ningún agente secreto encubierto.

En cuanto a los pasajeros que no regresaron a Vilnius y que fueron identificados como agentes del KGB por Benoît Vitkine, se trataba de tres ciudadanos bielorrusos, un ciudadano griego y un pasajero ruso que habían reservado vuelos de Atenas a Vilnius y Minsk, y que por tanto se quedaron en Minsk. Sencillamente.

Dos días después, cuando la mayoría de los documentos habían sido publicados por la oposición rusa y bielorrusa, Laure Mandeville repitió su acusación en *Le Figaro*, hablando de una «*sorprendente 'operación especial' que el dictador Alexander Lukashenko orquestó personalmente obligando a un avión de pasajeros (...) a dar la vuelta sobre su territorio*»[166].

Para hacer creíble esta teoría, hay que hacer pasar a Raman Protassevitch por un periodista independiente apasionado por la democracia. Esto no es exactamente así.

En 2020, la ONG estadounidense *FOIA Research llevó a cabo una edificante investigación sobre él*[167]: es un anticomunista acérrimo, miembro de varios grupos neonazis, entre ellos el destacamento PAGONIA, formado a partir de combatientes voluntarios bielorrusos durante la guerra de Ucrania. En 2015, fue entrevistado en Ucrania por el medio estadounidense *Radio Svaboda*, donde confesó que había combatido en el Donbass[168] con el destacamento PAGONIA[169] dentro del Regimiento Azov y que había sido herido en Shirokino en

---

163. https://twitter.com/Tsihanouskaya/status/1396435123592179714

164. https://twitter.com/franakviacorka/status/1396429666374782981

165. https://youtu.be/IF2DAEboPCE?t=1672

166.Laure Mandeville, «Avion détournée en Biélorussie : l'Europe a un gros problème sur son flanc Est», *Le Figaro*, 26 de mayo de 2021 (actualizado el 27 de mayo de 2021).

167. https://www.foiaresearch.net/person/roman-protasevich

168. pbs.twimg.com/media/E2UIHnIXsAAVSE7?format=jpg&name=large

169.«Баец атраду "Пагоня": У выпадку ўварваньня мы будзем першымі, хто кінеца бараніць Беларусь», *svaboda.org*, 18 de septiembre de 2015.

marzo de 2015, hecho confirmado por su padre[170]. En julio de 2015, apareció en la portada de la revista neonazi *Soleil Noir*[171]. Participó -en armas- en un desfile del regimiento Azov por las calles de Marioupol. En marzo de 2017, formó parte de los bloques negros neonazis en las manifestaciones de Brest (Bielorrusia).

Naturalmente, el retrato que hace *Radio-Télévision Suisse* evita mencionar las numerosas fotos que ha colgado en su página de Facebook mostrando sus vínculos[172] con el movimiento neonazi y el regimiento Azov, culpable de numerosos crímenes de guerra contra civiles rusoparlantes (torturas, eliminaciones, etc.), pero la emisora estatal suiza no es ajena a este tipo de manipulaciones.

El 17 de enero de 2022, la OACI publicó su informe de investigación[173]. Apoya la versión presentada por Bielorrusia el 23 de mayo de 2021 y confirma el contenido de mi libro sobre el tema[174]. Muy claramente, parece que el MiG-29 despegó más de un cuarto de hora después de que el Boeing girara hacia Minsk y que no hubo coacción, confirmando así la información disponible el 23 de mayo de 2021. Los fantasiosos y deshonestos escenarios planteados por los políticos europeos -y utilizados como base para las sanciones contra Bielorrusia- eran imaginarios: Bielorrusia reaccionó de acuerdo con las normas internacionales y, por tanto, la implicación de Vladimir Putin en este asunto no tenía sentido.

El informe confirma que la falsa amenaza de bomba era «*delibe-radamente falsa*», y que «*el equipo [de investigación] no pudo atribuir la comisión de este acto de interferencia ilícita a ningún individuo o*

---

170. twitter.com/Volod_Ishchenko/status/1397509726641008643

171. https://archive.ph/mYUOU

172. https://www.rts.ch/audio-podcast/2021/audio/portrait-de-l-opposant-belarusse-ro-man-protassevitch-25201392.html

173. «Acontecimiento relacionado con el vuelo Fr4978 de Ryanair en el espacio aéreo de Belarús el 23 de mayo de 2021 - Informe de la investigación de la OACI», *ICOA*, enero de 2022 (https://www.politico.eu/wp-content/uploads/2022/01/19/ICAO-Fact-Fin-ding-Investigation-Report_FR497849.pdf).

174. Jacques Baud, *El secuestro del vuelo FR4978 de RyanAir*, Sigest, 2021

Estado». Aún quedan puntos por aclarar, sobre todo en los procedimientos de gestión de crisis, pero está claro que el Presidente bielorruso no secuestró un avión de pasajeros y, por tanto, que la implicación de Vladimir Putin no fue más que una gran farsa. Esto no impidió que el Ministerio francés de Asuntos Exteriores declarara al día siguiente de la publicación del informe:

> *Como consecuencia, el régimen bielorruso orquestó el secuestro de un avión civil con el único objetivo de detener a un periodista de la oposición, Roman Protassevitch*[175].

En resumen, mezclamos todo e inventamos cosas cuando no sabemos; no juzgamos basándonos en hechos, sino en prejuicios: ésa es la definición misma de una teoría de la conspiración.

Sería inaceptable que un Estado secuestrara un avión para sacar a un adversario. Pero desde el principio del asunto, *no hubo* indicios de que éste hubiera sido el caso. Al igual que *RTS,* trabajamos con una ética de geometría variable, con el fin de encubrir los crímenes y el extremismo del adversario. Descubrimos aquí que no se respeta la Carta de Munich, lo que denota una profunda falta de profesionalidad y de integridad periodística; lo que no es muy sorprendente en un medio de comunicación con prácticas dudosas y corruptas[176].

Combatir la tiranía es algo bueno. Pero debe hacerse con sensatez e inteligencia, un ingrediente del que carecen los actores que hemos mencionado. Ilustran la tendencia actual a sacrificar nuestros valores para transmitir un mensaje político e influir en decisiones políticas musculosas y espectaculares, pero ineficaces y contraproducentes.

175.«ICAO report on Ryanair flight FR4978 - Q&A - Extract from press briefing (18 January 2022)», www.diplomatie.gouv.fr
176.Boris Busslinger, Célia Héron y Sylvia Revello, «La *RTS,* Darius Rochebin et la loi du silence», *letemps.ch,* 31 de octubre de 2020 (actualizado el 30 de noviembre de 2020).

3.6.Interfirió Rusia en las elecciones presidenciales estadounidenses de 2016 para beneficiar a Donald Trump (Rusiagate)?

En el programa del 17 de octubre de 2021, «Putin, maestro del juego», Caroline Roux habla de los intentos de Rusia de interferir en la vida democrática occidental. Habla de las elecciones presidenciales estadounidenses y francesas, así como del Brexit.

Titulado «Informe de la investigación sobre la injerencia rusa en las elecciones presidenciales de 2016» y publicado en marzo de 2019, el *Informe Mueller* debía determinar hasta qué punto Rusia influyó en la elección de Donald Trump[177]. En última instancia, el informe afirma que Rusia puede haber tenido interés en hacerlo, pero «*la investigación no estableció que los miembros de la campaña de Trump conspiraran o se coordinaran con el gobierno ruso en sus actividades de interferencia electoral.*»

El sonado escándalo de la injerencia rusa en las elecciones presidenciales estadounidenses de 2016 (Rusiagate) descansa sobre tres pilares:

- la acusación de colusión entre Donald Trump y Rusia, explicada por un dossier -compilado por Christopher Steele, antiguo agente del MI-6 británico- en el que se afirma que Rusia estaba «reteniendo» a Trump con documentos comprometedores («Kompromat»)[178];
- una campaña de influencia llevada a cabo en las redes sociales por piratas informáticos al servicio de los servicios de inteligencia militar (GRU) y nacional (FSB) rusos;

---

177. https://www.justice.gov/archives/sco/file/1373816/download
178. https://www.documentcloud.org/documents/3259984-Trump-Intelligence-Alle-gations.html

- el robo de correos electrónicos de los servidores de la comisión electoral del Partido Demócrata por piratas informáticos de los servicios de inteligencia rusos.

3.6.1.El expediente Steele

Elaborado por un ex agente del MI-6 británico en excedencia, el «Steele Dossier» es un documento clasificado CONFIDENCIAL que alega actividades salaces de Donald Trump mientras estuvo con prostitutas en Moscú, y sus vínculos con personalidades rusas, que supuestamente le ayudaron en su campaña presidencial.

Muy pronto se hizo evidente que el dossier era una burda invención, pero los medios estadounidenses y europeos lo vieron como una oportunidad para deslegitimar la elección de Trump. En octubre de 2021, el asunto se desinfló y lo que se había supuesto resultó ser cierto: el dossier había sido fabricado. Michael Sussmann, abogado de Hillary Clinton, fue acusado de mentir al FBI[179]. Igor Danchenko, el informante de Steele, ha sido acusado por el FBI[180]: recibió su información de alguien cercano a los Clinton. Así que el dossier no solo fue financiado por la campaña de Hillary Clinton y el *Comité Nacional Demócrata* (DNC)[181], sino que sus falsas acusaciones procedían del círculo íntimo de los Clinton. En enero de 2017, Danchenko ya había admitido ante el FBI que el dossier era una falsificación[182], pero nadie le hizo caso, y el equipo de Hillary Clinton había estado mintiendo todo el tiempo sobre la financiación del dossier. El objetivo de los demócratas es crear una situación que conduzca a la destitución de Trump?

179.«U.S. v Michael Sussmann indictment», *The Washington Post*, 16 de septiembre de 2021

180. https://www.justice.gov/opa/press-release/file/1446386/download

181.Adam Entous, Devlin Barrett y Rosalind S. Helderman, «Clinton campaign, DNC paid for research that led to Russia dossier», *The Washington Post*, 24 de octubre de 2017.

182. https://mate.substack.com/p/russiagate-has-no-rock-bottom

En resumen, el dossier era una completa farsa y ha sido totalmente desacreditado por el FBI, como informó *Associated Press* en abril de 2019[183].

Conspiracy Watch está tratando de restar importancia al dossier Steele[184]. Sin embargo, era importante porque constituía la «prueba» de que Trump podría haber sido manipulado y, por tanto, constituía el «motivo» de Rusia para elegir a Trump a la presidencia. Ahora que el «motivo» ha desaparecido, Rusia no tiene interés en asumir el riesgo político de interferir en estas elecciones. Como hemos mostrado en el Apéndice 1, Trump es probablemente el presidente que más medidas «antirrusas» ha tomado en la historia reciente durante su mandato.

3.6.2. La campaña de influencia en las redes sociales

El uso de las redes sociales (en particular Facebook y Twitter) para influir en la elección de Donald Trump ha sido ampliamente citado por los demócratas para explicar la derrota de Hillary Clinton. Los «expertos» señalan con el dedo a la *Internet Research Agency* (IRA), con sede en San Petersburgo y supuestamente dirigida por Evgueni Prigogine, conocido como el «cocinero del Kremlin», pero no sabemos nada de ella. En 2019, la IRA es objeto de un reportaje de *France 24* que supuestamente muestra la amenaza rusa a las elecciones europeas: es un reportaje «incriminatorio», sin respeto a la Carta de Múnich (que es el equivalente al juramento hipocrático de los periodistas), y claramente tendencioso.

Para poner las cosas en perspectiva, los dos candidatos presidenciales de 2016 gastaron un total de 81 millones de dólares en

---

183. Mike Schneider, «Funcionarios de Florida dicen que no hubo hackeo, pese al informe de Mueller», *AP News*, 19 de abril de 2019; Aaron Maté, «El fin del Rusiagate», *Le Monde diplomatique*, mayo de 2019.
184. «Les Déconspirateurs - l'émission #08», *ConspiracyWatch.info/YouTube*, 15 dic5 dic 2021

3. Espionaje y acciones para desestabilizar a Rusia

Facebook, mientras que «los rusos» gastaron menos de 50.000 dólares[185]. Además de que ni Google ni Facebook pudieron establecer un vínculo probado entre los «posts» y el gobierno ruso, y de que algunos de ellos promocionaban a Obama, Facebook estableció que 10 millones de personas habrían visto al menos uno de los anuncios pagados por los rusos, el 44% de ellos *antes de* las elecciones y el 56% *después*, mientras que alrededor del 25% estaban destinados a perfiles específicos y nunca fueron vistos por nadie[186].

En un informe encargado por el *Comité de Inteligencia del Senado* (SSCI), *New Knowledge* descubrió que sólo el 11% de las publicaciones atribuidas al IRA tenían contenido político. Las publicaciones en las que se nombraba a Clinton o Trump solo representaban el 6% de los tuits, el 18% de las publicaciones en Instagram y el 7% de las publicaciones en Facebook[187].

Influencia en las redes sociales

	Facebook	Instagram	Twitter
Número total de puestos	61 483	116 205	10 401 029
Mensajes que mencionan a Clinton	1 777 (2,9 %)	7 915 (6,8 %)	198 123 (1,9 %)
Mensajes que mencionan a Trump	2 563 (4.2 %)	13 106 (11,3 %)	430 185 (4,1 %)

Figura 3 - Mensajes que mencionan a los candidatos presidenciales estadounidenses de 2016. Su bajo número sugiere que no se trataba de una operación política, sino comercial [Fuente: The Tactics & Tropes of the Internet Research Agency, University of Nebraska/US Senate Documents].

185.Josh Constine, «Trump y Clinton gastaron 81 millones de dólares en anuncios de Facebook para las elecciones estadounidenses, la agencia rusa 46.000 dólares», *TechCrunch*, noviembre de 2017.

186.Daisuke Wakabayashi, «Google Finds Accounts Connected to Russia Bought Election Ads», *The New York Times*, 9 de octubre de 2017.

187.Renee DiResta, et al, «Las tácticas y los tropos de la Agencia de Investigación de Internet», *Documentos de la Universidad de Nebraska/Senado estadounidense*, octubre de 2019.

Así que no sólo «los rusos» no tuvieron prácticamente ningún impacto en los votantes, sino que los vínculos con el gobierno ruso son puramente especulativos. De hecho, *New Knowledge* y el periodista de investigación Aaron Maté descubren que, en realidad, la estrategia del IRA se parece más al marketing digital que a la influencia[188]. Lejos de tener la configuración de una sofisticada operación de propaganda, se trataba de un trabajo mucho más simple, que operaba con «trampas de clics» diseñadas para ganar dinero.

En cuanto a los ataques informáticos en los que se basan las acusaciones oficiales contra Rusia, *Worldfence,* que ha analizado datos del Departamento de Seguridad Nacional (DHS) y del FBI, concluye[189]:

> *Las direcciones IP que proporcionó el DHS pueden haber sido utilizadas para un ataque por un actor estatal como Rusia. Pero no parecen proporcionar ninguna asociación con Rusia. Probablemente son utilizadas por una amplia gama de otros actores maliciosos, especialmente el 15% de las direcciones IP que son nodos de salida de Tor.La muestra de malware es antigua, ampliamente utilizada y parece ser ucraniana. No tiene ningún vínculo aparente con la inteligencia rusa y sería un indicador de compromiso para cualquier sitio web.*

Para colmo, en marzo de 2020, el *New York Times* anunció que el FBI retiraba todos los cargos contra los hackers rusos y el IRA[190]... Así

188.Aaron Maté, «New Studies Show Pundits Are Wrong About Russian Social-Media Involvement in US Politics», *The Nation,* 28 de diciembre de 2018.

189.Mark Maunder, «US Govt Data Shows Russia Used Outdated Ukrainian PHP Malware», Worldfence, 30 de diciembre de 2016.

190.Katie Benner y Sharon LaFraniere, «Justice Dept. Moves to Drop Charges Against Russian Firms Filed by Mueller», *The New York Times,* 16 de marzo de 2020 (actualizado el 7 de mayo de 2020).

que las acusaciones y conspiraciones urdidas por nuestros «expertos» son invenciones.

3.6.3. *El robo de correos electrónicos del Partido Demócrata*

Luego está la filtración de Wikileaks de los correos electrónicos del *Comité Nacional Demócrata* (DNC), que sacó a la luz la corrupción y el amaño de votos dentro del Partido Demócrata (especialmente a favor de Hillary Clinton frente a Bernie Sanders).

El problema puede desglosarse en dos partes, que los teóricos de la conspiración intentan conciliar: a) las intrusiones observadas en los servidores de la CND a principios de 2016, y b) la filtración de correos electrónicos de la CND y su posterior divulgación por Wikileaks.

En cuanto al primer aspecto, ahora sabemos que el software utilizado para estas intrusiones se codificó en Ucrania[191]. En diciembre de 2016, el *Centro Nacional de Integración de la Ciberseguridad y las Comunicaciones (NCCIC)* publicó un resumen en el que acusaba a Rusia de piratear los correos electrónicos de personalidades del Partido Demócrata[192]. ¡Sin embargo, los datos publicados por el NCCIC muestran que los *hackers* eran... ucranianos[193]!

En cuanto a los correos electrónicos, sin entrar en detalles técnicos, la cuestión es cómo llegaron de los servidores de la CND a Wikileaks. Según el Partido Demócrata, el pirateo se llevó a cabo desde Rusia; según Wikileaks, los archivos fueron descargados y luego reenviados a él.

Ya en 2016, Julian Assange, fundador de Wikileaks, declaró que los archivos no habían sido obtenidos mediante hackeo por parte

---

191. Brian Feldman, «Ukraine Is Proving Key to the DNC Hack Investigation», *Intelligencer*, 16 de agosto de 2017.
192. *GRIZZLY STEPPE - Actividad cibernética maliciosa rusa*, NCCIC/FBI, 29 de diciembre de 2016 (Referencia: JAR-16-20296A).
193. Petri Krohn, «¿Creó un universitario ucraniano la estepa de los osos pardos?», *Off-Guardian*, 9 de enero de 2017.

de Rusia, como afirmaba el Partido Demócrata, sino que se habían recibido gracias a un informante dentro del Partido Demócrata que los había exfiltrado. De acuerdo con la práctica periodística, se negó a revelar el nombre de su fuente, sugiriendo que podría haber sido Seth Rich, miembro del DNC, asesinado -aún sin explicación- en una calle de Washington. Los rumores de que había sido eliminado por un contrato se atribuyeron inmediatamente a Rusia. Sin embargo, en julio de 2021, en una serie de documentos publicados por el FBI[194], se afirmaba: «*Dado [redactado] es concebible que un individuo o grupo haya querido pagar por su muerte*».

El problema es que el CND denegó al FBI el acceso a sus servidores originales. Le proporcionó réplicas de los servidores, como confesó el director del FBI al Comité de Investigación del Congreso[195]. ¡En diciembre de 2017, Donna Brazile, presidenta en funciones del CND, admitió que el comité había destruido los servidores originales[196]! Así que el Partido Demócrata no solo negó al FBI el acceso a las pruebas, ¡sino que las destruyó!

En cuanto a cómo llegaron estos correos electrónicos a poder de Wikileaks, los datos técnicos disponibles tienden a confirmar la versión dada por Julian Assange. En un memorándum enviado por antiguos oficiales de inteligencia a Donald Trump, confirman que los archivos fueron descargados por un empleado de la CND[197]. Por encargo de la CND, *CrowdStrike* confirmó posteriormente a través de su director que no había detectado ninguna prueba de que los datos hubieran sido pirateados[198]. Además, el FBI sólo recibió tres borradores redactados de *CrowdStrike*, que nunca elaboró un informe

---

194. https://vault.fbi.gov/seth-rich/seth-rich-part-01-of-03/view

195.»El DNC negó al FBI el acceso a sus servidores para buscar hackeos rusos», *YouTube*, 11 de enero de 2017 (https://www.youtube.com/watch?v=u96t7dQZ_pI)

196.Nicholas Ballasy, «Brazile: After Hacking, DNC Replicated Server for FBI Then 'Destroyed' Machines», *PJMedia*, 13 de diciembre de 2017.

197. https://consortiumnews.com/2017/07/24/intel-vets-challenge-russia-hack-evidence/

198. https://intelligence.house.gov/russiainvestigation/

final completo[199]. Por último, la NSA, que habría podido detectar una intrusión rusa, fue claramente incapaz de hacerlo[200], y por buenas razones...

El resultado de todo esto es que todavía hay muchas zonas grises en los acontecimientos que rodearon la elección de Donald Trump en 2016, incluso si podemos descartar un intento de injerencia por parte de Rusia. Es muy probable que individuos rusos intentaran aprovecharse de las elecciones mediante «trampas de clics». Que los intentos de intrusión (occidentales) utilizaran servidores rusos también es probable. Pero las acusaciones de que Rusia intentaba imponer un candidato no tienen sentido.

De hecho, se trata claramente de una maniobra del Partido Demócrata para invalidar la elección de Donald Trump. Sus esfuerzos para obtener *el impeachment* requerían una fuerte acusación de colusión o traición a favor de Rusia.

Sin embargo, los «cazadores de conspiraciones», como Rudy Reichstadt[201], se apresuraron a tachar de conspiracionistas a quienes cuestionaban las acusaciones contra Rusia. Sugiere una relación entre la injerencia rusa y el hecho de que Hillary Clinton perdiera tras obtener casi 2 millones de votos más que Donald Trump. Pero estas dos cosas no tienen nada que ver. La aparente injusticia con Clinton en términos de voto popular es el resultado de un mecanismo electoral inusual para un francés. El sistema de «colegio electoral» está diseñado para corregir la influencia desproporcionada que pueden

---

199. Ray McGovern, «FBI Never Saw CrowdStrike Unredacted or Final Report on Alleged Russian Hacking Because None Was Produced», *Consortium News*, 17 de junio de 2019; *Government's Response To Defendant's Motion To Compel Unredacted Crowdstrike Reports*, District Court For The District Of Columbia, Criminal Document No. 19-cr-18-ABJ, 31 de mayo de 2019.
200. Robert Mackey, «If Russian Intelligence Did Hack the DNC, the NSA Would Know, Snowden Says», *The Intercept*, 26 de julio de 2016.
201. Rudy Reichstadt, «¿Es el 45º presidente de Estados Unidos un espía ruso?», *Conspiracy Watch*, 21 de enero de 2017.

tener estados muy poblados (como California o Nueva York) a expensas de estados «pequeños», como Delaware.

3.7. ¿Intentó Rusia influir en el voto del Brexit?

El 23 de junio de 2016, en una votación histórica, el 51,9% de los votantes británicos decidieron abandonar la Unión Europea. Para las élites políticas europeas, el sentido común solo puede estar a favor de Europa, por lo que esta elección solo podía ser el resultado de una fuerte influencia extranjera. Es más, temen que el Brexit pueda sentar un precedente, alentando a los soberanistas y haciendo sonar el toque de difuntos para la Unión Europea. Es el caso de Francia, donde, en 2005, el gobierno decidió ignorar la elección del pueblo (que, sin embargo, detenta la soberanía nacional según la Constitución), y donde sabemos que un nuevo referéndum desembocaría muy probablemente en un Frexit[202].

Así que tenemos que encontrar una explicación dramática para esta situación inesperada... Después de mencionar las falsas promesas, como la reasignación de las contribuciones europeas a la seguridad social británica, pasamos a las fuerzas oscuras. El escándalo del Russiagate acaba de empezar en Estados Unidos: está surgiendo la idea de que el Brexit es el resultado de un complot urdido por Rusia. Surge entonces la idea de una injerencia rusa en el voto popular. Es lo que afirma Caroline Roux en el reportaje de *France 5*.

Sin embargo, el informe del Parlamento británico sobre desinformación y explotación de noticias falsas señala[203]:

---

202. «Francia habría abandonado la UE en un referéndum similar al del Reino Unido, dice Macron», *The Guardian*, 22 de enero de 2018.
203. «Desinformación y 'fake news': Informe final», *Cámara de los Comunes*, 14 de febrero de 2019.

El Gobierno dejó claro que «no ha visto pruebas del uso con éxito de la desinformación por parte de actores extranjeros, incluida Rusia, para influir en los procesos democráticos del Reino Unido».

El uso de la palabra «con éxito» ha suscitado muchas preguntas, porque efectivamente ha habido acciones en las redes sociales, pero -con toda la buena voluntad del mundo- es difícil asociarlas a una operación de influencia.

En Twitter, por ejemplo, 419 cuentas -que se cree que tienen su sede en Rusia- emitieron 3.468 tuits relacionados con el Brexit, el 78% de ellos después de la votación[204], mientras que el importe total gastado en anuncios de *Russia Today* en la plataforma fue de 767 libras (unos 850 euros)[205]. ¡Según Facebook, que examinó detalladamente las actividades de cuentas posiblemente vinculadas a Rusia, la Internet Research Agency (IRA) gastó un total de 0,97 dólares (o 0,85 euros) en tres anuncios relacionados con la inmigración, sin mencionar el Brexit[206]! Facebook concluye que Rusia no hizo ningún esfuerzo por influir en la votación del Brexit[207]. Google, por su parte, no encontró pruebas de influencia[208].

En junio de 2019, Nick Clegg, ex viceprimer ministro, miembro del Parlamento y subdirector de Facebook, confirmó que *no* había *«absolutamente ninguna prueba»* de que Rusia hubiera influido en la

---

204.Robert Booth, Matthew Weaver, Alex Hern, Stacee Smith & Shaun Walker, «Russia used hundreds of fake accounts to tweet about Brexit, data shows», *The Guardian*, 14 de noviembre de 2017.
205.James Titcomb, «Russia Today spent £767 on Twitter ads during Brexit campaign», *The Telegraph*, 14 dic4 dic 2017.
206.«Facebook dice que las cuentas vinculadas a Rusia gastaron solo 97 céntimos en anuncios durante el Brexit», *Reuters*, 13 de diciembre de 2017.
207.Mallory Locklear, «Facebook found essentially no Russian effort to sway Brexit vote», *Engadget*, 13 de diciembre de 2017.
208.James Titcomb, «Russia Today spent £767 on Twitter ads during Brexit campaign», *The Telegraph*, 14 dic4 dic 2017.

votación[209], y que la red social no había visto «*ningún intento signifi-cativo de fuerzas externas*» de hacerlo, afirmando que «*las raíces del euroescepticismo británico son muy profundas*», por lo que no era necesaria la intervención rusa[210].

En 2017-2018, se presentaron acusaciones de financiación rusa[211], luego refutadas tajantemente por el multimillonario Aaron Banks, principal financiador de la campaña del Brexit[212]. La acusación es que Banks hizo su fortuna en Rusia[213].

En julio de 2020, el informe del *Comité de Inteligencia y Seguridad* (ICS) del Parlamento Europeo apenas insinúa el Brexit[214]:

> *Hemos tratado de establecer si existe inteligencia secreta que apoyara o se basara en estos estudios. En respuesta a nuestra petición de pruebas escritas al inicio de la investigación, el MI5 proporcionó inicialmente sólo seis líneas de texto.*

Sobre las acusaciones de financiación secreta por parte de Rusia a través de Aaron Banks, recogidas por «C dans l'air» en noviembre de 2019[215], el informe concluye:

---

209. «Facebook: Nick Clegg dice que 'no hay pruebas' de la injerencia rusa en la votación del Brexit», *BBC News*, 24 de junio de 2019.
210. Chris Baynes, «Facebook no encontró 'ninguna prueba' de la intromisión rusa en la votación del Brexit, dice el lobista Nick Clegg», *The Independent*, 24 de junio de 2019.
211. Kate Holton & Guy Faulconbridge, «UK investigates Brexit campaign funding amid speculation of Russian meddling», *Reuters*, 1 de noviembre de 2017.
212. Paul Dallison, «'No Russian money' in Brexit campaign, says UKIP donor», *Politico*, 4 de noviembre de 2018.
213. Iain Campbell, «Revealed: How Arron Banks's campaign 'ambassador' made his millions in Russia», *opendemocracy.net*, 10 de noviembre de 2018.
214. «Rusia», *Comisión de Inteligencia y Seguridad del Parlamento*, Cámara de los Comunes, 21 de julio de 2020
215. «Elecciones: Boris Johnson, el Brexit... y el "asunto ruso" #cdanslair 23.11.2019», *YouTube/France 5*, 23 de noviembre de 2019.

3. Espionaje y acciones para desestabilizar a Rusia

Señalamos que Aaron Banks se convirtió en el mayor donante de la historia política británica cuando donó 8 millones de libras a la campaña Leave.EU. En octubre de 2018, la Comisión Electoral -que estaba investigando el origen de esta donación- remitió el asunto a la National Crime Agency, que investigó. En septiembre de 2019, la National Crime Agency anunció que había concluido la investigación, al no haber encontrado pruebas de que se hubieran cometido delitos penales en virtud de la Ley de Partidos Políticos, Elecciones y Referendos de 2000 o del derecho de sociedades por parte de ninguna de las personas u organizaciones que le había remitido la Comisión Electoral.

Así que: nada. Incluso *Reuters* señala que los servicios no han podido encontrar ninguna prueba que sugiera que Rusia trató de influir en el voto del Brexit[216]. Irónicamente, en *Slate.fr*, Derek Chollet, del *German Marshall Fund of the United States,* al tratar de acusar a Vladimir Putin, lo exonera[217]:

Putin ha hecho todo lo posible por dividir a Occidente, pero no lo ha conseguido. [El Brexit] le beneficia, sin que él tenga que interferir.

Por último, como en el caso *del Rusiagate* estadounidense, parece que la supuesta injerencia en la votación del Brexit fue más una trampa para hacer clic con el fin de ganar dinero que un plan de influencia política o estratégica. Podemos ver que la influencia extranjera fue principalmente a favor de la permanencia de Gran

---

216. Elizabeth Piper & William James, «UK government failed to find out whether Russia meddled in Brexit vote: report», *Reuters*, 21 de julio de 2020.
217. Dan de Luce & Paul McLeary, «Le Brexit, bonne nouvelle pour la Russie et grosse migraine pour l'Otan», slate.fr, 1 de Julio 2016.

Bretaña en la Unión Europea, como Barack Obama[218], pero fue insuficiente para contrarrestar el escepticismo británico.

Desde 2010, las encuestas muestran que la opinión pública británica está muy dividida: las opiniones alternan entre el «sí» y el «no», como muestran los sondeos de este periodo[219]. Muy probablemente fue la crisis migratoria de 2014-2015 -tras las operaciones en Libia, Siria e Irak- la que tuvo la última palabra.

En cuanto a la idea de que Rusia habría tratado de favorecer el Brexit para reducir el riesgo de sanciones europeas, se trata simplemente de una pueril construcción intelectual occidental[220] por tres razones principales.

La primera es que, pragmáticamente, Rusia ha aprovechado las sanciones como una oportunidad. Tras una caída en 2015 como consecuencia de la crisis ucraniana, su PIB no ha dejado de crecer desde entonces. Ha desarrollado nuevos sectores industriales -antes provistos por empresas europeas- y nuevos mercados más estables en Asia, sobre todo con China. La principal consecuencia de la política europea ha sido, por tanto, reforzar el eje Moscú-Pekín.

La segunda es que se supone que los rusos consideran racional la política de la Unión Europea. Sin embargo, se están encontrando con que no sólo las sanciones se han convertido en el principal instrumento de la política exterior europea hacia Rusia, sino que la política europea se está alineando con el odio visceral que algunos países, como Polonia y Lituania, sienten hacia Rusia, convirtiéndose en irracional. Se está castigando a Rusia por problemas que no tienen nada que ver con ella[221].

218.«Barack Obama visit: Stick with EU, US president urges UK», *BBC News*, 22 de abril de 2016.

219.Artículo «List of polls on the referendum on the United Kingdom's membership of the European Union», *Wkipedia* (consultado el 20 de noviembre de 2021).

220.Marc Nexon, «Brexit: Putin se frota las manos», *Le Point*, 26 de junio de 2016.

221.Ilya Zaslavskiy, «Why the EU should punish Russian 'Kremligarchs' for Ryanair hijacking», *euractiv.com*, 3 de junio de 2021; Alberto Nardelli, «EU Sanctions Russian

3. Espionaje y acciones para desestabilizar a Rusia

La tercera es que, tras el Brexit, Reino Unido vino a reforzar el «bloque» «antirruso» de EEUU -previsiblemente-: la nueva situación no traía ningún cambio para Rusia, por lo que no le interesaba.

No cabe duda de que si Rusia hubiera visto el Brexit como un problema estratégico y se hubiera comprometido activamente en una campaña de influencia, se habría desarrollado de forma muy diferente. Después de todo, si 850 euros es todo lo que se necesita para dividir y desestabilizar a la Unión Europea, como afirma *Slate. fr*[222], ¡tenemos una medida de su solidez!

Estados Unidos ha invertido millones de dólares en desestabilizar Ucrania influyendo en la opinión pública y fomentando los movimientos de oposición. Gasta millones de dólares cada año haciendo lo mismo en Rusia. Admitir que Rusia se embarca en la misma empresa contra la Unión Europea con sólo un puñado de euros dice mucho sobre el valor de la propia idea que tenemos de Europa... Las acusaciones no verificadas y especulativas sólo demuestran que nosotros mismos no creemos en nuestro proyecto.

3.8.Intentó Rusia influir en las elecciones presidenciales francesas de 2017?

En vísperas de las elecciones presidenciales de 2022, resulta tentador retomar una acusación recurrente en Francia: que Rusia intentó influir en las elecciones presidenciales de 2017.

En febrero de 2017, el equipo de campaña de Emmanuel Macron se subía a la ola del Rusiagate. Richard Ferrand[223] declaraba en

---

Billionaire as U.S. Joins Action on Belarus», *Bloomberg*, 21 de junio de 2021.
222.Dan de Luce y Paul McLeary, «Le Brexit, bonne nouvelle pour la Russie et grosse migraine pour l'Otan», slate.fr, 1 de julio de 2016.
223.Richard Ferrand, «Ne laissons pas la Russie déstabiliser la présidentielle en France!», *lemonde.fr*, 14 de febrero de 2017.

Le Monde que «*el sitio web del movimiento ¡En Marche! y su infraes-
tructura son objeto de varios miles de ataques al mes de diversas
formas*», mientras que Mounir Mahjoubi[224], responsable informático
de la campaña de *En Marche* confesaba tener «*dudas sobre el origen
de los ciberataques*». Las acusaciones contra Rusia son circunstanciales y se explican por el hecho de que «*Rusia es muy activa, en las
fake news y en las redes sociales*». Una duda legítima, ya que el propio
Ferrand admite que los «*2.000 ataques (...) proceden muy claramente
de Ucrania*».[225] Lo que no impide a *BFM TV* acusar inequívocamente
a Rusia[226]... En cuanto a las razones de tal injerencia, Ferrand sostiene
que Putin busca extender su influencia[227]. ¿Con qué fin y cómo? No
hay respuesta. Es una idiotez.

Esta distorsión permite a los medios matar dos pájaros de un tiro:
contra Trump y contra Rusia, al tiempo que abre la puerta a acusaciones sobre el referéndum del Brexit y la campaña de Emmanuel
Macron[228].

En febrero de 2017, el candidato Macron estaba codo con codo
con François Fillon, pero no tenía programa y un sondeo del IFOP
mostraba que su electorado era el menos convencido de su elección[229]. Por tanto, hay que reforzarle y darle estatura demostrando

---

224.Martin Untersinger, «¡En marcha! denuncia ataques informáticos "organizados" y
"convergentes"», *lemonde.fr*, 14 de febrero de 2017.
225.«Cuando el pirateo amenaza las elecciones presidenciales», *France 3 (www.france-
tvinfo.fr)*, 16 de febrero de 2017 (actualizado el 30 de marzo de 2017). NdA: la expresión
«*muy claramente*» *la* pronuncia Ferrand (véase el vídeo), pero no se incluye en la cita
textual.
226.«El sitio web "¡En Marche!" de nuevo víctima de un ataque ruso», *BFM TV*, 14 de
febrero de 2017.
227.«Richard Ferrand apunta a Rusia tras los ataques informáticos contra Macron», *Le
Huffington Post/YouTube*, 16 de febrero de 2017.
228.«La campaña de Emmanuel Macron, en el punto de mira de los hackers rusos»,
lemonde.fr, 25 de abril de 2017.
229.Arnaud Focraud, «Présidentielle: pourquoi les sondages sont incapables de prévoir
l'affiche du second tour», *Le Journal du Dimanche*, 18 de abril de 2017 (actualizado el
27 de julio de 2017); Julien Absalon, «Présidentielle 2017: Macron doit composer avec
un électorat friable», *RTL*, 6 de marzo de 2017.

que es el objetivo de Rusia. Las acusaciones de Ferrand carecen de base técnica: entrevistado en la tribuna «pol», elude la cuestión y sólo aporta pruebas circunstanciales. ¡Señala que incluso si se tratara de un *«truco publicitario»*, no lo admitiría[230]! Un ejemplo de ética política francesa.

El 5 de mayo de 2017, dos días antes de la segunda vuelta de las elecciones presidenciales, el movimiento *En Marche* anunció que había sido objeto de un ataque informático y que unos 20.000 correos electrónicos habían sido pirateados. Inmediatamente se mencionó la injerencia rusa. Al día siguiente, Vitali Kremez, director de la empresa de seguridad informática Flashpoint, afirmó en *The Independent* que los piratas informáticos pertenecían a FANCY BEAR[231], sospechoso de haber pirateado al Partido Demócrata estadounidense en 2016. En realidad, no sabe nada al respecto: no ha tenido acceso a los servidores franceses y se está inventando cosas. Un análisis elaborado por *slate.fr* muestra que el origen de las filtraciones está probablemente en Francia y que, además de los correos electrónicos «filtrados», también hay falsificaciones que no proceden del hackeo en cuestión[232]. La revista estadounidense *Forbes*[233] está investigando y tiene las mismas dudas sobre la responsabilidad de Rusia. Hay muchas razones para creer que el escándalo Macronleaks se originó en la propia Francia.

En junio, Guillaume Poupard, Director de la *Agencia Nacional Francesa de Seguridad de los Sistemas de Información (ANSSI)*, responsable de la ciberseguridad en Francia, declaró que *«no hay*

---

230. «Macron et la Russie: Richard Ferrand dément tout coup de com' de la part d'En Marche !», *lelab.europe1.fr*, 16 de febrero de 2017.

231. Lizzie Dearden, «Emmanuel Macron email leaks 'linked to Russian-backed hackers who attacked Democratic National Committee'», *The Independent*, 6 de mayo de 2017.

232. Jean-Marc Manach, «Hemos examinado las 'filtraciones Macron' para usted, esto es lo que hemos encontrado», *slate.fr*, 9 de mayo de 2017.

233. Thomas Brewster, «¿Hackeó Rusia a Macron? The Evidence Is Far From Conclusive», *Forbes*, 8 de mayo de 2017.

nada que sugiera que Rusia está detrás de este ataque[234]». Declaró a *Associated Press* que el ataque no tenía las características de una acción estatal, que no había nada que lo vinculara a Rusia, y que «*podría incluso haber sido llevado a cabo por un individuo aislado[235]*». Así que: nada.

Pero el mito sigue vivo. En 2018, los autores de un informe elaborado conjuntamente por el *Centre d'analyse, de prévision et de stratégie (CAPS) de* Asuntos Exteriores y el *Institut de recherche stratégique de l'École militaire (IRSEM)* del Ministerio de Defensa reconocen que «Francia nunca se ha atribuido oficialmente el atentado» y que Guillaume Poupard declaró que «*el atentado fue tan genérico y simple que podría haber sido cualquiera[236]*». Sin embargo, concluyen que «*lo que se puede afirmar con relativa certeza es que los responsables, fueran quienes fueran, estaban al menos vinculados a intereses rusos y recibieron ayuda de la ultraderecha estadounidense y de la fachosfera francesa, dos círculos hoy predominantemente próximos a la visión del mundo del Kremlin*».[237]

Así que no sabemos quién es, podría ser un individuo aislado, pero sin duda está vinculado a Rusia y ha recibido ayuda de la fachosfera, ¡que es notoriamente cercana al Kremlin! Esta es exactamente la definición de conspiración: la creación de una narrativa basada en hipótesis para convertirlas en realidad. Por cierto, los nombres de los cuatro autores del informe figuran en la lista de miembros del *grupo* francés de la *Integrity Initiative*[238]. Se trata de un proyecto financiado

---

234. Louis Adam, «MacronLeaks: l'Anssi ne confirme pas la piste russe», *ZDNet*, 2 de junio de 2017; Louis Adam, «Macronleaks: Alors M.Poupard, c'est la Russie?», www.zdnet.fr, 8 de junio de 2017.

235. John Leicester, «Entrevista AP: Francia advierte del riesgo de guerra en el ciberespacio», AP *News*, 1 de junio de 2017.

236. Andrew Rettman, «Macron Leaks could be 'isolated individual', France says», *EU Observer*, 2 de junio de 2017.

237. Jean-Baptiste Jeangène Vilmer, Alexandre Escorcia, Marine Guillaume & Janaina Herrera, *Les Manipulations de l'information*, CAPS/IRSEM, París, agosto de 2018.

238. https://fdik.org/Integrity_Initiative/integrity-france.pdf

por el gobierno británico, responsable de la guerra de influencia contra Rusia.

En Bélgica, el diario *La Libre* llega a afirmar que los mismos actores han atacado al operador telefónico *Proximus* y a la OTAN[239], sin mencionar que una de las pistas conduce a... ¡los Estados Unidos[240]!

En resumen, los rusos son responsables de todo. Jean-Michel Blanquer, ministro francés de Educación, ha denunciado las averías informáticas en la enseñanza a distancia durante los bloqueos de marzo de 2020[241] y abril de 2021[242] como ciberataques rusos. ¿Con qué objetivo? *¿Robar la excelencia francesa»*, como sugiere la web paródica *Nord Presse*?

Durante la visita de Vladimir Putin a Francia en mayo de 2017, Emmanuel Macron no mencionó estos supuestos ciberataques[243]. En cambio, acusó a los medios rusos *Sputnik* y *RT* de haber «producido *falsedades»* durante la campaña presidencial francesa. Miente, porque no las «produjeron». A lo sumo, transmitieron noticias falsas producidas en la propia Francia, como demostró un desmentidor en *Libération*[244].

Con toda probabilidad, el gobierno ruso no interfirió en la campaña electoral, pero los medios de comunicación han sembrado una duda que se arrastrará hasta las elecciones europeas de 2019. A pesar de algunos errores de hecho, *France Culture* es uno de los pocos medios franceses que ofrece un análisis más honesto de la

---

239.Christophe Lamfalussy, «Macronleaks: les pirates sont les mêmes que ceux qui se sont attaqués à Proximus et à l'OTAN», LaLibre.be, 27 de abril de 2017 (Actualizado el 6 de mayo de 2017).

240.«Russland im Verdacht - eine Spur führt in die USA», www.20min.ch, 6 de mayo de 2017.

241.Nicolas Domenach, «Les indiscrets de Nicolas Domenach: Blanquer dénonce les *hackers* russes», *Challenges.fr*, 29 de marzo de 2020.

242.«Le système français d'enseignement à distance piraté», *lematin.ch/AFP*, 7 de abril de 2021.

243.Corentin Durand, «Macron et Poutine: quand la dénonciation des *fake news* éclipse la cyberguerre russe», *numerama.com*, 30 de mayo de 2017.

244.Vincent Coquaz, «¿Transmitieron RT y Sputnik *noticias falsas* durante la campaña como dice En Marche?», *CheckNews.fr*, 6 de junio de 2018.

situación[245]. El asunto resurgió en diciembre[246] -sin ninguna información nueva- y fue retomado por Emmanuel Macron en febrero de 2020 en la Conferencia de Seguridad de Múnich[247].

Si realmente hubiera habido injerencias, una verdadera democracia habría invalidado sin duda el escrutinio, ¡pero no fue así!

Esta conspiración sería inofensiva si no condicionara las relaciones internacionales y si no tuviera implicaciones para la vida de la gente en Rusia y Francia...

3.9.¿Intentó Rusia influir en las elecciones presidenciales de 2022?

En *France 5*, la politóloga Clémentine Fauconnier sugiere que Rusia podría interferir en las elecciones presidenciales francesas de 2022[248].

Rusia tiene ciertamente las capacidades, pero nuestras acusaciones se basan en meras suposiciones y construcciones conspirativas. Como ocurre con cualquier acción política o militar, hay que preguntarse: «¿Por qué Rusia emprendería una guerra así?»

Estratégicamente, Rusia siempre ha tenido una política exterior pragmática, colaborando con los gobiernos de turno. Durante la Guerra Fría, cuando las grandes potencias colocaban sus peones en el tablero mundial, estadounidenses y soviéticos apoyaron (e incluso instalaron) gobiernos que les eran favorables. Hoy, este enfrentamiento ideológico ha desaparecido y, aunque la gobernanza rusa sea diferente de

---

245. Philippe Reltien y Cellule investigation de Radio France, «La menace d'une ingérence russe plane-t-elle sur les élections européennes?», *France Culture*, 22 de marzo de 2019.

246. «La inteligencia militar rusa, detrás del hackeo de la campaña de Macron, según *Le Monde*», *AFP/RTBF.be*, 7 de diciembre de 2019.

247. «Macron: Rusia seguirá "intentando desestabilizar" Occidente», *rfi.fr*, 15 de febrero de 2020 (actualizado el 16 de febrero de 2020).

248. Programa «C dans l'air», 17 de octubre de 2021 («Poutine, maître du jeu #cdanslair 17.10.2021», *France 5/YouTube*, 18 de octubre de 2021) (1h54'20»)

la nuestra, ya no existe nada de esta naturaleza a nivel internacional. Es difícil entender por qué los rusos no habrían tratado de influir en las políticas occidentales potencialmente perjudiciales hasta 2016, y luego de repente empezaron a influir en las elecciones.

La dificultad de los candidatos a las elecciones presidenciales francesas de 2022 para distinguirse unos de otros, y la continuidad de la política exterior entre Joe Biden, Donald Trump y Barack Obama, demuestran que el interés de Vladimir Putin en desarrollar una estrategia de influencia a favor de uno u otro no tiene ningún sentido. En realidad, en Estados Unidos, como hemos visto, el Rusiagate fue simplemente una forma de enmascarar la prevaricación dentro del Partido Demócrata que le costó la presidencia a Hillary Clinton.

Es posible que los rusos sean responsables de los ciberataques, pero no estamos en condiciones de afirmar que los ataques se originaron en Rusia, ni podemos vincularlos al gobierno ruso. Y esto por razones técnicas.

En marzo de 2017, WikiLeaks publicó varios miles de documentos de la CIA bajo el nombre de «VAULT 7». Estos incluían herramientas informáticas, como MARBLE FRAMEWORK[249], que la Agencia había desarrollado para llevar a cabo operaciones cibernéticas simulando que se originaban en países extranjeros. Estas herramientas revelan rastros de ataques en varios idiomas (entre ellos chino, ruso, coreano, árabe y farsi[250]), lo que permite llevar a cabo operaciones bajo la «bandera falsa»[251]. Se ha establecido que estas herramientas se utilizaron antes de su publicación en 2015 y 2016, y muy probablemente después también[252].

249.WikiLeaks.org/ciav7p1/cms/page_14588467.html
250.Stephanie Dube Dwilson, «WikiLeaks Vault 7 Part 3 Reveals CIA Tool Might Mask Hacks as Russian, Chinese, Arabic», *Heavy.com*, 31 de marzo de 2017.
251.Jacques Cheminat, «Marble Framework: le double jeu perfide des hackers de la CIA», *silicon.fr*, 31 de marzo de 2017.
252.Catalin Cimpanu, «WikiLeaks Dumps Source Code of CIA Tool Called Marble», *Bleeping Computer*, 1 de abril de 2017.

De hecho, la influencia es mucho más un rasgo cultural estadounidense que ruso. Lo que explica por qué Estados Unidos tiene una desafortunada tendencia a derrocar gobiernos (a menudo con la ayuda de sus aliados europeos)[253]. En este ámbito, se dice que la CIA intentó interferir en las elecciones presidenciales francesas de 2012[254], y el Rusiagate puede haber enmascarado iniciativas de los propios Estados Unidos[255].

Como hemos visto, las supuestas «injerencias» rusas han sido todas desmentidas por los servicios de inteligencia occidentales.

En cuanto a los ciberataques, desde 2007 se ha mantenido la idea de que sólo los rusos (y los chinos) se dedican a este tipo de ejercicios. Sin embargo, en los casos en los que se ha encontrado (y demostrado) una explicación, ésta ha exonerado sistemáticamente a Rusia. Es probable que los rusos se diviertan realizando ciberataques, pero la mano del Estado sigue siendo hipotética y podemos ver en los mapas de amenazas informáticas que la gran mayoría de los ciberataques proceden de Estados Unidos y la vieja Europa.[256]

---

253. Lista de países en los que Estados Unidos intervino militarmente o intentó influir activamente en un proceso político mediante acciones clandestinas: China (1945-46), Francia (1948-1950), Italia (1948-1952), Siria (1949), Corea (1950-53), China (1950-53), Irán (1953), Guatemala (1954), Tíbet (1950-), Indonesia (1958), Cuba (1959-), Congo (1960-65), Irak (1960-63), República Dominicana (1961), Vietnam (1961-1975), Brasil (1964), Congo (1964), Guatemala (1964), Laos (1964-73), República Dominicana (1965-66), Perú (1965), Grecia (1967), Guatemala (1967-69), Camboya (1969-70), Chile (1970-73), Argentina (1976), Turquía (1980), Polonia (1980-81), El Salvador (1981-92), Nicaragua (1981-90), Camboya (1980-95), Angola (1980), Líbano (1982-84), Granada (1983), Filipinas (1986), Libia (1986), Irán (1987-88), Libia (1989), Panamá (1989-90), Irak (1991), Kuwait (1991), Somalia (1992-94), Irak (1992-96), Bosnia (1995), Irán (1998), Sudán (1998), Afganistán (1998), Serbia (1999), Afganistán (2001-2021), Irak (2003-), Somalia (2006-2007), Libia (2011-), Siria (2011-)

254. Comunicado de prensa, «La carta de misión de la CIA para las elecciones presidenciales francesas de 2012», *WikiLeaks*, 16 de febrero de 2017.

255. Kim Zetter, «WikiLeaks Files Show the CIA Repurposing Hacking Code to Save Time, Not to Frame Russia», *The Intercept*, 8 de marzo de 2017.

256. https://www.imperva.com/cyber-threat-attack-map/ (consultado el 13 de febrero de 2022); https://www.fireeye.com/cyber-map/threat-map.html

3. Espionaje y acciones para desestabilizar a Rusia

En diciembre de 2016, la empresa estadounidense *CrowdStrike* (que examinó los servidores del Partido Demócrata en el Rusiagate) afirmó que Rusia había penetrado en una red ucraniana de control de fuego de artillería para plantar malware, causando grandes pérdidas[257]. Atribuye este hackeo a la entidad FANCY BEAR, a la que asocia con el servicio de inteligencia militar ruso (GRU). La información era un poco espesa, pero algunos medios, como la *Radio y Televisión Suiza*[258], la retransmitieron igualmente. Por desgracia, en marzo de 2017, *Voice of America* reveló que CrowdStrike había falsificado información del *Instituto Internacional de Estudios Estratégicos* (IISS) para llegar a su conclusión y retiró sus acusaciones[259].

En todo caso, ver la mano de los servicios de inteligencia rusos (o chinos) en todas partes tiende a debilitarnos. Al señalar sistemáticamente a Rusia como fuente de nuestros problemas informáticos, nos hemos vuelto incapaces de determinar el verdadero origen de los ataques informáticos. Es muy posible empujar a los países de la OTAN a una guerra que no querían, porque las herramientas informáticas existen y son accesibles.

Estados Unidos es el país occidental con más fallos en su red eléctrica, debido a unas redes viejas y privatizadas que los operadores rara vez actualizan para reducir costes, y que son poco capaces de soportar sobrecargas[260]. Los llamados ciberataques rusos permiten a las empresas eludir su responsabilidad.

Al final, entre la mala fe y la incapacidad técnica de las empresas de seguridad informática, la atribución de un ataque informático

---

257.«Uso del malware android FANCY BEAR en el rastreo de unidades de artillería de campaña ucranianas», *CrowdStrike*, 22 de diciembre de 2016.

258.«Russian Democratic Party hackers targeted Ukrainian army», *rts.ch*, 22 de diciembre de 2016.

259.El informe antiguo se publicó el 22 de diciembre de 2016 y el corregido el 23 de marzo de 2017 (Oleksiy Kuzmenko & Pete Cobus, «Cyber Firm Rewrites Part of Disputed Russian Hacking Report», *Voice of America*, 24 de marzo de 2017).

260.Ula Chrobak, «EE.UU. sufre más apagones que cualquier otro país desarrollado. Here's why», *Popular Science*, 17 de agosto de 2020.

depende más de los prejuicios que de los hechos. El hecho es que, si se trataba de acciones llevadas a cabo por el Estado ruso, deberían haber tenido un objetivo; sin embargo, nunca hemos sido capaces de identificar uno, y estos «ataques» parecen no haber ido seguidos de nada. Lo más probable, pues, es que se tratara de problemas de gestión de la red, de ataques de *hackers* independientes situados probablemente en nuestro país, actuando por desafío o despecho...

4. La crisis energética de 2021

4.1.¿Es Rusia un socio poco fiable que utiliza el flujo de gas natural con fines políticos?

La idea de que Rusia está utilizando sus suministros energéticos con fines políticos ha sido un tema recurrente en Estados Unidos desde la Guerra Fría. Para entenderlo hay que remontarse al motivo que llevó a la creación de la OTAN: la capacidad nuclear norteamericana. Pero a partir de los años sesenta, con la adopción de la estrategia de «respuesta gradual», quedó claro que el uso de armas nucleares en un conflicto con la URSS se dirigiría principalmente contra los países europeos. Por ello, los estadounidenses temían que la opinión pública europea rechazara dicha estrategia (como ocurrió en los años ochenta con el movimiento pacifista alemán). También temían que el estrechamiento de los lazos con Rusia pudiera afectar a la estrategia estadounidense. Desde entonces, los estadounidenses han tratado de evitar cualquier acercamiento entre Europa y Rusia, a la que acusan de querer dividir a Occidente.

Para dar crédito a este riesgo y desacreditar a Rusia, se intenta convencernos de que (léase: Vladimir Putin) no es un socio fiable. Pero la realidad es otra: incluso durante la Guerra Fría, los soviéticos respetaron escrupulosamente sus contratos de suministro y nunca trataron de utilizarlos como medio de influencia política.

Rusia suministra gas natural a Europa Occidental desde los años sesenta. Entre 1968 y 1975, la Unión Soviética celebró no menos de 8 acuerdos de gas con Austria, Francia, Italia y Alemania Occidental. Todos estos acuerdos se respetaron, incluso en plena Guerra Fría.

En 1982, la URSS inició la construcción del gasoducto entre Urengoy (Siberia) y Uzhhorod (Ucrania) para aumentar el suministro a Europa. La CIA observó que, tras la crisis del petróleo de 1973, los europeos temían por su abastecimiento energético y que, dado el carácter imprevisible de la política árabe, preferían confiar en la URSS. Temía que la mayor dependencia europea de Rusia afectara a su apoyo a la política estadounidense:

> *La URSS también calcula que la mayor dependencia futura de los europeos occidentales de las entregas de gas soviético les hará más vulnerables a la coerción soviética y se convertirá en un factor permanente en su toma de decisiones sobre cuestiones Este-Oeste. Además, los soviéticos han utilizado la cuestión del gasoducto para crear y explotar divisiones entre Europa Occidental y Estados Unidos. En el pasado, los soviéticos han utilizado el interés de Europa Occidental en ampliar el comercio Este-Oeste para socavar las sanciones estadounidenses, y creen que el éxito de los acuerdos sobre el oleoducto reducirá la voluntad europea de apoyar futuras acciones económicas estadounidenses contra la URSS.[261]*

261.«The Soviet Gas Pipeline in Perspective», *Special National Intelligence Estimate, Central Intelligence Agency*, 21 de septiembre de 1982 (SNIE 3-11/2-82).

Estados Unidos intentó disuadir a sus aliados europeos, pero no le hicieron caso:

> *Será difícil obtener la cooperación de los Aliados para restringir el comercio con la URSS. Más allá de los incentivos económicos, existen consideraciones políticas que alimentan la reticencia de los europeos occidentales a aceptar restricciones al comercio y al crédito con la URSS (...) Los dirigentes aliados han declarado que no librarán una guerra económica contra la Unión Soviética.*

A partir de julio de 1981 se multiplicaron las manifestaciones en Europa contra el despliegue de los misiles Pershing II. Los estadounidenses temían que un acercamiento a la URSS impidiera este despliegue. Había que presentar a la URSS como un proveedor poco fiable. Estados Unidos decidió inutilizar el *oleoducto*. En enero de 1982, el presidente Ronald Reagan aprobó un plan de la CIA para sabotear los gasoductos en Rusia[262]. La operación se describe en las memorias de Thomas Reed, antiguo Secretario de las Fuerzas Aéreas estadounidenses y miembro del *Consejo de Seguridad Nacional*:

> *Con el fin de interrumpir el suministro de gas soviético, sus ingresos en divisas de Occidente y la economía nacional rusa, el software del gasoducto que debía hacer funcionar las bombas, turbinas y válvulas se programó para que se volviera loco, después de un intervalo decente, reajustando las velocidades de las bombas y los ajustes de las válvulas para producir presiones muy superiores a las aceptables por las juntas y*

262.Roman Kupchinsky, «Analysis: The Recurring Fear Of Russian Gas Dependency», *Radio Free Europe/Radio Liberty*, 11 de mayo de 2006.

soldaduras de las tuberías. El resultado fue la explosión no nuclear y el incendio más monumentales jamás vistos desde el espacio.[263]

Este sabotaje no desanimó a los soviéticos, que completaron el gasoducto. Estados Unidos declaró un embargo sobre el gas soviético para obligar a los europeos a dejar de comprarlo. Se ofrecieron a compensar a los europeos aumentando sus entregas de carbón, pero sus capacidades de producción y transporte eran insuficientes y no pudieron cumplir sus promesas. En noviembre de 1982 se vieron obligados a poner fin al embargo y los suministros soviéticos a Europa se reanudaron con normalidad.

Es razonable suponer que si hubiera habido un enfrentamiento armado en aquel momento, la URSS habría interrumpido sus suministros de hidrocarburos. Sin embargo, durante la Guerra Fría, Rusia nunca utilizó sus suministros de gas como palanca. Estados Unidos, por su parte, luchó denodadamente para impedir que se establecieran vínculos duraderos entre Europa y Rusia. Es el principio de *«o estás con nosotros o contra nosotros»* lo que impulsa la política exterior estadounidense (demócrata y republicana).

263.Thomas C. Reed, *At The Abyss: An Insider's History of the Cold War*, Presidio (2005)

Principales proveedores de petróleo de EE.UU.

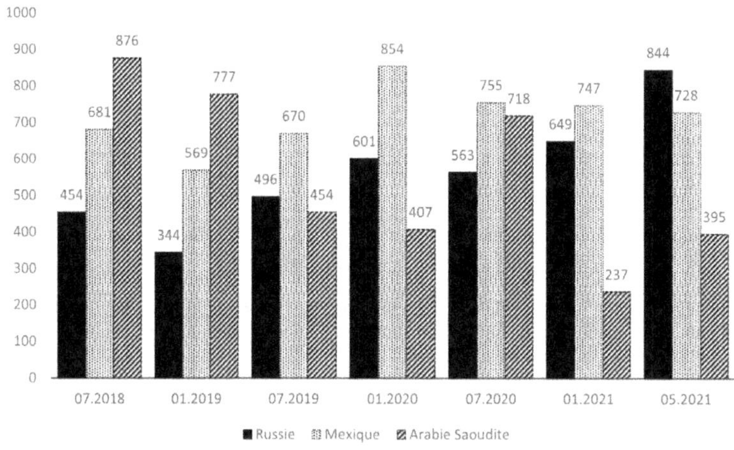

Figura 4 - Principales países proveedores de petróleo a Estados Unidos. Canadá es el principal proveedor, pero se han producido cambios significativos en el segundo puesto. Como vemos, aunque intenta limitar las entregas rusas a los países europeos, Estados Unidos depende cada vez más de Rusia para sus propias necesidades energéticas. [Fuente: Sheela Tobben & Jeffrey Bair, «Russia Captures No. 2 Rank Among Foreign Oil Suppliers to U.S.», Bloomberg, 4 de agosto de 2021 (actualizado el 5 de agosto de 2021)].

En septiembre de 2014, a raíz de la crisis de Ucrania, los estadounidenses impusieron sanciones que prohibían a las empresas occidentales suministrar a Rusia equipos relacionados con el petróleo y el gas: basándose en la idea de que Rusia depende de la tecnología occidental para su economía, esperaban asfixiar a Rusia y obligarla a negociar. Como resultado, la cooperación entre Exxon y Shell y las compañías petroleras rusas (Gazprom, Gazprom Neft, Rosneft, LukOil y Surgutneftegas) se ha paralizado. Como consecuencia, tras un retraso temporal de la producción, los rusos se pusieron manos a la obra para desarrollar ellos mismos las tecnologías necesarias. Hoy en día, Rusia ya no necesita la tecnología occidental.

Esto explica por qué los estadounidenses están adoptando sanciones contra sus aliados, como Alemania por el gasoducto *Nord*

4. La crisis energética de 2021

Stream 2. Mientras que los alemanes tienden a ver el comercio Este-Oeste como un puente, los estadounidenses lo ven como un factor de división del campo occidental.

Se acusa a Rusia de utilizar la energía para presionar a los países occidentales. Estas acusaciones no sólo nunca están respaldadas por pruebas, sino que son claramente los estadounidenses, y después la Unión Europea, quienes han intentado utilizar la economía con fines políticos. A finales de octubre de 2021, el *Wall Street Journal* señalaba que esta instrumentalización de la energía con fines políticos internacionales por parte de la Unión Europea sólo había conducido al fracaso[264].

Los autores no conocen ningún caso en el que Rusia haya utilizado sus entregas de gas como medio de presión para obtener concesiones de carácter político, económico o de otro tipo de los países occidentales.

En el asunto *Nord Stream 2, a* los estadounidenses les preocupa menos la dependencia europea de Rusia que el acercamiento de Europa a su poderoso vecino. Por eso, mientras blanden la amenaza de la dependencia europea, aumentan simultáneamente sus propias importaciones de crudo de Rusia[265]. En agosto de 2021, éstas alcanzaron su nivel más alto en 11 años y superaron a las de Arabia Saudí[266]. Rusia se convierte así en el segundo proveedor de petróleo de Estados Unidos, después de Canadá y por delante de México[267].

---

264. James Marson y Joe Wallace, «Europe's Push to Loosen Russian Influence on Gas Prices Bites Back», *The Wall Street Journal*, 27 de octubre de 2021.

265. «Analysis: US reliance on Russian oil hits record high despite souring ties», *spglobal.com*, 16 de abril de 2021; Lucia Kassai, «Russian Oil Shipments to the US Set to Surge in Ida's Wake», *Bloomberg*, 8 de septiembre de 2021 (actualizado el 9 de septiembre de 2021); Tsvetana Paraskova, «US Imports Of Russian Oil Expected To Soar After Hurricane Ida», *oilprice.com*, 9 de septiembre de 2021.

266. Rosemary Griffin y Eklavya Gupte, «Russian crude exports to US highlight risks to Ukraine talks for Biden», *S&P Global*, 21 de enero de 2022.

267. Sheela Tobben y Jeffrey Bair, «Russia Captures No. 2 Rank Among Foreign Oil Suppliers to US», *Bloomberg*, 4 de agosto de 2021 (actualizado el 5 de agosto de 2021).

Putin, ¿maestro del juego?

Son los europeos quienes están demostrando ser compradores poco fiables. Rusia seguirá cumpliendo sus compromisos, pero es probable que se muestre reacia a contraer otros nuevos. La forma en que tratamos a Rusia, aplicando sanciones al azar y sustituyendo la ideología por la diplomacia a la hora de resolver las disputas, significa que el mercado occidental es cada vez menos atractivo.

Rusia ha comprendido que sus transacciones con la Unión Europea se sitúan sistemáticamente en un contexto político e ideológico y, por tanto, están sujetas a sanciones de manera imprevisible. También ha comprendido que el desarrollo de China y la explosión del mercado asiático representan una oportunidad: más estable, más previsible, más resistente a las sanciones, pagando más y tratando de reducir su dependencia de Estados Unidos, es claramente más atractivo. Por eso Rusia ha construido una vasta red de oleoductos y comienza a suministrar tantos recursos que ya no estarán disponibles para Europa.

4.2. ¿Es la subida de los precios de los hidrocarburos a finales de 2021 el resultado de una maniobra deliberada de Rusia?

En octubre de 2021, en el programa «C dans l'air», se sugirió que Rusia manipulaba el precio del gas jugando con el grifo, y que la subida del precio de los hidrocarburos a finales de 2021 era el resultado de una política deliberada de Vladimir Putin.

Sin embargo, nada más aumentar Rusia su suministro de gas natural a Europa, Alemania anunció la suspensión de la certificación del Nord Stream 2[268]: la empresa que lo explote debe ser alemana

---

268. «Se suspende el procedimiento de certificación del Nord Stream 2», *Bundesnetzagentur* (Bonn), 16 de noviembre de 2021.

(y no suiza). Esta situación se conoce desde hace tiempo, pero este nuevo retraso llega en el momento justo para aumentar las tensiones.

A esto siguió, el 22 de noviembre, una nueva serie de sanciones de Estados Unidos contra el gasoducto[269], lo que hizo que el precio del gas natural se disparara. Después, el 13 de diciembre, tras la toma de posesión del nuevo gobierno alemán, Annalena Baerbock, la nueva ministra de Asuntos Exteriores, anunció que la certificación del gasoducto se retrasaría debido a la amenaza de guerra con Ucrania[270]. En realidad, está añadiendo una dimensión geopolítica a su oposición personal al proyecto[271], un error que el gobierno de Merkel ha evitado cuidadosamente. Pero Annalena Baerbock no es precisamente un modelo de integridad: plagiando, haciendo trampas en su biografía y ocultando ingresos[272], ilustra el enfoque ideológico y dogmático de las relaciones con Rusia.

En el programa de *France 5* «Poutine, maître du jeu» (Putin, maestro del juego), los «expertos» insistieron en que la dependencia europea de Rusia crea una vulnerabilidad que Vladimir Putin aprovecha para presionar a los europeos. Por ejemplo, Clémentine Fauconnier, politóloga especializada en Rusia, afirma que *«la energía es una de las palancas de influencia fundamentales de la política exterior rusa[273]»*. No aporta ninguna prueba que respalde su afirmación, y se limita a reproducir la línea adoptada por Estados Unidos durante la Guerra Fría.

---

269. Antony J. Blinken, «Imposition of Further Sanctions in Connection with Nord Stream 2», *state.gov*, 22 de noviembre de 2021
270. Jillian Ambrose, «Gas prices near record highs as Berlin rejects pipeline from Russia», *The Guardian*, 13 de diciembre de 2021.
271. Louis Westendarp, «German green leader Baerbock opposes Nord Stream 2 permit, calls out Russian 'blackmail'», *Politico*, 20 de octubre de 2021.
272. Orit Arfa, «¿Quién es Annalena Baerbock, la nueva ministra de Asuntos Exteriores de Alemania?», *J-wire.com.au*, 10 de diciembre de 2021.
273. «C dans l'air» emitido el 17 de octubre de 2021 («Poutine, maître du jeu #cdanslair 17.10.2021», *France 5/YouTube*, 18 de octubre de 2021) (1h41'07»)

El tema central del debate fue, por supuesto, la asombrosa subida de los precios de la energía en Europa en aquel momento. En el mismo programa, Caroline Roux afirma que, en *«la subida de los precios del gas (...) Vladimir Putin está en el centro del juego*[274]*»*. Considera que se trata de *«una palanca más para Vladimir Putin»* y cita al Secretario de Energía de Estados Unidos, quien afirmó que *«Rusia está manipulando los precios del gas»*.

Un poco más tarde, un informe afirma que, en 2021, *«a medida que se acerca el invierno, cuando las reservas están en su punto más bajo, Vladimir Putin está subiendo la temperatura*[275]*»*. Propaga una posición ampliamente compartida por los teóricos de la conspiración y la extrema derecha, como en Polonia[276], donde el gobierno afirma que se trata de una maniobra deliberada de Rusia[277]. Se trata de una construcción basada en hipótesis y prejuicios infundados: la definición de conspiracionismo.

Dos semanas antes, *Reuters* informó en un *factbox* de que entre enero y septiembre de 2021, las exportaciones rusas de gas natural aumentaron[278]:

- un 15%, hasta 145.800 millones de metros cúbicos;
- 148% a Turquía, 14% a Italia, 305,6% a Rumanía, 125,2% a Serbia, 11,2% a Polonia, 52,5% a Bulgaria, 10,8% a Grecia, 17,5% a Finlandia y 30% a Alemania.

Como para confirmar estas cifras, el 6 de octubre *Bloomberg* informó de que Angela Merkel rechazaba la idea de que Rusia estuviera detrás de la crisis, jugando con sus suministros[279]:

---

274. *Id* (1h34'00»)
275. *Id* (1h44'40»)
276. https://www.europarl.europa.eu/doceo/document/P-9-2021-004842_EN.html
277. Frédéric Simon, «Europe's gas supply squeeze engineered by Russia, Poland says», *euractiv.com*, 20 de octubre de 2021 (actualizado el 21 de octubre de 2021).
278. «FACTBOX-Russian gas pipeline exports to Europe», *Reuters*, 4 de octubre de 2021
279. Arne Delfs, «Merkel Dismisses Russian Role in Europe's Energy Price Crisis», *Bloomberg*, 6 de octubre de 2021.

> *Que yo sepa, no hay ningún pedido en el que Rusia haya dicho que no se lo vamos a entregar, sobre todo en lo que respecta al oleoducto de Ucrania.*

El 11 de octubre, *Reuters* confirmó que el problema tenía su origen en las políticas aplicadas por la Unión Europea[280]. El 15 de octubre, dos días antes del programa de Caroline Roux, Frans Timmermans, Vicepresidente de la Comisión Europea, declaró al canal de televisión búlgaro *bTV*[281]:

> *No tenemos motivos para creer que [Rusia] esté ejerciendo presión sobre el mercado o manipulándolo.*

Así que Caroline Roux miente. Curiosamente, los expertos del plató, de los que cabría esperar que defendieran la causa europea frente a Rusia, cuestionan las declaraciones de la Canciller alemana -principal socia de Francia en la Unión Europea- y del Vicepresidente de la Comisión Europea. Es una alegoría de la debilidad de la política occidental hacia Rusia: la emoción prevalece sobre la razón, la rusofobia sustituye al sentido común.

La subida de los precios del gas natural en Europa a finales de 2021 depende de una serie de factores, que nada tienen que ver con los intentos de Vladimir Putin de «manipular el mercado».

El primer factor es que Rusia, a pesar de sus inmensas reservas, tiene una capacidad de producción limitada[282]. Se trata de un problema que también tiene su origen en la política occidental. Como

---

280. John Kemp, «Forget Russian intentions, fundamentals drove up Europe's gas price», *Reuters*, 11 de octubre de 2021.
281. «Тимерманс ексклузивно пред bTV: Въглищата нмяат бъдеще», *btvnovinite.bg*, 15 de octubre de 2021 (https://btvnovinite.bg/predavania/tazi-sutrin/timermans-eksk-luzivno-pred-btv-njama-badeshte-v-izpolzvaneto-na-vaglishta.html).
282. Elena Mazneva, «Russia Has a Gas Problem Nearly the Size of Exports to Europe», *Bloomberg*, 3 de septiembre de 2021.

vimos en 2014, con la esperanza de debilitar a Rusia[283], los países occidentales impusieron un embargo sobre los equipos de explotación de hidrocarburos[284]. Por lo tanto, Rusia ha tenido que producir este equipo por sí misma, frenando temporalmente el crecimiento de su capacidad de producción. Hoy, Rusia se ha vuelto autónoma. Ya no necesita a las empresas occidentales, y el retraso se refleja en la subida de los precios de la energía... ¡que ahora paga Occidente y que beneficia a Rusia!

El segundo elemento está relacionado con las tensiones en el mercado energético debidas a factores climáticos y económicos. En un *fact-check*, *BBC News* enumera los factores responsables de la subida de precios[285]:

- El duro invierno de 2021 obligó a los países europeos a agotar sus reservas de hidrocarburos a principios de año, y no tuvieron ocasión de reponerlas. *BBC News* cita a Adeline Van Houtte, de *Economist Intelligence Unit*, quien señala que, al igual que los países europeos, Rusia tuvo que hacer frente a un duro invierno en 2021 y agotar sus propias reservas;
- movimientos especulativos de comerciantes que compraron hidrocarburos en la primavera de 2021, cuando los precios estaban subiendo, con vistas a venderlos más adelante en el año;
- reducción del suministro de hidrocarburos de Noruega;
- viento insuficiente en el Mar del Norte durante el verano de 2021, lo que ha llevado a algunos países a compensar la energía eólica con hidrocarburos;
- aumento de la demanda de gas en Asia, debido al fuerte crecimiento y a la sustitución del carbón por el gas, que los estadounidenses

283. Lukas Trakimavičius, «Targeting Russia's Oil: Why Sanctions Will Ultimately Work», *Atlantic Council*, 31 de julio de 2017.
284. Olesya Astakhova, Katya Golubkova & Vladimir Soldatkin, «Fresh sanctions will freeze big foreign oil projects in Russia», Reuters, 14 de septiembre de 2014.
285. Jake Horton, «Europe gas prices: How far is Russia responsible?», *BBC*, 18 de octubre de 2021.

han preferido suministrar a Asia antes que a Europa, debido a los precios más altos que los asiáticos están dispuestos a pagar.

El aumento del precio del gas es, por tanto, el resultado de una combinación de factores que nada tienen que ver con Rusia, sino que están vinculados a las políticas energéticas aplicadas en Europa, algo que ninguno de los «expertos» presentes en el plató de «C dans l'air» mencionó. Dimitri Peskov, portavoz del gobierno ruso, tiene por tanto razón cuando afirma: *«Insistimos en que Rusia no tiene ni puede tener ningún papel en lo que ocurre en el mercado del gas en Europa*[286]*»*.

El problema es que, al centrarnos en la hipotética responsabilidad de Rusia en cada una de nuestras dificultades, no nos aplicamos a buscar estrategias y soluciones. Esta es la gran debilidad de la política exterior de la Unión Europea, alentada por «expertos» ciegos.

4.3.¿Utiliza Rusia la energía como palanca para someter a sus socios?

Laure Mandeville habla de *«dependencia de Rusia»*, y Caroline Roux va más allá, sugiriendo que si Vladimir *Putin «decide unilateralmente cerrar el grifo, si decide manipular artificialmente los precios del gas, nos estamos poniendo en manos de Vladimir Putin*[287]*»*. En apoyo de estas acusaciones, cita una *«declaración»* de Vladimir Chizhov, *«embajador del Kremlin»* en Bruselas[288]:

286.Dimitri Peskov, rueda de prensa del 6 de octubre de 2021, citado en «C dans l'air» del 17 de octubre de 2021 («Poutine, maître du jeu #cdanslair 17.10.2021», *France 5/ YouTube*, 18 de octubre de 2021) (1h36'28»)

287.C dans l'air» emitido el 17 de octubre de 2021 («Poutine, maître du jeu #cdanslair 17.10.2021», *France 5/YouTube*, 18 de octubre de 2021) (1h33'30»)

288.*Id* (1h38'45»)

Caroline Roux, que tiene una relación muy distante con la Carta de Múnich, cita esto del canal de televisión estatal *francés France 24*[289], que se basa en el medio de comunicación *Euractiv*[290] -con sede en Tallin, Estonia-, que a su vez hace referencia a una entrevista concedida por el embajador ruso al *Financial Times*[291].

El trasfondo de esta cita es interesante:

Fuente	Fecha	Cita
Financial Times	10 de octubre de 2021	Chizhov afirmó que la elección de Europa de tratar a Moscú como un «adversario» geopolítico no había ayudado. «El quid del problema es sólo una cuestión de fraseología», afirmó. «Cambia el adversario por un socio y las cosas se resuelven más fácilmente. (...) Cuando la Unión Europea encuentre suficiente voluntad política para hacerlo, sabrá dónde encontrarnos».
Euractiv	14 de octubre de 2021	El enviado de Rusia ante la Unión Europea, Vladimir Chizhov, ha pedido a la UE que normalice sus relaciones con vistas a resolver la crisis del gas. En una entrevista concedida al *Financial Times*, afirmó que Rusia no debe ser vista como un adversario.
Francia 24 Francia 5	14 de octubre de 2021 17 de octubre de 2021	Vladimir Chizhov, embajador del Kremlin en Bruselas, sugirió de forma poco sutil que la Unión Europea haría bien en «dejar de ver a Rusia como un adversario» si los 27 esperan obtener más gas del contratado.

Figura 5 - Distorsión de las declaraciones del embajador ruso

---

289. «Crisis del gas en Europa: Rusia en todos los frentes energéticos», *France 24*, 14 de octubre de 2021.
290. Andrei Belyi, «Dangerous liaisons: requesting additional gas from Russia will be politically sensitive», *Euractiv*, 14 de octubre de 2021.
291. Henry Foy y Sam Fleming, «Moscow's EU envoy urges Europe to fix ties to avoid gas shortages», *Financial Times*, 10 de octubre de 2021.

Así pues, Caroline Roux se inventa las cosas transformando una declaración para hacerla más amenazadora. Sin embargo, como podemos ver, el mensaje original de Chizhov es mucho más benigno: en primer lugar, está desempeñando su papel para intentar suavizar las relaciones entre Rusia y la Unión Europea. En segundo lugar, quiere decir que si Europa no desconfiara tanto de Rusia, fomentaría los contratos a largo plazo, que garantizan una mayor estabilidad de precios. Por último, probablemente se refiere al hecho de que, en la tensa situación actual, Rusia no está dispuesta a ir más allá de lo que se ha comprometido y sacrificar sus propias reservas estratégicas en beneficio de los europeos.

En Occidente, las tendencias inflacionistas se suman a la impopularidad de las medidas contra el CoViD-19, ambas fruto de una gestión catastrófica. En una reunión con Xi Jinping, Joe Biden pidió a China que liberara sus reservas para bajar el precio del petróleo[292]. China se dio cuenta de que los países productores de petróleo eran reacios a aumentar su producción y de que liberar sus reservas estratégicas la haría vulnerable a un posible bloqueo, dada la fuerte presencia naval occidental en la región. Por tanto, China sólo responde en parte, y con cautela[293], lo que demuestra la debilidad de Estados Unidos, condenado a mendigar a su enemigo...

Las políticas occidentales son completamente erráticas y están guiadas por el único objetivo de debilitar a Rusia. Ahora nos encontramos con la extraña situación de que el Departamento de Estado de Estados Unidos exige que Rusia suministre más gas natural a Europa[294], al tiempo que impone nuevas sanciones al *Nord Stream 2*[295]!...

292.Anna Kitanaka, Javier Blas y Jenny Leonard, «Biden and Xi Discussed Releasing Oil From Strategic Reserves», *Bloomberg*, 17 de noviembre de 2021.
293.«China liberará parte del petróleo de sus reservas estratégicas tras la invitación de EE.UU.», *The Business Times*, 18 de noviembre de 2021.
294.David McHugh, «US official: Russia should send more gas to Europe 'quickly'», *Associated Press*, 25 de octubre de 2021.
295. https://www.state.gov/imposition-of-further-sanctions-in-connection-with-nord-stream-2/

Tras explicar la dificultad de la Unión Europea para adoptar una estrategia energética y una política exterior comunes desde su creación, Clémentine Fauconnier afirma que «*a Vladimir Putin le encanta mostrar la debilidad de una construcción supranacional que odia porque va totalmente en contra de la ideología soberanista que defiende*[296]». Resulta bastante cómico que los europeos sean incapaces de tener una política coherente, mientras que Vladimir Putin intentaría hundir su propio interés nacional sólo para poner de relieve esta debilidad. Nuestros «expertos» toman sus deseos por realidades. Se limitan a señalar que Vladimir Putin es perfectamente racional y que -a diferencia de los occidentales- actúa según los hechos y no según lo que le gustaría que fuera la realidad. Es el dogmatismo con el que los occidentales toman sus decisiones, tanto en el seno de la Unión Europea como en sus políticas exteriores, lo que les está llevando al fracaso.

4.3.1. El caso de Polonia

Polonia tiene contratos a largo plazo con Rusia desde septiembre de 1996. En 2014 se dio cuenta de que el precio que pagaba a Rusia era superior al del mercado. No es de extrañar: los precios del gas están indexados a los del petróleo y se calculan sobre la base de una media móvil de los precios de mercado. Así que los cambios repentinos de precios pueden hacer que estos acuerdos sean, al menos temporalmente, menos atractivos que la compra en el mercado al contado.

Cuando el precio del gas se desplomó en los mercados internacionales, Polonia trató de renegociar las condiciones de su contrato con Gazprom y emprendió acciones legales ante el tribunal de arbitraje de Estocolmo, competente en este litigio, en 2016. En 2019, el tribunal falló a favor de Polonia, que obtuvo entonces la devolución de un

---

296. «C dans l'air» emitido el 17 de octubre de 2021 («Poutine, maître du jeu #cdanslair 17.10.2021», *France 5/YouTube*, 18 de octubre de 2021) (1h41'15»)

sobrepago de 1.400 millones de euros y la posibilidad de tener un precio que siga el mercado de forma más flexible[297]. Ese mismo año, Polonia anunció que no renovaría su contrato más allá de 2022[298].

Polonia es un buen ejemplo. La Unión Europea concluyó un acuerdo con Gazprom que desvinculaba el precio del gas del del petróleo y seguía más de cerca el precio del mercado[299]. Al mismo tiempo, la Unión Europea recomienda a sus miembros que utilicen el mercado al contado en lugar de los contratos a largo plazo con Rusia. Es esta política la que está causando hoy las dificultades financieras de algunos países europeos.

Irónicamente, la fuerte subida de los precios del gas natural a finales de 2021 hizo que Polonia tuviera que pagar un precio considerablemente más alto que el que habría pagado con el antiguo contrato. Como resultado, a finales de octubre de 2021, Polonia está reclamando a Gazprom descuentos en las entregas de gas[300].

4.3.2. El caso de Moldavia

Desde 1994, Moldavia ha acumulado una deuda de 709 millones de dólares con Gazprom por el gas natural ya entregado[301].

A finales de 2020, un nuevo gobierno muy proeuropeo llegó al poder en Moldavia. Al mismo tiempo, el precio del gas natural en el mercado al contado estaba en mínimos históricos. El gobierno

---

297. «Arbitrage Gazprom/PGNiG: Le gazier polonais crie victoire et demande 1,5 milliards de dollars», *Le Figaro /AFP*, 30 de marzo de 2020.
298. «Poland to buy spot gas once Gazprom contract ends», *argusmedia.com*, 13 de septiembre de 2021; «Poland's PGNiG requests talks with Gazprom on contracted gas price», *S&P Global Platts*, 2 de noviembre de 2021.
299. Foo Yun Chee & Alissa de Carbonnel, «EU ends antitrust case against Gazprom without fines», *Reuters*, 24 de mayo de 2018.
300. «PGNiG pide a Gazprom que baje los precios del gas», *The First News*, 28 de octubre de 2021.
301. Madalin Necsutu, «Moldova Talks With Gazprom as Gas Contract Almost Expires», *Balkan Insight*, 25 de octubre de 2021.

decidió seguir las recomendaciones de la Unión Europea[302] y preferir las compras en el mercado al contado a los contratos a largo plazo con Rusia. No renovará su contrato con Gazprom, que expira en septiembre de 2021[303]. El *Financial Times* informa de «*los esfuerzos de los funcionarios de la UE por convencer al país de que debe evitar firmar un nuevo acuerdo con Moscú y confiar en cambio en los suministros de empresas europeas*».[304]

Salvo que, en 2021, los precios del mercado se dispararon. Los moldavos se dieron cuenta de que la energía les costaría bastante más que con un contrato a largo plazo con Rusia. Por su parte, Gazprom exige el pago de la deuda. La Primera Ministra Natalia Gavrilita recurrió a la Unión Europea en busca de una compensación financiera. A través de Josep Borrell, la UE se negó[305]. Tras concluir un acuerdo con Polonia para entregas a corto plazo, Moldavia firmó un contrato de cinco años con Gazprom[306].

El precio del gas según el nuevo contrato es, por tanto, mucho más alto que el precio pagado en 2020. Naturalmente, los teóricos de la conspiración occidentales ven esto como una forma de utilizar el precio del gas para presionar al gobierno moldavo[307] y como un «castigo» para el gobierno moldavo proeuropeo. ¿Con qué fin? No hay respuesta. Otros lo explican como una medida de represalia de Vladimir Putin tras la victoria de Maïa Sandu, la candidata

---

302.«Moldavia no renovará el contrato con Gazprom», *RTA*, 23 de agosto de 2018.

303.«El Parlamento de Moldavia se niega a debatir la prórroga del contrato con "Gazprom"», *scooptrade.com*, 30 de septiembre de 2021.

304.Henry Foy, «Moldova strikes deal with Gazprom to end gas supply squeeze», *Financial Times*, 29 de octubre de 2021.

305.Katja Yafimava, «Moldova's Gas Crisis and Its Lessons for Europe», *Carnegie Moscow Center*, 5 de noviembre de 2021.

306.Iulian Ernst, «Moldova seals 5-year contract with Gazprom», *Intellinews*, 30 de octubre de 2021; «Gas crisis: Moldova and Russia extend their contract for five years», *Euronews/AFP*, 30 de octubre de 2021; Elena Gunkel, «"Газпром" начал поставлять газ в Молдову по новому контракту», *dw.com*, 1 de Noviembre 2021

307.«Moldavia: la Unión Europea denuncia la instrumentalización del precio del gas por parte de Moscú», *AFP*, 28 de octubre de 2021.

proeuropea, en las elecciones de diciembre de 2020[308]. Sin embargo, Vladimir Putin fue el primer jefe de Estado que la felicitó tras su victoria, y Dmitri Kozak, viceprimer ministro de la Federación Rusa, fue el primer visitante de alto rango que se reunió con el nuevo gobierno moldavo en agosto de 2021[309].

De hecho, Gazprom se ha limitado a aplicar las normas que le impone la Unión Europea. En octubre de 2021, el precio del gas está en su punto más alto. A pesar de la rebaja del 25% ofrecida por Gazprom, sigue siendo muy superior al que pagaba el país en virtud del contrato anterior, pero todavía inferior al precio del mercado europeo.

4.3.3. El caso de Ucrania

Para justificar el riesgo de dependencia de Rusia, nuestros «expertos» citan la interrupción del suministro de gas a Ucrania en 2006. En su canal de YouTube, Pascal Boniface lo explica como una medida para presionar al presidente ucraniano Viktor Yushchenko e impedir su acercamiento a Europa[310]. En *France 5,* Laure Mandeville de *Le Figaro* cuenta una historia similar[311]. Basta con acudir a *Wikipedia* para comprobar que no es cierto[312].

La historia es más compleja y más prosaica. Tras la desintegración de la URSS, Rusia siguió abasteciendo a Europa a través de gasoductos que atraviesan el territorio de sus antiguas repúblicas y países satélites. Estos países reciben cánones por este tránsito y se benefician de tarifas preferenciales para su gas.

---

308. Yves Bourdillon, «Bruxelles à l'aide de la Moldavie face à Gazprom», *Les Echos,* 29 de octubre de 2021.
309. Katja Yafimava, «Moldova's Gas Crisis and Its Lessons for Europe», *Carnegie Moscow Center,* 5 de noviembre de 2021.
310. «Explícame… La situación en Ucrania», *YouTube,* 31 de octubre de 2019.
311. «C dans l'air», 17 de octubre de 2021 («Poutine, maître du jeu #cdanslair 17.10.2021», *France 5/YouTube,* 18 de octubre de 2021) (1h49'00»)
312. Artículo «2005-2006 Russia-Ukraine gas dispute», Wikipedia (consultado el 5 de febrero de 2022)

La red de gasoductos de Ucrania es una de las más antiguas construidas por los soviéticos. Está gestionada por la empresa nacional *Neftgaz*. En los años 90, los rusos observaron que las «fugas» a lo largo de la red ucraniana eran anormalmente elevadas. Los intentos de Gazprom (que gestiona el gas dentro de las tuberías) de inspeccionar y comprar estas infraestructuras para adecuarlas a las normas fueron infructuosos. El Parlamento ucraniano llegó a aprobar una ley que prohibía la venta de infraestructuras de hidrocarburos a entidades extranjeras. ¡Y con razón! Desde los años noventa, ciertos oligarcas ucranianos sin escrúpulos se esconden detrás de estas «fugas», utilizando el estado ruinoso de la red como pretexto para desviar grandes cantidades de gas y venderlas a precios elevados a países europeos sin escrúpulos[313].

Por eso, tras infructuosas negociaciones y a la desesperada, Gazprom decidió subir el precio del gas suministrado a Ucrania (manteniéndolo por debajo del precio del mercado europeo) para compensar sus pérdidas. Esta subida de precios, puramente comercial y no política, ha provocado un tira y afloja. Ucrania dejó de pagar por su gas, lo que provocó el cierre temporal del suministro en 2006 y 2009. Así que fue porque Ucrania estaba robando gas destinado a Europa por lo que surgió este problema[314].

La crisis de 2014 no ha mejorado las cosas. Ucrania sigue recibiendo cánones muy elevados de Rusia por el gas que transita por su territorio y abastece a Europa. Por otro lado, se niega a comprar gas a Rusia y ha adoptado el llamado mecanismo de «flujo inverso», que consiste en permitir que el gas transite hacia los países europeos, para luego volver a comprarlo a los países europeos y enviarlo de vuelta a Ucrania. Evidentemente, el precio que paga Ucrania en el mercado europeo ya no es el preferencial que recibía de Rusia. Por

---

313.«Ukraine "stealing Europe's gas"», *BBCNews*, 2 de enero de 2006
314.Véase *Wikipedia*, artículo «2005-06 Russia-Ukraine gas dispute».

tanto, Ucrania ha soportado todo el peso de la subida de precios en el mercado europeo.

Por otro lado, los problemas asociados al envejecimiento de la red, los desvíos de gas y los precios del tránsito han hecho que el tránsito por Ucrania no sea rentable para Gazprom. La empresa rusa ha diversificado su red construyendo una red en el sur de Europa y en el norte. Esto explica por qué Rusia respondió favorablemente a la petición de Alemania de construir *Nord Stream 2,* que duplica el gasoducto *Nord Stream 1* y proporciona la ruta más directa entre los yacimientos de gas del norte de Rusia y Europa.

Ahora, con la entrada en funcionamiento prevista del Nord *Stream 2, las* fuentes de ingresos de Ucrania disminuyen. Por ello, insta a Estados Unidos a imponer sanciones a Nord Stream 2 y, para animar a Rusia a volver, le ha ofrecido una rebaja del 50% del precio del tránsito en octubre de 2021[315].

Un país profundamente corrupto dominado por oligarcas que han hecho de la corrupción su sistema, su gobernanza es ineficaz y culpable en gran medida de las dificultades del país. Después de 2014, a pesar de los numerosos proyectos mal concebidos e ineficaces para mejorar las cosas, Occidente no corrigió los problemas de Ucrania. En lugar de ello, los explotó para luchar contra Rusia, hundiendo aún más al país.

4.3.4.Nord Stream 2

En octubre de 2021, los «expertos» de «C dans l'air» centran su atención en el proyecto germano-ruso *Nord Stream 2.* Laure Mandeville afirma que está «cambiando el juego económico y, por tanto, político» de Europa. Laure Mandeville afirma que «*está cambiando el juego económico y, por tanto, político*» en Europa. Lamenta que la administración Biden no haya seguido la línea de

---

315.«Ukraine offers Russia's Gazprom 50% tariff discount for extra gas transit», *Reuters,* 23 de octubre de 2021.

Donald Trump cediendo ante Alemania y permitiendo que la construcción del gasoducto siga adelante[316].

Nuestros «expertos» no son europeos convencidos, sino activistas que se han limitado a retransmitir la retórica de Donald Trump (que critican en otros lugares). El proyecto *Nord Stream 2* se inició a *petición de Alemania*, para permitirle alcanzar sus objetivos climáticos. Por eso Alemania ha intentado resistirse a las presiones para que abandone el proyecto, simplemente porque disgusta a Estados Unidos. De hecho, la política europea se ha visto abrumada por su alineamiento con la política estadounidense, alimentada a su vez por una rusofobia oportunista.

Nord Stream 2 demuestra que los europeos distan mucho de estar unidos. Francia ha confundido su política europea con su ideología al tratar de presionar a Alemania por cuestiones ajenas a la energía[317], y luego al oponerse al proyecto con la esperanza de influir en Rusia por el asunto Navalny[318].

Sin embargo, la oposición francesa al proyecto no es más que una artimaña: la empresa francesa Engie ha invertido casi mil millones de euros en el proyecto. Así que no tiene sentido que Francia lo socave. Sobre todo teniendo en cuenta que la autoridad para llevar a cabo el proyecto es Alemania. Francia no tiene nada que decir al respecto. Expulsada de Malí, ninguneada por Vladimir Putin por no haber cumplido su papel en la aplicación de los Acuerdos de Minsk, Francia busca perfil antes de las elecciones presidenciales, ¡y Jean-Yves Le Drian hace de brazo orgulloso del hermano mayor alemán!

---

316. Programa «C dans l'air», 17 de octubre de 2021 («Poutine, maître du jeu #cdanslair 17.10.2021», *France 5/YouTube*, 18 de octubre de 2021) (1h37'00»)
317. Georgi Gotev, «Nord Stream 2 in dire straits after French U-turn», *euractiv.com/Reuters*, 8 de febrero de 2019; Dave Keating, «Why Did France Just Save Nord Stream 2?», *Forbes*, 8 de febrero de 2019.
318. Jean-Claude Bourbon, «La France réclame l'abandon du projet gazoduc Nord Stream 2», *La Croix*, 1 de febrero 2021; Arthur Olivier, «Qu'est-ce que Nord Stream 2, le nouveau gazoduc entre la Russie et l'Allemagne?», *touteleurope.eu*, 25 octubre 2021.

4. La crisis energética de 2021

La oposición al proyecto tiene dos fuentes principales. La primera es la administración Trump (entonces Biden), que ha tratado de aislar a Rusia en la escena internacional y, al mismo tiempo, descartar la competencia del gas estadounidense producido mediante fracturación hidráulica, una tecnología que tiene un alto impacto en el medio ambiente y proporciona un producto mucho más caro que el gas ruso. Luego están países como Ucrania y Polonia, que no se oponen fundamentalmente al proyecto ruso, pero que habrían preferido que pasara por su territorio, para retirar los peajes. Detrás de las grandes consideraciones filosóficas, a Ucrania y Polonia les mueve, sencillamente, el afán de lucro.

Fue Estados Unidos quien utilizó la energía como instrumento para retrasar la construcción del *Nord Stream 2*[319].

El 22 de enero de 2022, durante un programa sobre el elevado coste de la energía en Francia, el economista Nicolas Bouzou declaró que su causa era que «*Rusia no tiene ningún deseo de ayudarnos y de producir más*», y que era por represalia que Rusia no suministraba más gas a Europa[320]. Evidentemente, esto no es cierto. Como hemos visto, es Occidente quien intenta presionar a Rusia, y no al revés.

La confusión entre política y comercio es una especialidad occidental, como con las fragatas Mistral, que Francia se negó a entregar a Rusia en 2014. Francia se quejará en 2021, cuando sea víctima de la misma política por parte de Australia con los submarinos. La regadera…

En enero de 2022, los alemanes hablaban con dureza sobre *Nord Stream 2*, pero cuando quedó claro que era improbable un ataque ruso, su retórica cambió[321]. El 8 de febrero de 2022, en una reunión con el canciller alemán Olaf Scholz, Joe Biden dijo:

---

319. Johanna Luyssen, «Le pipeline Nord Stream 2 compromis par les sanctions américaines», *Libération*, 12 de diciembre de 2019.
320. Programa «C dans l'air», 22 de enero de 2022 («Conducción y calefacción: ¿un nuevo lujo? #cdanslair 22.01.2022», *France 5/YouTube*, 22 de enero de 2022) (40'28»)
321. «Ucrania: las sanciones contra Rusia se centrarán en el gasoducto Nord Stream 2 en caso de ataque, anuncia Alemania», *Le Figaro/AFP*, 27 de enero de 2022 (actualizado el

Si Rusia invade Ucrania, es decir, si los tanques o los soldados vuelven a cruzar la frontera, no habrá Nord Stream 2[322].

Olaf Scholz no compartió la misma determinación y no confirmó que se abandonaría el proyecto en caso de invasión rusa[323]. Al parecer, ese mismo día, Annalena Baerbock, ministra alemana de Asuntos Exteriores, expresó la misma postura en Kiev, lo que desató la ira de Zelensky[324].

En cualquier caso, podemos suponer que, en caso de invasión rusa de Ucrania, sería muy difícil para Alemania ignorarla. Por lo tanto, es probable que, en este momento, esta aparente suavización de la postura alemana no tenga como objetivo complacer a Rusia, sino reducir los riesgos de guerra. Aunque ninguno de los medios de comunicación occidentales ha mencionado el refuerzo de las fuerzas ucranianas en torno al Donbass, el servicio de inteligencia alemán -el BND- ha señalado que Ucrania se está preparando para una operación. Está claro que los alemanes creen que Rusia no tiene intención de intervenir en Ucrania, pero temen que la promesa de detener *Nord Stream 2* empuje a Zelensky a lanzar una ofensiva contra el Donbass con apoyo estadounidense, lo que podría empujar a Rusia a intervenir y obligar así a Alemania a condenar el gasoducto.

Este episodio ilustra lo que está en juego en la crisis de 2021-2022 y explica la actitud ucraniana, que nos parece ambigua. Para los estadounidenses, esta crisis tiene que ver con Alemania y *Nord Stream 2*. El único propósito de crear una amenaza artificial en la frontera

---

28 de enero de 2022); Clément Boutin, «"¡Ni un paso más!": la advertencia de Le Drian a Putin sobre Ucrania», *BFM TV/AFP*, 30 de enero de 2022.

322.«Biden promete 'acabar' con el gasoducto Nord Stream 2 si Rusia invade Ucrania», *France 24*, 8 de febrero de 2022.

323.«Remarks by President Biden and Chancellor Scholz of the Federal Republic of Germany at Press Conference», *whitehouse.gov*, 7 de febrero de 2022.

324.Kevin Liptak, «Nord Stream 2 pipeline proves to be a sticking point in Biden and new German chancellor's show of unity», *CNN*, 8 de febrero de 2022.

ucraniana es empujar a Alemania a abandonar su proyecto. Por eso los ucranianos -que tienen todas las de ganar si aumenta el tránsito de gas por su territorio- siguen los pasos de los estadounidenses. Sin embargo, por otro lado, saben que Rusia nunca ha tenido intención de atacar Ucrania, y son conscientes de que las amenazas de guerra inminente esgrimidas por los estadounidenses están teniendo un impacto muy real en su economía. Por ello, tratan de moderar el ardor de Joe Biden y Anthony Blinken.

5. La amenaza rusa y la crisis ucraniana

5.1.¿Qué significa el discurso de Múnich de 2007?

En un reportaje sobre los primeros días de Vladimir Putin al frente de Rusia, Caroline Roux describe una relación que empezó siendo «bastante cordial» con Occidente, para *cambiar* «*bruscamente de tono*» con su discurso en Múnich el 10 de febrero de 2007, que Benoît Vitkine, corresponsal de Le Monde en Moscú, describe como «*un discurso hostil contra el mundo unipolar y, por tanto, contra Estados Unidos*»[325]. Se nos presenta a un Vladimir Putin obstinado y casi bipolar, mientras que en Occidente se le describe más a menudo como un «jugador de ajedrez» que rara vez actúa por emoción.

Para presentar a Putin como impulsivo y desnacionalizar su discurso, Caroline Roux omite mencionar dos acontecimientos importantes mencionados por el Jefe de Estado en su discurso:
- la ampliación de la OTAN hacia el Este, que ya hemos visto anteriormente (pregunta 2.3), y
- el abandono gradual del marco normativo de la seguridad internacional por parte de Estados Unidos.

325.«C dans l'air» emitido el 17 de octubre de 2021 («Poutine, maître du jeu #cdanslair 17.10.2021», *France 5/YouTube*, 18 de octubre de 2021) (1h33'30»)

Estos dos elementos -en gran medida ignorados por los comentaristas occidentales- se repetirían regularmente en el discurso ruso y volverían a ser puestos sobre la mesa de negociaciones con los estadounidenses por Vladimir Putin quince años más tarde, con ocasión de la crisis ucraniana.

Lo que el informe no nos dice es que, en 2001, George W. Bush decidió retirarse unilateralmente del Tratado ABM y desplegar misiles antibalísticos (ABM) en Europa del Este. El Tratado ABM pretendía limitar el uso de misiles defensivos[326]. Su razón de ser era explotar el efecto disuasorio del riesgo de destrucción mutua, autorizando la protección de los órganos de decisión mediante un escudo balístico (con el fin de preservar una capacidad de negociación). Así, limitaba el despliegue de misiles antibalísticos a ciertas zonas específicas (en particular, alrededor de las capitales) y lo prohibía fuera de los territorios nacionales.

En 2007, los estadounidenses estaban negociando con los checos y los polacos el despliegue de estos misiles, oficialmente para protegerse de la amenaza iraní. Al hacerlo, alteraban el equilibrio estratégico garantizado por el Tratado ABM y creaban una nueva situación propicia al conflicto en Europa.

Vladimir Putin no sólo ve en ello un riesgo para la seguridad de Rusia, sino que también observa que Estados Unidos se burla cada vez más del derecho internacional para seguir una política unilateral. Esto explica su tono en Múnich.

Esta tendencia no ha hecho más que acelerarse desde entonces. Estados Unidos se ha retirado gradualmente de todos los acuerdos de control de armas que datan de la Guerra Fría: el *Tratado ABM* (2002), el *Tratado de Cielos Abiertos* (2018) y el *Tratado sobre Fuerzas Nucleares de Alcance Intermedio* (INF) (2019). Esta tendencia ha continuado bajo Trump y Biden con la retirada del *Plan Integral de*

---

326. https://www.armscontrol.org/factsheets/abmtreaty

Acción Conjunta (JCPOA) con Irán (mayo de 2018), el *Tratado de Amistad, Comercio y Derechos Consulares* de 1955 (octubre de 2018), el *Protocolo Facultativo de la Convención de Viena sobre Relaciones Diplomáticas relativo a la Solución Obligatoria de Controversias* de 1961 (octubre de 2018), la *Unión Postal Universal* (octubre de 2018), la UNESCO (enero de 2019), la *Organización Mundial de la Salud* (julio de 2020), etc. Los europeos lloriquean por la retirada estadounidense de *los Acuerdos de París* (noviembre de 2020) decidida por Donald Trump, sin darse cuenta de que se está poniendo en cuestión todo el sistema de derecho internacional.

En 2019, Donald Trump justificó su retirada del Tratado INF por una supuesta violación por parte de Rusia. Pero, como señala el *Instituto Internacional de Estocolmo para la Investigación de la Paz* (SIPRI), los estadounidenses nunca han aportado ninguna prueba de esas violaciones[327]. De hecho, simplemente intentaban salirse del acuerdo para poder instalar sus sistemas de misiles AEGIS en Polonia y Rumanía. Según la administración estadounidense, estos sistemas están diseñados oficialmente para interceptar misiles balísticos iraníes. Pero hay dos problemas que ponen claramente en duda la buena fe de los estadounidenses:

- la primera es que no hay indicios de que los iraníes estén desarrollando tales misiles[328], como declaró Michael Ellemann, de Lockheed-Martin, a un comité del Senado estadounidense[329].
- la segunda es que estos sistemas utilizan lanzadores Mk41, que pueden utilizarse para lanzar misiles antibalísticos o misiles

---

327. Dr Tytti Erästö & Dr Petr Topychkanov, «Russian and US policies on the INF Treaty endanger arms control», *SIPRI*, 15 de junio de 2018.

328. Dr Tytti Erästö, «Europe's Overlooked Missile Defence Dilemma», *European Leadership Network*, 20 de julio de 2017.

329. Declaración del Sr. Michael Elleman - Iran's Ballistic Missile Program - Ante la Comisión de Banca, Vivienda y Asuntos Urbanos del Senado de Estados Unidos, *Instituto Internacional de Estudios Estratégicos*, 24 de mayo de 2016.

nucleares. El emplazamiento de Radzikowo (Polonia) se encuentra a 800 km de la frontera rusa y a 1 300 km de Moscú.

En febrero de 2022, tras la reunión entre Vladimir Putin y Emmanuel Macron, Patrick Cohen, en *France 5*, se mostró sorprendido de que el presidente ruso hablara de guerra nuclear y afirmó que los sistemas desplegados en Europa eran puramente defensivos[330].

Esto es también lo que dijeron las administraciones Bush y Trump. Aunque sea teóricamente cierto, es técnica y estratégicamente falso. La duda que hizo posible su instalación es la misma duda que legítimamente podrían tener los rusos en caso de conflicto. Esta presencia en las inmediaciones del territorio ruso podría desembocar en un conflicto nuclear porque, en caso de conflicto, no sería posible conocer la naturaleza de los misiles cargados en los sistemas: entonces, ¿deberían los rusos esperar las explosiones antes de reaccionar?

La respuesta es bien conocida: sin alerta temprana, los rusos no tendrían prácticamente tiempo para determinar la naturaleza de un misil disparado y, por tanto, se verían obligados a responder preventivamente[331] con un ataque nuclear. Por eso Vladimir Putin afirma que los países europeos podrían verse arrastrados a un conflicto nuclear sin quererlo.

---

330. Programa «C à vous», 8 de febrero de 2022 («Ucrania: ¿es posible la desescalada? - C à vous - 08/02/2022», *France 5/YouTube*, 8 de febrero de 2022)

331. En términos de estrategia nuclear, y de forma muy simple: un ataque preventivo tiene como objetivo impedir que el adversario utilice sus armas nucleares, y un ataque preventivo tiene como objetivo atacar justo antes de que se detone un misil del adversario.

5.2.¿Ha intentado Vladimir Putin impedir que Ucrania se una a Europa?

Los defensores de la Unión Europea afirman que la política exterior rusa se guía por el hecho de que *«Putin odia a la Unión Europea»* y las *«construcciones supranacionales»*. El 19 de enero de 2022, en plena crisis ucraniana, Marion Van Renterghem, columnista de *L'Express*, declaró a *France 5* que el objetivo de Vladimir Putin era *«humillar a la Unión Europea»* porque era su *«enemigo público número uno»*[332]. Una semana más tarde, en el mismo programa, Jean-Dominique Giuliani, Presidente de la Fundación Robert Schuman, repitió lo mismo[333].

La idea de que Putin «odia a Europa» tiene su origen en la crisis de Maïdan de 2013-2014, cuando se le acusó de negarse a que Ucrania firmara un acuerdo con la Unión Europea. Este mito procede de una simplificación de los acontecimientos y de la omisión de ciertas secuencias. Por ejemplo, el 21 de febrero de 2022, Benjamin Haddad, del Atlantic Council, declaró al programa «C dans l'air» que, en 2014, el deseo de Ucrania de acercarse a la Unión Europea y luchar contra la corrupción provocó la intervención de Rusia[334]. Esto no es cierto: trataremos la cuestión de la «intervención rusa» más adelante; pero en cuanto al acuerdo con la Unión Europea, Rusia no se opuso.

En primer lugar, los rusos y sus dirigentes siempre han sido conscientes de su debilidad económica. Rusia nunca ha intentado competir con Europa o Estados Unidos. Desde la época zarista, Rusia nunca ha logrado desarrollar una base industrial comparable a la de

---

332. Programa «C dans l'air», 19 de enero de 2022 («Ucrania: ¿se puede evitar la guerra? #cdanslair 19.01.2022», *France 5/YouTube*, 20 de enero de 2022 (9'35») (https://youtu.be/owOJJKRYQZs?t=577)
333. Programa «C dans l'air», 25 de enero («Ucrania: ¿un mano a mano ruso o estadounidense? #cdanslair 25.01.2022», *France 5/YouTube*, 26 de enero de 2022 (19'27»)
334. Programa «C dans l'air», 21 de febrero de 2022 («Ucrania: ¿qué quiere realmente Putin? #cdanslair 21.02.2022», *France 5/YouTube*, 22 de febrero de 2022) (04'02»)

Europa o Asia, y lo sabe. En la era posterior a la Guerra Fría, Rusia se veía más como un complemento de Europa que como un igual.

En segundo lugar, hay que recordar que la población ucraniana no estaba unánimemente a favor de un acuerdo con la Unión Europea. Una encuesta realizada en noviembre de 2013 por el *Instituto Internacional de Sociología de Kiev* (KIIS)[335] mostraba que estaban divididos «al 50%» entre un acuerdo con la Unión Europea y una unión aduanera con Rusia. El problema era que el presidente Yanukóvich creía que su economía no estaba preparada para aislarse de Rusia por razones estructurales: adaptada al mercado ruso, no estaba preparada para enfrentarse al altamente competitivo mercado europeo, como más tarde se demostraría.

La economía ucraniana está fuertemente vinculada a Rusia, y los dirigentes ucranianos no quieren debilitarla cortando los puentes.

Rusia, por su parte, no se opone a un acuerdo entre Ucrania y la Unión Europea, pero quiere mantener sus relaciones económicas con su socio histórico. Por eso propone un acuerdo tripartito, que conciliaría el deseo de Ucrania de entrar en la Unión Europea preservando al mismo tiempo sus lazos con Rusia. Según el Primer Ministro ucraniano, Mykola Azarov, los estudios han demostrado que la propuesta rusa no entra en conflicto con la europea[336] y que, por tanto, es posible encontrar una solución que satisfaga los intereses ucranianos.

Pero la Unión Europea no quiere que Ucrania sea parte en dos acuerdos al mismo tiempo, y Barroso pide a Ucrania que elija[337]. Por ello, el gobierno ucraniano pidió a la Unión Europea que aplazara la firma del acuerdo para estudiar mejor las implicaciones del acuerdo

---

335. «Poll: Ukrainian public split over EU, Customs Union options», *Kyiv Post*, 26 de noviembre de 2013.
336. «Azarov: Ucrania podría cooperar con la Unión Aduanera y la UE», *Kiyv Post*, 17 de diciembre de 2012.
337. «Barroso recuerda a Ucrania que la unión aduanera y el libre comercio con la UE son incompatibles», *ukrinform*, 25 de febrero de 2013.

con la Unión Europea en sus relaciones con Rusia y preparar mejor su economía para esta situación. Afirma[338]:

> *No hay alternativa a la reforma en Ucrania ni alternativa a la integración europea. (...) Vamos por este camino y no vamos a cambiar de dirección.*

El entonces primer ministro ucraniano confirmó[339]:

> *Puedo decir con conocimiento de causa que el proceso de negociación del acuerdo de asociación continúa y que los trabajos para acercar nuestro país a las normas europeas no se detienen ni un solo día.*

Está claro que esta suspensión es sólo temporal, pero la prensa occidental y la oposición ucraniana la presentan como una negativa a acercarse a Europa bajo la presión rusa[340].

La Unión Europea rechaza cualquier solución tripartita[341]: considera que se trata de un problema similar al que la Unión Europea y Gran Bretaña tendrán más adelante con la frontera irlandesa. A la Unión Europea no le gustan los socios que combinan las ventajas de dos sistemas, por eso obligó a Ucrania a elegir entre la Unión Europea y Rusia.

338.«Ucrania no tiene otra alternativa que la integración europea - Yanukóvich», *Interfax-Ucrania*, 21 de noviembre de 2013.

339.«Ucrania dice seguir queriendo un pacto histórico con la UE», *Hürriyet Daily News/ AFP*, 28 de noviembre de 2013.

340.AFP, «L'Ukraine renonce à l'accord d'association avec l'UE», *Libération*, 21 de noviembre de 2013; Lucas Roxo, «Pourquoi l'Ukraine dit non à l'Europe», *Radio France/ Franceinfo*, 29 de noviembre de 2013 (actualizado el 2 de mayo de 2014); RTL/AFP, «L'Ukraine refuse toujours de signer un accord avec l'UE», *RTL.fr*, 29 de noviembre de 2013; Pascal Boniface en «Expliquez-moi... La situación en Ucrania», *YouTube, 31 de octubre* de 2019.

341.«Ukraine 'still wants to sign EU deal'», *aljazeera.com*, 29 de noviembre de 2013.

5. La amenaza rusa y la crisis ucraniana

La opinión pública ucraniana, a la que se habían prometido visados y aumentos salariales, se polarizó rápidamente y se aprovechó de su descontento. Este fue el detonante de los sucesos de Maïdan[342].

Por tanto, es la Unión Europea la que ha creado tensiones entre Ucrania y Rusia, como señala Arnaud Dubien, director del *Observatorio franco-ruso*, en *Le Monde*[343]:

> *Ucrania es un país muy fragmentado, con múltiples identidades, que no puede hacer una elección clara a favor de Occidente o de Rusia. Uno de los errores cometidos por Bruselas fue pedir a Ucrania que hiciera esta elección, dando efectivamente la espalda a Rusia, una opción suicida para el país.*

En marzo de 2014, en el *Washington Post*, Henry Kissinger también señaló que la Unión Europea «*ayudó a convertir una negociación en una crisis*[344]».

Irónicamente, antes de firmar el acuerdo con la Unión Europea, el nuevo gobierno de Euromaidán se verá obligado a tomarse el mismo tiempo de reflexión que Yanukóvich...

Como señala Frederico Santopinto, investigador del *Groupe de recherche et d'information sur la paix et la sécurité* (GRIP) en Bruselas, Rusia no se oponía a concluir un acuerdo con la Unión Europea, pero no quería que fuera a costa de su relación con Ucrania. Fue la Unión Europea la que se negó a la coexistencia de dos acuerdos: la

---

342. «Ukraine protests after Yanukovych EU deal rejection», *bbc.com*, 30 de noviembre de 2013.
343. Comentarios de Arnaud Dubien, director del Observatorio Franco-Ruso, financiado por la Cámara de Comercio Franco-Rusa en «UE-Ucrania: "Moscou a remporté une nouvelle bataille géopolitique"», *lemonde.fr*, 22 de noviembre de 2013.
344. Henry A. Kissinger, «Cómo termina la crisis de Ucrania», *The Washington Post*, 5 de marzo de 2014.

diplomacia europea veía a Ucrania como una frontera entre el Este y el Oeste, mientras que Rusia la veía como un puente[345].

La Unión Europea tiene tres problemas en este asunto. El primero es que los países de Europa del Este tienen -lo quieran o no- vínculos culturales y económicos históricos con Rusia. Es el caso de los países bálticos, vinculados a través de sus minorías, y de Ucrania, cuya industria era en gran medida complementaria de la rusa.

La segunda es que la Unión Europea no ha conseguido integrar a los países del Este en un espíritu europeo común. Estos países, que carecen de tradición democrática, se han sumergido brutalmente en una cultura europea basada en la tolerancia y la cooperación, que se ha ido forjando lentamente desde la Segunda Guerra Mundial. Pero ninguno de los países de la «nueva Europa» tiene estas características, ni siquiera estos valores, y la Unión Europea ha sido incapaz de promoverlos, sino todo lo contrario. En plena crisis ucraniana, por ejemplo, los polacos se niegan a dejar entrar a los refugiados de Ucrania ¡porque son negros! Sólo un ejemplo...

La tercera se deriva de las dos primeras: carece de mecanismos para aplicar una política exterior común y lucha por aunar los intereses individuales de sus miembros en un planteamiento coherente. Por eso Alemania, Francia y a veces Italia intentan representar informalmente la voz de Europa.

El papel de Europa en la crisis ucraniana ha sido menor, no porque a Vladimir Putin no le guste, sino porque no está en condiciones de aportar nada. Si Putin está «en el centro de *la agenda estratégica*», como observa Pascal Boniface, no es porque él quiera, sino porque Rusia es una potencia nuclear. Pascal Boniface lamenta -y con razón- que las propuestas de Francia y Alemania de celebrar una cumbre entre Europa y Rusia no hayan tenido eco en la Unión Europea. Pero

---

345. Federico Santopinto, «Du libre-échange à la crise ukrainienne - L'UE face à ses erreurs», *GRIP*, Bruselas, 14 de abril de 2014.

olvida la dimensión nuclear: Europa no tiene prácticamente ningún control sobre las armas nucleares. Por eso Vladimir Putin se dirige directamente a Estados Unidos y no porque no tome en serio a los europeos[346].

5.3.¿Intenta Vladimir Putin dividir a Occidente?

Las explicaciones de nuestros «expertos» sobre el deseo de Rusia de «dividirnos» no son más que un reciclaje de la vieja retórica de la Guerra Fría.

Durante este periodo, las relaciones entre los bloques estaban determinadas por su capacidad y determinación para utilizar armas nucleares. Pero los estadounidenses tenían un problema: dada la doctrina de la época («*respuesta flexible*»), si se produjera una guerra nuclear, lo más probable es que comenzara en territorio europeo, con pocas posibilidades de afectar al territorio estadounidense. En otras palabras, en caso de guerra, los intereses de europeos y estadounidenses no coincidirían totalmente. Es cierto que los europeos no quieren ser ocupados por los soviéticos, pero tampoco les entusiasma demasiado la idea de ver vitrificados sus territorios.

A partir de 1945, los norteamericanos comprendieron rápidamente la importancia de un fuerte vínculo entre Europa y Estados Unidos. Por ello propusieron a sus socios europeos el Tratado de Washington, que creó la OTAN. Su función es congelar el vínculo transatlántico. Por eso los estadounidenses se han opuesto sistemáticamente a cualquier iniciativa que pudiera debilitarlo, como la existencia de una capacidad de defensa europea autónoma. Por eso han hecho todo lo posible para impedir que se establezca cualquier

---

346.«Rusia/Estados Unidos: Europa no está en la mesa de negociaciones, está en el menú», *YouTube*, 10 de enero de 2022 (https://youtu.be/IJyjEcuR0v4?t=203)

vínculo duradero con la URSS, llegando incluso a sabotear *los* gasoductos procedentes de la URSS, como hemos visto.

Este espíritu se ha mantenido, hasta el absurdo. En 2020-2021, para combatir el proyecto *Nord Stream 2*, los estadounidenses blandieron la amenaza de la dependencia de Europa respecto a Rusia. Sin embargo, durante el mismo período, ¡Rusia se convirtió en el segundo proveedor de petróleo de Estados Unidos! ¡Haz lo que digo, no lo que hago!

Al este del Telón de Acero, los soviéticos comprendían muy bien el dilema en el que se encontrarían los europeos en caso de guerra, y trataron de explotarlo. En la década de 1980, el KGB apoyó a los movimientos pacifistas, antinucleares y ecologistas (que entonces solían ser lo mismo). Estos movimientos fueron extremadamente activos para impedir el despliegue de misiles estadounidenses Pershing II en Europa, lo que condujo al Acuerdo sobre Fuerzas Nucleares de Alcance Intermedio (INF) firmado por Ronald Reagan y Mijaíl Gorbachov en 1987, que Donald Trump se apresuró a abandonar en 2019 (con el vago pretexto, nunca demostrado, de que Rusia lo había violado).[347]

Sabiendo que Europa tenía menos interés en un conflicto que Estados Unidos, los soviéticos fomentaron sistemáticamente el surgimiento de una Europa fuerte. En este contexto, como se afirma en un informe de la *Unión Europea Occidental* (UEO)[348]:

> *Aunque la URSS explotó las diferencias políticas entre Estados Unidos y Europa Occidental, hay pocas pruebas de que realmente quisiera «desvincularlos».*

347.Dr Tytti Erästö & Dr Petr Topychkanov, «Russian and US policies on the INF Treaty endanger arms control», *Stockholm International Peace Research Institute* (SIPRI), 15 de junio de 2018.
348.Dmitriy Danilov & Stephan De Spiegeleire, «From Decoupling To Recoupling - Russia and Western Europe: a new security relationship?», *Instituto de Estudios de Seguridad de la Unión Europea Occidental*, abril de 1998.

Tras la Guerra Fría, la amenaza nuclear pasó a un segundo plano. La Unión Europea, en busca de un papel en la seguridad del Viejo Continente, inició un diálogo con Rusia. Como señala el informe:

> *Puede ser útil señalar que en ningún momento las tumultuosas negociaciones entre la OTAN y Rusia en el periodo 1995-97 afectaron a este diálogo UE-Rusia, ni a nivel oficial ni público.*

Lamentablemente, con la inclusión de la «nueva Europa» en la Unión Europea, la impronta de Estados Unidos -y, por tanto, de la OTAN- es cada vez más pronunciada, y el Tratado de Lisboa consagrará el fin de la UEO, efectivo en 2011.

En resumen, no son los rusos sino los estadounidenses quienes han hecho todo lo posible por debilitar y dividir a Europa. Ya en 2003, los estadounidenses establecieron una distinción entre la «nueva Europa» (más servil, muy favorable a la política estadounidense) y la «vieja Europa» (más independiente y con una diplomacia más madura).

La idea de una *Política Común de Seguridad y Defensa (PCSD)* implica una política exterior común y, por tanto, intereses comunes. Las directrices elaboradas por la *Comisión von der Leyen*[349] para lograrlo no son más que verborrea estéril, lo cual no es de extrañar.

Por su situación geográfica, su papel como eje de la presencia estadounidense en el continente y su papel motor en la economía europea, Alemania y sus vínculos con Rusia están en el centro de las preocupaciones estadounidenses. Los estadounidenses temen que Alemania debilite sus lazos con la OTAN. Esta es la razón por la que *Nord Stream 2 se* encuentra bajo la amenaza de Washington: este proyecto es considerablemente más crucial para Alemania y Europa que para Rusia.

349.Étienne Bassot, «Les six priorités de la Commission von der Leyen - État des lieux», *Servicio de Estudios del Parlamento Europeo*, septiembre de 2021 (PE 696.205)

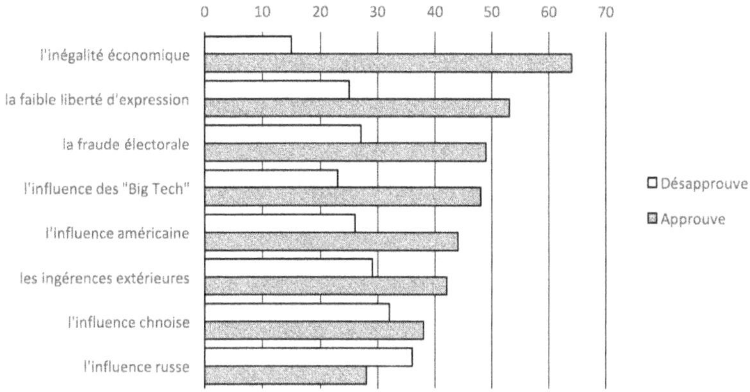

Gráfico 6 - Percepción de las amenazas a la democracia en 50 países [Fuente: https://latana.com/democracy-perception-index-report-2021/]

Sin embargo, podemos ver que la Unión Europea no ha estado codo con codo con Alemania en esta cuestión, sino que se ha alineado con Estados Unidos. Esto explica por qué, cuando se trata de dialogar con Rusia sobre la cuestión ucraniana, la diplomacia europea no aparece por ninguna parte. Así pues, piense lo que piense Marion Van Renterghem, es Europa la que se ha humillado en este asunto, ¡sin haber necesitado a Vladimir Putin!

5.4. Al apoyar a Euromaidán, ¿ha promovido Occidente la democracia y el Estado de Derecho?

Como recuerda *L'Obs*, la revolución maïdaní de 2014 no fue más que un golpe de Estado llevado a cabo con el apoyo de la Unión Europea y Estados Unidos[350]. Una conversación telefónica ya famosa

---

350. Pierrick Tillet, «Le coup d'état ukrainien a bien piloté par les États-Unis: la preuve», *L'Obs*, 25 de enero de 2017 (actualizado el 11 de marzo de 2014).

entre Victoria Nuland, entonces secretaria de Estado adjunta para Europa y Eurasia, y Geoffrey Pyatt, embajador estadounidense en Kiev, revelada por la BBC, muestra a los estadounidenses seleccionando a los miembros del futuro gobierno ucraniano, desafiando a la Unión Europea, y durante la cual Nuland lanzará su famoso «*F... ¡la UE!*»[351]...

Lo que Raphaël Glucksmann calificó de «*revolución democrática*» no fue más que un golpe de Estado, llevado a cabo sin ninguna base legal, que derrocó por la fuerza a un gobierno cuya elección había sido calificada por la OSCE de «*transparente y honesta*» habiendo «*ofrecido una impresionante demostración de democracia*»[352]. El presidente democráticamente elegido fue posteriormente condenado por «*alta traición*» por haber defendido el orden constitucional[353].

Lejos de ser una revolución popular, Euromaidán fue obra de una minoría de nacionalistas radicales del oeste de Ucrania (Galitzia), que no eran representativos del conjunto de los ucranianos. El primer acto legislativo del Parlamento resultante del golpe, el 23 de febrero de 2014, fue la abolición de la ley Kivalov-Kolesnichenko de 2012, que establecía el ruso como lengua oficial en pie de igualdad con el ucraniano. Fue este acontecimiento el que impulsó a la población rusoparlante a rebelarse contra las autoridades que no habían elegido. En julio de 2019, el *International Crisis Group* (financiado por varios países europeos y la *Open Society Foundation*), señaló:

> *El conflicto en el este de Ucrania comenzó como un movimiento popular. (...)*

351.La transcripción de esta conversación está disponible en el sitio web de la BBC («Ukraine crisis: Transcript of leaked Nuland-Pyatt call», *BBC News*, 7 de febrero de 2014).

352.«Ucrania: la OSCE reconoce que las elecciones se celebraron correctamente», *lemonde.fr/AFP*, 8 de febrero de 2010

353.Indra Ekmanis, «Los presidentes no son inmunes a las condenas por traición. Basta con mirar a Ucrania», *El Mundo*, 10 de octubre de 2019.

Las últimas manifestaciones fueron lideradas por ciudadanos locales que decían representar a la mayoría rusoparlante de la región. Estaban preocupados tanto por las ramificaciones políticas y económicas del nuevo gobierno de Kiev como por las medidas, posteriormente abortadas, de dicho gobierno para restringir el uso oficial de la lengua rusa en todo el país.[354].

El esfuerzo de Occidente, que apoya el golpe de extrema derecha en Kiev, consiste en darle legitimidad enmascarando la oposición de una parte de la población ucraniana. A continuación, difunden la acción militar rusa, afirmando incluso que Rusia había «*tomado el Donbass*»[355], lo que no es cierto.

La corrupción del Gobierno de Víktor Yanukóvich fue «*la principal causa de las protestas en Ucrania*» y del golpe de Estado que siguió, según *L'Express*[356]. Sin embargo, a pesar de la ayuda occidental, ni la Unión Europea ni la OTAN han mejorado nada. Al contrario, han empeorado la situación: las cifras muestran que el índice de corrupción aumentó un 32% entre 2013 y 2020 (Figura 3). Esta es la razón por la que el *Fondo Monetario Internacional* (FMI) se negó a proporcionar ayuda a Ucrania en 2021[357]. En realidad, se trataba más de restringir sus vínculos con Rusia que de luchar contra la corrupción. En lugar de ver la crisis ucraniana como una oportunidad, se consideró un acto de guerra.

354.*Rebeldes sin causa: los apoderados de Rusia en el este de Ucrania*, International Crisis Group, *Informe sobre Europa* N° 254, 16 de julio de 2019, p. 2
355.François Clémenceau en el programa «C dans l'air» el 2 de febrero de 2022 (15')
356.Clement Chenaux, «Ucrania: "La corrupción está en todas partes, es la principal causa de la revuelta"», *L'Express.fr*, 22 de febrero de 2014 (actualizado el 24 de febrero de 2014).
357.«Ucrania: sin ayuda del FMI, se exigen más reformas», *AFP/Le Figaro*, 13 de febrero de 2021 (actualizado el 14 de febrero de 2021).

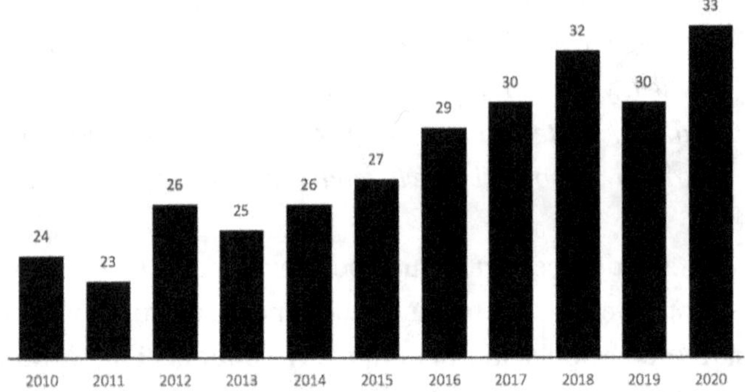

Gráfico 7 - Contrariamente a lo que se ha afirmado, la revolución maïdaní de 2014 no tenía por objeto luchar contra la corrupción, sino reducir la esfera de influencia de Rusia en Europa del Este. Desde que Ucrania se asoció a la Unión Europea, ¡su índice de corrupción ha aumentado un 30%! [Fuente: https://tradingeconomics.com/ukraine/corruption-index]

No parece que la influencia europea haya estimulado el Estado de derecho en Ucrania: la detención de Viktor Medvedchuk, líder del principal partido de la oposición parlamentaria («*Plataforma de Oposición - Por la Vida*»)[358] el cierre de tres canales de televisión en ruso y la prohibición de los medios de comunicación ucranianos pro-Moscú[359] son acontecimientos que sin duda expresan lo que Marion Van Renterghem llama la «*tentación democrática*» de Ucrania. Pero también en este caso, nuestros «expertos» de «*C dans l'air*» no lo mencionan. No defienden el Estado de derecho ni los derechos humanos, luchan contra Rusia... Con ello, Ucrania se aleja cada vez más de la noción occidental de Estado de derecho.

No parece que la influencia occidental haya contribuido a moralizar la gestión ucraniana del conflicto del Donbass. En 2014, mal

---

358.«Líder opositor ucraniano y aliado de Putin bajo arresto domiciliario tras ser acusado de traición», *euronews/Associated Press*, 13 de mayo de 2021.
359.«Ucrania: el Presidente prohíbe el medio de comunicación opositor Strana.ua y sanciona a su redactor jefe», *Federación Europea de Periodistas*, 26 de agosto de 2021.

asesorada por militares de la OTAN, Ucrania emprendió una guerra que solo podía conducir a su derrota: consideraba a las poblaciones de Donbass y Crimea fuerzas extranjeras enemigas, y no hizo nada por ganarse los «corazones y mentes» de los autonomistas. Su estrategia ha consistido en castigar aún más a la población, como hizo Occidente en Afganistán, Irak y Libia, con la idea de que se rebelara contra sus dirigentes.

Como dijo en 2014 el nuevo presidente Poroshenko, puesto por Occidente[360], refiriéndose a sus ciudadanos rusoparlantes:

> *Nosotros tendremos trabajo; ¡ellos no! Tendremos pensiones; ¡ellos no! Tendremos pensiones para jubilados e hijos; ¡ellos no! ¡Nuestros hijos irán a la escuela y a la guardería, los suyos se quedarán en los sótanos! ¡Porque no pueden hacer nada! ¡Y así es precisamente como vamos a ganar esta guerra!*

Por eso hay tantas víctimas civiles. En su informe del 17 de octubre, Caroline Roux se refiere a las 14.000 víctimas del conflicto, *«muchas de ellas civiles»*, sugiriendo que son obra de *«hermanos separatistas enemigos apoyados por sus vecinos rusos[361]»*. Lo que evita cuidadosamente decir es que -según Naciones Unidas- más del 80% de las víctimas civiles son el resultado de ataques ucranianos. Según la ONU, solo en el período comprendido entre el 1 de octubre de 2019 y el 30 de marzo de 2020, el 84,4% de las víctimas civiles fueron causadas por bombardeos de artillería ucranianos[362]. La tabla de la figura 8 muestra las cifras correspondientes a un período más amplio. Como vemos, el gobierno ucraniano está masacrando a su propio

---

360.«Poroshenko sobre Donbass: "¡Sus hijos se quedarán en los sótanos!"», *YouTube*, 16 de noviembre de 2014.

361.«C dans l'air» emitido el 17 de octubre de 2021 («Poutine, maître du jeu #cdanslair 17.10.2021», *France 5/YouTube*, 18 de octubre de 2021) (59'40»)

362.Equipo de las Naciones Unidas en Ucrania, «Conflict-related civilian casualties in Ukraine, March 2020», *Reliefweb*, 9 de abril de 2020.

5. La amenaza rusa y la crisis ucraniana

pueblo con la ayuda, financiación y asesoramiento de los militares de la OTAN y de los países de la Unión Europea.

Como diría Jean-Yves Le Drian, Ministro francés de Asuntos Exteriores: «*No reaccionar equivale a avalar*[363]»...

Víctimas civiles de la guerra en Donbass

	En el territorio de las repúblicas autoproclamadas	En territorio controlado por el gobierno	En tierra de nadie	Total	Variación respecto al año anterior
2018	128	27	7	162	-41.9 %
2019	85	18	2	105	-35.2 %
2020	61	9	0	70	-33.3 %
2021	36	8	0	44	-37.1 %
Total	310	62	9	381	
%	81.4	16.3	2.3	100.0	

Figura 8 - Como puede verse, más del 80% de las víctimas fueron causadas por el gobierno ucraniano con el apoyo de asesores militares de la OTAN. [Fuente: "Conflict-related civilian casualties in Ukraine", Misión de Observación de los Derechos Humanos de las Naciones Unidas en Ucrania, Oficina del Alto Comisionado para los Derechos Humanos, 31 de diciembre de 2021 (actualizado el 27 de enero de 2022)].

En 2014, Ucrania cerró el canal de Crimea, que proporcionaba el 82% del suministro de agua de la península[364]: una medida que contraviene el derecho internacional humanitario y aliena profundamente a la población rusoparlante, pero que nadie en Occidente pone en la balanza.

Además, la *Oficina del Alto Comisionado de las Naciones Unidas para los Derechos Humanos* ha criticado reiteradamente al gobierno

---

363.«Avión desviado por Bielorrusia: "La falta de reacción de Rusia equivale a una garantía", afirma Jean-Yves Le Drian», *francetvinfo.fr*, 26 de mayo de 2021.
364.«Situación de los derechos humanos en la República Autónoma de Crimea temporalmente ocupada y la ciudad de Sebastopol (Ucrania)», *Consejo de Derechos Humanos de la ONU*, 25 de septiembre de 2017 (A/HRC/36/CRP.3).

ucraniano por sus repetidas y graves violaciones de los derechos humanos en su territorio, incluidas las repúblicas del Donbass, que reclama como parte de Ucrania[365].

El apoyo europeo y estadounidense a la revolución de Maïdan nunca tuvo como objetivo ayudar a Ucrania. Fue para desvincularla de Rusia y debilitar así a esta última. Occidente simplemente enfrentó a Ucrania con Rusia, igual que enfrenta a Taiwán con China.

La situación económica, que los vínculos reforzados con Europa proclamados por los revolucionarios maïdanistas debían mejorar, no deja de deteriorarse[366].

En 2013-2014, Occidente no se dio cuenta de que, por muchas razones, Ucrania estaba siendo apoyada a distancia por Rusia, mediante ayudas directas y compras privilegiadas. La ruptura con Rusia buscada por los nacionalistas tuvo como efecto cortar a Ucrania de su principal apoyo, que no ha sido sustituido por los europeos.

Después de Maïdan, Ucrania contaba con la Unión Europea para su prosperidad económica, pero sus productos, adaptados al mercado de Europa del Este por su naturaleza y calidad, no lo estaban al mercado europeo. Sus productos agrícolas se enfrentan a la competencia de los productos europeos, que ya no encuentran salida en Rusia. El mismo fenómeno afecta a su producción industrial, estrechamente vinculada a Rusia. Empresas ucranianas emblemáticas como el fabricante de aviones Antonov[367] y los astilleros Nikolaïev del Mar Negro han quebrado[368]. Desde 2014, hemos asistido a una desindustrialización gradual de Ucrania. En la actualidad, Ucrania es la única antigua república de la URSS cuyo PIB es inferior al de la

---

365.«Espacio cívico y derechos fundamentales en Ucrania - 1 de noviembre de 2019 a 31 de octubre de 2021», *ACNUDH de la ONU*, 15 de diciembre de 2021.
366. «Ukraine-EU Agreement: How Beneficial is Ukraine-EU Agreement?», *EurAsian Times*, 1 de Septiembre 2017.
367. Artículo «Antonov (aeronáutica)», Wikipedia.
368.«Ucrania ha perdido el astillero que construyó la corbeta *Vladimir el Grande*», *metallurgprom.org*, 29 de junio de 2021.

época comunista. Según una encuesta de *Interfax Ucrania*, alrededor del 70% de los ucranianos cree que el país va por mal camino.[369]

En resumen, nadie parece conceder mucha importancia a la propia Ucrania. El acuerdo de libre comercio entre la Unión Europea y Ucrania sirvió más a los intereses políticos de Estados Unidos que al bienestar del pueblo ucraniano.

5.5.¿Es neonazi el actual gobierno ucraniano?

No, el gobierno ucraniano es (muy) nacionalista y cuenta con el apoyo de grupos claramente neonazis, pero no es nacionalista en sí mismo. Sin embargo, no se trata simplemente de una cuestión de propaganda[370]. Aunque a menudo se señala que el presidente Volodymyr Zelensky es judío, la realidad es más compleja de lo que parece. La extrema derecha ucraniana y los neonazis mantienen hoy ambiguos vínculos con la comunidad judía, lo que está alarmando a la comunidad judía internacional[371]. La clave de esta ambigüedad reside en los complejos vínculos entre judaísmo y sionismo.

El 16 de diciembre de 2020, cuando las Naciones Unidas votaron una resolución para combatir la glorificación del nazismo, sólo dos países la rechazaron: Estados Unidos y Ucrania. En enero de 2021, el *Congreso Judío Europeo* condenó la inclusión de antiguos colaboradores de los ocupantes nazis en el proyecto de recuerdo lanzado por las autoridades ucranianas[372] porque la ideología dominante en

---

369.«El 69% de los ucranianos considera que la situación económica es mala y el 32% espera que empeore, según una encuesta», *Interfax-Ucrania*, 9 de febrero de 2021.
370.Lev Golinkin, «La realidad de los neonazis en Ucrania dista mucho de la propaganda del Kremlin», *The Hill*, 9 de noviembre de 2017.
371.Sam Sokol, «Row after Ukrainian Jewish leader 'defends' Nazi collaborators», *The Jewish Chronicle*, 25 de mayo de 2018.
372.«Nazi collaborators included in Ukrainian memorial project», *Congreso Judío Europeo*, 22 de enero de 2021

la parte occidental del país es claramente nacionalista, teñida de una compleja mezcla de extremismo de derechas[373], neonazismo, antisemitismo y sionismo.

Al igual que sus vecinos de la «nueva Europa», Ucrania tiene una relación muy especial con el nazismo y sus atrocidades. A diferencia de Francia, la extrema derecha ucraniana actual se enorgullece de haber combatido a los soviéticos desde los años treinta hasta el final de la Guerra Fría. Su colaboración con los nazis forma parte de la narrativa nacional y explica -de hecho, excusa- los crímenes contra los judíos, vistos como una especie de daños colaterales. Con razón o sin ella, se considera que los judíos desempeñaron un papel decisivo en la organización y ejecución de los crímenes cometidos contra la población ucraniana durante la era soviética.

La extrema derecha ucraniana actual tiene sus raíces en el anti-bolchevismo de preguerra en Polonia y Ucrania occidental, que combinaba el odio a Rusia, el comunismo y los judíos, y algunas de las milicias clandestinas de la época han sobrevivido hasta nuestros días. El enemigo era el «judeo-bolchevismo», que la propaganda nazi representaba en sus carteles como un judío con una «boudienovka», un tocado típico de los soldados del NKVD.

Hay que deplorarlo, pero es una realidad alentada por Occidente. Para apoyar el golpe de 2014 y mantener la presión sobre Rusia, se apoyaron en el nacionalismo ucraniano, cuyo epicentro está en la región de Lvov (Galitzia), al oeste del país. Utilizan a militantes del partido *Svoboda* de Oleh Tyahnybok y de su brazo armado, *Pravii Sektor* (Sector Derecho). Hoy en día, el partido ha perdido parte de su importancia y la extrema derecha institucional es muy minoritaria, pero esto es engañoso, ya que las milicias siguen siendo un instrumento de elección para Occidente.

373.Josh Cohen, «El problema neonazi de Ucrania», *Reuters*, 19 de marzo de 2018.

Esto explica el notable aumento del antisemitismo y su negación en Ucrania, desde 2014. En abril de 2018, 50 diputados estadounidenses solicitaron al Departamento de Estado de Estados Unidos que influyera en los Gobiernos ucraniano y polaco, señalando[374]:

un aumento de la glorificación de los oficiales de la época del Holocausto en toda Europa, incluidos Hungría, Eslovaquia, Rumanía y los Estados bálticos. Se trata de una tendencia preocupante que debe suscitar una respuesta contundente por parte de nuestro gobierno.

La propaganda occidental trata de ocultar estas relaciones incestuosas para presentar una imagen democrática de Ucrania frente a la «dictadura» de Vladimir Putin: los activistas que lideraron Euromaidán eran, en efecto, nacionalistas de extrema derecha gallegos.

Durante la Segunda Guerra Mundial, esta región tuvo incluso su propia unidad *de las Waffen SS*: la *14ª División de Granaderos de las SS «Gallega»*, cuyo emblema siguen utilizando hoy en día los nacionalistas ucranianos[375]. Además de estos voluntarios de las SS, los nacionalistas ucranianos también contaban con el *Ejército Insurgente Ucraniano* (UPA), una organización nacionalista clandestina creada antes de la Segunda Guerra Mundial para luchar contra los soviéticos y dirigida por Stepan Bandera[376].

374.«Congresistas instan a EEUU a posicionarse contra la negación del Holocausto en Ucrania y Polonia», *The Times of Israel*, 25 de abril de 2018.
375.David Pugliese, «El Gobierno canadiense sale en defensa de las SS nazis y los colaboradores nazis, pero ¿por qué?», *ottawacitizen.com*, 17 de mayo de 2018.
376.Stepan Bandera (1909-1959) Héroe de la resistencia ucraniana contra la URSS al frente de la Organización de Nacionalistas Ucranianos (OUN) y notorio colaborador de los nazis durante la Segunda Guerra Mundial, se convirtió en la figura simbólica de los sucesos de Maïdan en 2014.

Desde el comienzo de la Guerra Fría, Occidente trató de desestabilizar a la URSS, considerándola una amenaza. Apoyaron a los movimientos insurreccionales de los países bálticos y Ucrania que habían surgido durante la guerra y seguían dirigidos por antiguos miembros de las SS y de las redes nazis de «hombres lobo». Aliado con los ocupantes nazis para luchar contra los soviéticos durante la guerra, el UPA continuó su lucha contra Moscú durante la Guerra Fría. Hasta principios de la década de 1960, llevó a cabo operaciones de guerrilla en Ucrania con el apoyo material de los servicios secretos estadounidenses (Operación AERODINÁMICA), británicos (Operación VALUABLE) y franceses (Operación MINOS)[377]. El 15 de octubre de 1959, Bandera fue eliminado por el KGB, al día siguiente de una reunión de coordinación con el servicio secreto alemán (BND) destinada a intensificar las operaciones clandestinas en Ucrania. Kim Philby, topo soviético en los servicios británicos, proporcionó a la URSS información sobre estos movimientos de resistencia, que fueron controlados.

Pero los vínculos entre los revolucionarios de Maïdan y la extrema derecha no se limitan a esto. También existe entre algunos ucranianos una veneración por la 2e SS Panzer Division «*Das Reich*», que liberó Kharkov contra el Ejército Rojo en 1943 (un año antes de cometer la destrucción de Oradour-sur-Glane en Francia), y cuyo símbolo ha sido tomado por el regimiento Azov (donde sirvió Roman Protassevitch[378], detenido en Bielorrusia tras el asunto del vuelo FR 4978 de RyanAir en mayo de 2021).

Los vínculos entre la Ucrania surgida de Maïdan y la extrema derecha son, por tanto, históricos y están profundamente arraigados en la población. Están alimentados por los recuerdos del *Holodomor* («*holod*»: hambre; «*mor*»: peste), que mató entre 4 y 7 millones de

---

377. Roger Faligot y Pascal Krop, *La Piscine. Les Services Secrets français 1944-1984*, Seuil, 1985, pp. 100-104

378. IK, «Баец атраду "Пагоня": У выпадку ўварваньня мы будзем першымі, хто кінеца бараніць Беларусь», *svaboda.org*, 18 de septiembre de 2015.

5. La amenaza rusa y la crisis ucraniana

personas en 1932-1933 y que en Ucrania se considera un genocidio, a menudo comparado con el Holocausto judío. A pesar de su magnitud, que la convierte quizá en la mayor masacre de la historia, sigue siendo ignorada en gran medida en Occidente y se discute su carácter de genocidio. Sea cual sea la realidad, la sobrerrepresentación de judíos en la cúpula del Partido Comunista y del NKVD[379] dejó en la población ucraniana la sensación de que habían orquestado el Holodomor.

El resultado es un odio profundamente arraigado tanto hacia Moscú como hacia los judíos, que sigue alimentando el nacionalismo ucraniano[380]. Este fenómeno dista mucho de ser anecdótico: en 2021, el *Jerusalem Post expresó su alarma por el* hecho de que la extrema derecha ucraniana exigiera a Israel una disculpa por el Holodomor y los crímenes del comunismo[381]. A pesar de los intentos de nuestros políticos por ocultar la importancia de los neonazis en Ucrania[382], el desarrollo del antisemitismo violento allí es alarmante[383].

En diciembre de 2013, el senador John McCain se reunió con Oleh Tyahnybok, líder del partido *Svoboda,* y le prometió ayuda financiera para el batallón Azov, entonces punta de lanza de la derecha nacionalista[384]. Irónicamente, tras la muerte de McCain en 2018, el *Washington Post rindió* homenaje al *«campeón de los derechos humanos»* con una foto en la que aparecía junto a Tyahnybok[385], a

---

379.Timothy Snyder, profesor de la Universidad de Yale, calcula que el 40% de la NKVD y más del 50% de los dirigentes del Partido Comunista entre 1920 y 2030 eran judíos (Timothy Snyder, *Bloodlands: Europe Between Hitler and Stalin,* 2010).
380.Lev Golinkin, «Violent Anti-Semitism Is Gripping Ukraine - And The Government Is Standing Idly By», *The Forward,* 20 de mayo de 2018 ;
381.Cnaan Liphshiz, «Far-right protesters in Ukraine demand Israel apologize for communism», *The Jerusalem Post,* 8 de enero de 2021.
382.*Antisemitismo en Ucrania,* DIDR-OFPRA, 7 de enero de 2015.
383.Lev Golinkin, «Violent Anti-Semitism Is Gripping Ukraine - And The Government Is Standing Idly By», *The Forward,* 20 de mayo de 2018 ;
384.Laurent Brayard, «Nazis en Ucrania: del batallón Nachtigall al batallón Azov», *arretsurinfo.ch,* 10 de marzo de 2015.
385.Jennifer Rubin, «La comunidad de derechos humanos perdió a un campeón», *The Washington Post,* 27 de agosto de 2018.

quien se había denegado la entrada en Estados Unidos en junio de 2013... por antisemitismo[386]!

El 12 de diciembre de 2012, el Parlamento Europeo aprobó incluso una resolución sobre la situación en Ucrania, ya que

> *Expresa su preocupación por el aumento del sentimiento nacionalista en Ucrania, que se ha traducido en el apoyo al partido Svoboda, uno de los dos nuevos partidos que han entrado a formar parte de la Rada Suprema; recuerda que las opiniones racistas, antisemitas y xenófobas son contrarias a los valores y principios fundamentales de la Unión Europea y, por consiguiente, pide a los partidos democráticos de la Rada Suprema que no se asocien a dicho partido, ni lo respalden, ni formen coalición con él[387];*

Desde Euromaidan[388], como yo mismo he observado durante mis visitas a Ucrania en el marco de mis actividades con la OTAN, en cada manifestación callejera abundan las banderas de la extrema derecha *de Svoboda* y los retratos de Stepan Bandera. En 2018, el Parlamento ucraniano incluso instituyó un día oficial para recordarle[389].

Así, reproduciendo los comentarios de Luke Harding[390] (periodista británico conocido por sus plagios y sus opiniones antirrusas), *Conspiracy Watch* (organización francesa vinculada a la influencia británica) considera que los grupos *Svoboda* y *Pravy Sektor* son «*sólo*

---

386. «Prohíben la entrada a Estados Unidos a los líderes de un partido político ultranacionalista ucraniano», *Agencia Telegráfica Judía*, 27 de junio de 2013.

387. Resolución del Parlamento Europeo, de 13 de diciembre de 2012, sobre la situación en Ucrania (2012/2889 (RSP))

388. Max Blumenthal, «¿Apoya Estados Unidos a los neonazis en Ucrania?», *AlterNet*, 24 de febrero de 2014.

389. Cnaan Liphshiz, «Ucrania celebra a un colaborador nazi y prohíbe un libro crítico con el líder de los pogromos», *The Times of Israel*, 27 de diciembre de 2018.

390. Luke Harding, «Kiev's protesters: Ukraine uprising was no neo-Nazi power-grab», *The Guardian*, 13 de marzo de 2014.

una fracción muy pequeña de los activistas maïdan» que «no pueden equipararse sin más a grupos 'fascistas' o 'neonazis'[391]». ¡En *France 5*, Jean-Dominique Giuliani retomó este argumento y afirmó que Vladimir Putin había creado estos movimientos de extrema derecha, y que éstos se habían «vuelto contra él»[392]! Parece que oponerse a Vladimir Putin autoriza todo tipo de disparates...

En realidad, Occidente intenta restar importancia a la naturaleza extremista de estos grupos, a los que entrena, arma y protege, y cuyos crímenes autoriza con su silencio. Son la punta de lanza del nacionalismo ucraniano, la principal arma contra Rusia. Puede que Volodymyr Zelensky no sea un nazi, pero la doctrina que impulsa a las autoridades ucranianas se le acerca peligrosamente.

En octubre de 2021, el *Jerusalem Post*[393] expresó su preocupación por un estudio publicado en septiembre por el *Instituto de Estudios Europeos, Rusos y Euroasiáticos* (IERES) de la Universidad George Washington, que mostraba que Canadá, Estados Unidos, Francia y Gran Bretaña estaban entrenando a grupos de extrema derecha en Ucrania en la *Academia Militar Nacional Hetman Petro Sahaidachny*[394].

Las principales milicias ucranianas de extrema derecha y ultranacionalistas son:

- el Movimiento Azov, compuesto por el Regimiento Azov (brazo armado), el Cuerpo Nacional (Natsionalnii Korpus, brazo político) y la Milicia Nacional (Natsionalna Droujina, brazo policial);

---

391. Hélène Roudier y Philippe de Lara, «Étienne Chouard has got everything wrong about Ukraine, here's why», *conspiracywatch.info*, 21 de noviembre de 2018.

392. Programa «C dans l'air», 25 de enero de 2022 («Ucrania: ¿un mano a mano ruso o estadounidense? #cdanslair 25.01.2022», *France 5/YouTube*, 26 de enero de 2022 (30'10»)

393. «Western countries training extreme-right extremists in Ukraine - report», *Jerusalem Post*, 19 de octubre de 2021.

394. Oleksiy Kuzmenko, «Far-Right Group Made Its Home in Ukraine's Major Western Military Training Hub», *Institute for European, Russian, and Eurasian Studies (IERES) Occasional Papers*, nº 11, septiembre de 2021.

- el Ejército Ucraniano de Voluntarios (UDA), milicia internacional de voluntarios de extrema derecha asociada al partido Secteur Droit, financiada por Estados Unidos y algunos países europeos;
- Patriota de Ucrania (Patriot Ukraïni), milicia paramilitar de voluntarios formada para luchar contra los separatistas prorrusos junto al ejército en el este del país;
- Asamblea Nacional Ucraniana - Autodefensa Nacional Ucraniana (Ukraïnska Natsyonalnaya Asambleya-Ukraïnska Naroda Samooborona) (UNA-UNSO), milicia nacionalista antirrusa;
- Trident (Trizub), milicia paramilitar de extrema derecha ;
- Secteur Droit (Praviy Sektor), organización paramilitar de extrema derecha (con sede en Dniepropetrovsk).

La mayoría de estas milicias ven a Anders Breivik como un héroe y apoyan el proyecto polaco Intermarium[395]. Se han distinguido por numerosas atrocidades en el Donbass desde 2014.

Demasiado para la integridad del Sr. Giuliani...

De hecho, para no deslegitimar el antagonismo entre Ucrania y Rusia, el flujo de voluntarios neonazis procedentes de Francia, Gran Bretaña y Canadá, así como el carácter nacionalista y de extrema derecha del gobierno ucraniano, se ocultan sistemáticamente en los medios de comunicación occidentales, mientras que las tendencias pronazis de los militantes se presentan como propaganda rusa en los medios occidentales[396].

Preguntada en *Le Monde* por los vínculos entre el opositor bielorruso Roman Protassevitch y los «*nazis ucranianos del Batallón Azov*», Isabelle Mandraud explica[397]:

---

395. Emil Avdaliani, «Polonia y el éxito de su proyecto Intermarium», *moderndiplomacy.eu*, 31 de marzo de 2019.
396. Joshua Keating, «En Ukraine, fascistes contre des nazis?», *Slate.fr*, 22 de febrero de 2014; «Russia is winning the propaganda war. Except in France», *Slate.fr, 2 de junio* de 2014.
397. Isabelle Mandraud, «Avion détournée par la Biélorussie, sanctions de l'Union européenne: nos réponses à vos questions», *Le Monde*, 28 de mayo de 2021.

5. La amenaza rusa y la crisis ucraniana

El término «nazi» es utilizado por las autoridades rusas para designar a cualquiera que contravenga sus puntos de vista, y es repetido hasta la saciedad por la propaganda, por lo que creo que es suficiente para poner fin a esta cuestión.

Por supuesto, el término «nazi» es discutible, pero el hecho es que el regimiento Azov es ciertamente ultranacionalista, violento y antisemita, y exhibe antiguos símbolos nazis. Han sido culpables de numerosos abusos contra civiles (ucranianos) en las zonas donde están desplegados[398]... todas cualidades que la Sra. Mandraud aparentemente asocia con la propaganda. Todo el mundo es libre de tener una opinión, pero en este caso su punto de vista no es compartido por el *Centro de Contraterrorismo de la* Academia Militar de West Point[399], el *Jerusalem Post* o el *Centro Simon Wiesenthal*[400], que califican al grupo Azov de «nazi» y condenan el apoyo que recibe de Occidente.

El batallón/regimiento Azov no está formado únicamente por ucranianos, sino por combatientes de todo el mundo, unidos por su ideología de extrema derecha. Incluye combatientes de 19 nacionalidades distintas, entre ellas Francia, Suiza y Estados Unidos. El regimiento ha sido utilizado incluso por el gobierno para eliminar a opositores y periodistas[401]. Ya en 2014, la revista estadounidense *Newsweek afirmó* que la milicia Azov estaba cometiendo crímenes de guerra en Ucrania «al *estilo del Estado Islámico*»[402].

«¡La ausencia de reacción equivale a una garantía!

---

398. Oren Dorell, «Volunteer Ukrainian unit includes Nazis», *USA Today*, 10 de marzo de 2015.
399. Tim Lister, «The Nexus Between Far-Right Extremists in the United States and Ukraine», *Combating Terrorism Center*, Vol. 13, n° 4, abril de 2020.
400. Cnaan Liphshiz, «Hundreds march with torches in tribute to Nazi collaborator in Ukraine», *The Jerusalem Post*, 4 de enero de 2021.
401. Oleksiy Kuzmenko y Michael Colborne, «Ukrainian Far-Right Extremists Receive State Funds to Teach 'Patriotism'», *Bellingcat*, 16 de julio de 2019.
402. Damien Sharkov, «Ukrainian Nationalist Volunteers Committing 'ISIS-Style' War Crimes», *Newsweek*, 10 de septiembre de 2014.

El fenómeno no es baladí, ya que los extremistas entrenados de este modo podrían convertirse en una fuente de problemas cuando regresen a nuestros países[403]. En 2017, por ejemplo, el FBI acusó a cuatro miembros del regimiento Azov de entrenar a militantes ultraderechistas estadounidenses del movimiento antisemita *Rise Above*[404]. A pesar de varios intentos del Congreso de prohibir la ayuda militar a las milicias de extrema derecha, no fue hasta 2018 cuando el Pentágono dejó de apoyar el entrenamiento de sus combatientes.

Filiación del simbolismo del regimiento Azov

Figura 9 - Evolución de la runa «Wolfsangel» en la simbología de la extrema derecha ucraniana. El emblema del regimiento Azov incluye la runa del «sol negro» (¡en blanco!), que formaba parte de la simbología mística de las SS durante la guerra.

---

403. Tim Hume, «Los extremistas de extrema derecha han estado utilizando la guerra de Ucrania como campo de entrenamiento. They're Returning Home», *Vice News*, 31 de julio de 2019.
404. Max Blumenthal, «US-Funded Neo-Nazis in Ukraine Mentor US White Supremacists», *consortiumnews.com*, 17 de noviembre de 2018.

Por eso, para mantener cierta coherencia en el discurso sobre Ucrania, hay que ocultar los aspectos que molestan. El resultado es una actitud totalmente esquizofrénica ante la crisis ucraniana, que nos da una lectura de los acontecimientos menos justa, menos moral y menos ética de lo que parece.

Sintomáticamente, el 24 de febrero de 2022, se volvieron a autorizar publicaciones favorables a Azov en Facebook[405]. Hasta entonces, la plataforma había colocado al grupo en la misma categoría que el Estado Islámico y otros movimientos terroristas. Esto demuestra que los occidentales no luchan por los valores, sino contra Rusia.

La complejidad de nuestra relación con la extrema derecha ucraniana queda ilustrada por el activismo vocal de algunos políticos occidentales, como Chrystia Freeland, ministra de Asuntos Exteriores de Canadá, o Ursula von der Leyen[406], presidenta de la Comisión Europea, ambas -casualmente- con antecedentes familiares activos en el Tercer Reich en Europa Central y Oriental. Por otro lado, Anthony Blinken, Secretario de Estado de EEUU, y Victoria Nuland, Subsecretaria de Estado de EEUU para Asuntos Políticos y ex asesora de política exterior de Dick Cheney, proceden ambos de la emigración judía ucraniana[407] con una visión muy nacionalista de la situación. En enero de 2021, el medio de comunicación estadounidense *Salon*, próximo al Partido Demócrata, deploró la inclusión de Victoria Nuland en el equipo de Biden[408].

No todos estos políticos son nazis, pero es evidente que tienen una visión muy partidista de la situación en Ucrania, que juega a favor de

---

405. Sam Biddle, «Facebook Allows Praise of Neo-Nazi Ukrainian Battalion If It Fights Russian Invasion», *The Intercept*, 24 de febrero de 2022.

406. Peter Kuras, «La ineptitud aristocrática de Ursula von der Leyen», *Foreign Policy*, 30 de abril de 2021.

407. «El yiddish y las raíces judeo-ucranianas del nuevo Secretario de Estado de EE.UU.», *Encuentro Jeish Ucraniano*, 30 de noviembre de 2020.

408. Medea Benjamin, Nicolas J.S. Davies y Marcy Winograd, «¿Quién es Victoria Nuland? A really bad idea as a key player in Biden's foreign policy team», *Salon*, 19 de enero de 2021.

los ultranacionalistas y -sobre todo- en contra de Rusia. Sus acciones no han hecho más que exacerbar las tensiones entre Ucrania y Rusia desde 2014.

Dicho esto, el nacionalismo ucraniano no sólo se dirige contra las minorías rusoparlantes. También afecta a la minoría rumana[409] y a la magiar, provocando tensiones con Budapest[410]. Esto (también) explica por qué Viktor Orban se ha acercado a Rusia y por qué, en febrero de 2022, declaró que su país no suministraría armas a Ucrania.

Este fenómeno es probablemente más cultural que político. Como en el resto de la «nueva Europa», en Ucrania dominan las aspiraciones democráticas, pero están muy contaminadas por el nacionalismo, incluso el ultranacionalismo, los sentimientos antirrusos y el antisemitismo, sobre todo en la parte occidental del país. Por eso, la abolición de la ley sobre lenguas oficiales fue el primer acto de las autoridades de Euromaidán, provocando el conflicto en Donbass y el deseo de secesión por parte de la población de Crimea. Más recientemente, la ley[411], que otorga diferentes derechos constitucionales a los «ucranianos étnicos» y a los «ucranianos de origen extranjero», huele a «leyes de Nuremberg».

---

409. «Preşedintele Ucrainei Petro Poroşenko a promulgat controversata Lege a Educaţiei, care restricţionează predarea în limba minorităţilor naţionale», *news.ro*, 25 de septiembre de 2017.

410. «Hungría protesta por los movimientos militares ucranianos y la 'lista de la muerte' de ciudadanos con doble nacionalidad», *RFE/RL*, 11 de octubre de 2018.

411. «Принят Закон "О коренных народах Украины"», *rada.gov.ua*, 1 de Julio 2021 (https://www.rada.gov.ua/ru/news/Novosty/Soobshchenyya/211516.html)

5.6. ¿Fue ilegítima la anexión de Crimea?

La respuesta de la comunidad internacional a esta pregunta -basada en la Resolución 68/262 de la ONU- es que la anexión de Crimea fue ilegal[412] e ilegítima[413]. Entre las justificaciones esgrimidas para estas sentencias se incluyen:

- la integridad territorial de Ucrania, garantizada por el Tratado de Budapest (1994);
- la intervención militar rusa para hacerse con el control de las instituciones de Crimea; y
- el carácter ilegítimo del referéndum organizado por las autoridades de Crimea en 2014.

La secesión de Crimea se presenta siempre como un «golpe de fuerza» organizado por Rusia, que se explica -según Pascal Boniface- por el hecho de que Rusia la considera rusa porque está poblada por rusos[414]. Evidentemente, esto no es cierto. Un examen más honesto de la historia reciente requiere una visión más matizada y menos partidista de lo que dicen los propagandistas y revisionistas occidentales para condenar a Rusia. Lo que ha llevado a esta situación es que, antes de 2014, ni los soviéticos ni los ucranianos respetaban la ley, y los habitantes de Crimea expresaron repetida y abrumadoramente su deseo de ser gobernados por Moscú[415].

---

412. «Resolución adoptada por la Asamblea General el 27 de marzo de 2014», *Asamblea General de las Naciones Unidas*, 1 de abril de 2014 (A/RES/68/262).

413. John B. Bellinger III (entrevistado por Jonathan Masters), «Why the Crimean Referendum Is Illegitimate», *Council on Foreign relations*, 16 de marzo de 2014.

414. Pascal Boniface en «Explícame... La situación en Ucrania», *YouTube*, 31 de octubre de 2019.

415. La Oficina del Alto Comisionado de las Naciones Unidas para los Refugiados ofrece al lector interesado una cronología de las relaciones entre Crimea y Ucrania: «Chronology for Crimean Russians in Ukraine», *Minorities at Risk Project/Refworld.org*, 2004.

5.6.1.*La integridad territorial de Ucrania y el Memorándum de Budapest (1994)*

En primer lugar, hay que recordar que la transferencia de Crimea a Ucrania en 1954 no fue legal. Aunque fue aprobada por el Presidium del Soviet Supremo el 19 de febrero de 1954[416], no fue aprobada por el Soviet Supremo de la URSS, la República Rusa ni la República de Ucrania. Presentada oficialmente como un regalo a Ucrania con motivo del 300e aniversario de sus vínculos con Rusia, esta transferencia parece haber estado motivada, de hecho, por el interés personal de Jruschov en el apoyo de Ucrania dentro del Politburó, como explica Mark Kramer, del *Wilson Center*[417]. Sea como fuere, esta cesión nunca fue percibida como legítima por la población de Crimea, que nunca antes había estado bajo la autoridad de Kiev. Ilustra las disfunciones del sistema comunista de la época, que extrañamente parecen contar con la aprobación de los «expertos» de hoy.

El 20 de enero de 1991, *antes de que* Ucrania se independizara, se pidió a los habitantes de Crimea que eligieran entre dos opciones: permanecer con Kiev o volver a la situación anterior a 1954 y ser administrados por Moscú. La pregunta de la papeleta era:

¿Está a favor del restablecimiento de la República Socialista Soviética Autónoma de Crimea como súbdito de la Unión Soviética y miembro del Tratado de la Unión?

Fue el primer referéndum sobre la autonomía en la URSS, y el 93,6% de los habitantes de Crimea ([418]) aceptaron su adscripción a Moscú. La *República Socialista Soviética Autónoma de Crimea* (ASSR Crimea), abolida en 1945, fue restablecida el 12 de febrero de 1991

---

416. https://digitalarchive.wilsoncenter.org/document/119638
417. Mark Kramer, «Why Did Russia Give Away Crimea Sixty Years Ago?», Cold War International History Project e-Dossier N°47, *Wilson Center*, 2014.
418. Con una participación del 81,3% de la población.

5. La amenaza rusa y la crisis ucraniana

por el Soviet Supremo de la RSS ucraniana[419]. El 17 de marzo, Moscú organizó un referéndum sobre la permanencia en la Unión, que fue aceptado por Ucrania. En ese momento, Crimea dependía de Moscú y no de Kiev, mientras que Ucrania *aún no era* independiente.

Ucrania organizó entonces su referéndum de independencia, en el que la participación de los crimeos fue escasa, pues *ya eran* independientes y ya no se sentían concernidos.

Ucrania se independizó seis meses después de que Crimea proclamara su soberanía el 4 de septiembre. El 26 de febrero de 1992, el parlamento de Crimea proclamó la República de Crimea con el acuerdo del gobierno ucraniano, que le concedió el estatus de república autónoma. El 5 de mayo de 1992, Crimea declaró su independencia y adoptó una constitución[420]. La ciudad de Sebastopol, gestionada directamente por Moscú bajo el sistema comunista, se encuentra en una situación similar, tras haber sido incorporada a Ucrania en 1991 al margen de la ley. Los años siguientes estuvieron marcados por un tira y afloja entre Simferopol y Kiev, que quería mantener Crimea bajo su control.

En 1994, mediante la firma del *Memorando de Budapest*, Ucrania renunció a las armas nucleares de la antigua URSS que permanecían en su territorio, a cambio de «*su seguridad, independencia e integridad territorial*»[421]. En este momento, Crimea considera que -de iure- ya no forma parte de Ucrania y que, por tanto, no le afecta el tratado. Por su parte, el gobierno de Kiev se sintió reforzado por el memorándum. Por eso, el 17 de marzo de 1995, abolió por la fuerza la Constitución de Crimea, envió sus fuerzas especiales para deponer a Yuri Mechkov, Presidente de Crimea, y *se anexionó*

419.Artículo «Referéndum de Crimea de 1991», *Wikipedia* (consultado el 27 de noviembre de 2021)

420.El 6 de mayo se precisó que Crimea formaba parte del territorio ucraniano.

421.Artículo «Memorándum de Budapest», *Wikipedia* (consultado el 27 de noviembre de 2021)

de facto la República de Crimea[422], desencadenando manifestaciones populares que pedían la devolución de Crimea a Rusia. Los medios de comunicación occidentales apenas informaron de este acontecimiento.

Crimea era entonces gobernada autoritariamente desde Kiev mediante decretos presidenciales. Esta situación llevó al Parlamento de Crimea a formular una nueva Constitución en octubre de 1995, que restableció la *República Autónoma de Crimea*. Esta nueva Constitución fue ratificada por el Parlamento de Crimea el 21 de octubre de 1998 y confirmada por el Parlamento ucraniano el 23 de diciembre de 1998. Estos acontecimientos y las preocupaciones de la minoría rusoparlante llevaron a la firma de un *Tratado de Amistad* entre Ucrania y Rusia el 31 de mayo de 1997. Temiendo la secesión de Crimea, Ucrania incluyó el principio de la inviolabilidad de las fronteras, a cambio -y esto es importante- de una garantía de «*la protección de la originalidad étnica, cultural, lingüística y religiosa de las minorías nacionales en su territorio*»[423].

El 23 de febrero de 2014, las nuevas autoridades de Kiev no solo salieron de un golpe de Estado en absoluto constitucional y, por tanto, no fueron elegidas, sino que, al derogar la ley sobre las lenguas oficiales, dejaron de respetar esta garantía del tratado de 1997. Así que los habitantes de Crimea salieron a la calle para exigir la devolución a Rusia que habían obtenido treinta años antes.

El 4 de marzo, durante su conferencia de prensa sobre la situación en Ucrania, un periodista preguntó a Vladimir Putin: «¿Cómo ve el futuro de Crimea? ¿Prevé que se una a Rusia? respondió:

---

422. James Rupert, «Striking at Separatists, Ukraine Abolishes Crimea's Charter, Presidency», *The Washington Post*, 18 de marzo de 1995; Research Directorate, Immigration and Refugee Board, Canada «Chronologie des événements mars 1994 - août 1995», *refworld.org*, 1 de marzo de 1996.
423. https://apps.dtic.mil/dtic/tr/fulltext/u2/a341002.pdf

5. La amenaza rusa y la crisis ucraniana

No, no lo contemplamos. En general, creo que sólo los residentes de un país determinado que son libres de decidir y con total seguridad pueden y deben determinar su propio futuro. Si este derecho se ha concedido a los albaneses de Kosovo, si se ha hecho posible en muchas partes del mundo, entonces nadie excluye el derecho de las naciones a la autodeterminación que, que yo sepa, está recogido en varios documentos de la ONU. Sin embargo, en ningún caso provocaremos tal decisión ni alimentaremos tales sentimientos[424].

El 6 de marzo, el Parlamento de Crimea decidió organizar un referéndum popular para elegir entre seguir formando parte de Ucrania o solicitar la anexión a Moscú. Tras este referéndum, las autoridades de Crimea solicitaron a Moscú su anexión a Rusia.

Con este referéndum, Crimea se limitó a recuperar el estatus que había adquirido legalmente justo antes de la independencia de Ucrania (pero que ésta nunca respetó), al renovar su petición de estar unida a Moscú, como en enero de 1991.

Además, el acuerdo entre Ucrania y Rusia para el estacionamiento de tropas en Crimea y Sebastopol, renovado en 2010, tenía vigencia hasta 2042. Por tanto, Rusia no tenía *a priori* ninguna razón para reclamar ese territorio. Fue la población de Crimea la que se sintió legítimamente traicionada por el gobierno de Kiev y aprovechó la oportunidad para hacer valer sus derechos.

Así pues, la llamada «operación especial» denunciada por Occidente es el resultado de una sucesión de violaciones de la ley y de los intereses del pueblo de Crimea desde la época soviética, con la complicidad de occidentales que rechazan el derecho internacional con el único fin de luchar contra Rusia.

---

424. «Vladímir Putin respondió a las preguntas de los periodistas sobre la situación en Ucrania», *kremlin.ru*, 4 de marzo de 2014 (http://en.kremlin.ru/events/president/news/20366).

Después de 2014, Occidente afirmó que se había violado el *Memorando de Budapest.* A lo que los partidarios de Rusia y de Crimea replican que: a) Crimea, como entidad independiente de iure, no estaba cubierta por el Memorando de Budapest; b) Ucrania -al abolir el ruso como lengua oficial- no respetó el *Tratado de Amistad,* que le exigía proteger a las minorías; c) esta decisión fue adoptada por un Gobierno que no fue elegido y no siguió el proceso legislativo normal.

El 19 de febrero de 2022, Anka Feldhusen, embajadora alemana en Kiev, echó un cable al declarar en el canal de televisión *Ukraine 24* que el Memorando de Budapest no era jurídicamente vinculante[425]. Esta es también la postura estadounidense, como se desprende de la declaración en el sitio web de la embajada estadounidense en Minsk[426].

Dejaremos que sean los lectores jurídicos quienes debatan la cuestión. Pero demuestra que los argumentos sobre la ilegalidad del asunto de Crimea son mucho menos claros de lo que afirman nuestros comentaristas. Se ha exagerado el asunto para mantener la tensión con Rusia, que conducirá a la guerra en 2022.

Toda la narrativa sobre la «anexión» de Crimea en Occidente se basa en una reescritura de la historia y en el oscurecimiento del referéndum de 1991, que sí existió y fue perfectamente válido. Sólo los historiadores y periodistas honestos mencionan este episodio de la historia reciente de Crimea[427]. Hay muy pocos.

5.6.2.El mito de la agresión rusa

Este mito es inseparable del de los «*hombrecillos verdes que han llegado a la península en gran número»*[428], que sugiere una invasión

---

425.«Embajador alemán sobre el Memorándum de Budapest: no hay obligaciones legales», *perild.com,* 19 de febrero de 2022 (https://youtu.be/xoWczhVimYE)

426. http://minsk.usembassy.gov/budapest_memorandum.html

427.Guy Mettan, *Russie-Occident - Une guerre de mille ans,* Edition des Syrtes, Genève, 2015, p.98

428.Programa «C dans l'air» 17 de octubre de 2021 («Poutine, maître du jeu #cdanslair 17.10.2021», *France 5/YouTube,* 18 de octubre de 2021) (56'25»)

por parte de Rusia. A veces denominados fuerzas especiales[429], a veces mercenarios de la compañía Wagner[430], estos soldados apoyan una narrativa.

Nuestra convicción de que Rusia «*invadió por la fuerza militar una parte de un Estado soberano*», como dijo el experto militar Pierre Servent en *France 5*[431], proviene de la necesidad de dar legitimidad a un golpe de Estado que Occidente acababa de apoyar en Kiev.

Es una fábula que se originó en la OTAN -donde yo trabajaba entonces- y que juega con las palabras para transformar en operación especial un compromiso que se ajustaba perfectamente a los acuerdos entre Rusia y Ucrania. Sin embargo, la participación de las tropas rusas en Crimea no se corresponde en forma, tácticas o estructuras con la de sus fuerzas especiales. Estoy familiarizado con las fuerzas especiales y he escrito un libro sobre ellas[432] (que ha sido traducido al ucraniano). [433]

Se ha afirmado que el propio Vladimir Putin confesó haber utilizado sus fuerzas especiales para apoderarse de Crimea. Esto no es cierto: se están mezclando deliberadamente varias cosas.

En primer lugar, hay que recordar que la abolición por las nuevas autoridades (no electas) de Kiev de la ley Kivalov-Kolesnichenko (que convertía el ruso en lengua oficial) sacudió a la comunidad predominantemente rusófona de Crimea. Ya quemados por su lucha con Kiev desde 1991, el derrocamiento del gobierno que habían elegido y el incumplimiento de sus obligaciones para con las minorías, los crimeos desencadenaron un movimiento popular sin precedentes.

429.Alan Malcher, «Russian Spetsnaz - Ukraine's Deniable 'Little Green Men'», *moderndiplomacy.eu*, 10 de mayo de 2015.

430.«Ucrania, Mali: ¿qué hacen las milicias de Wagner? Leçon de géopolitique - Le Dessous des cartes», *ARTE/YouTube*, 26 de enero de 2022.

431.«C dans l'air» emitido el 11 de enero de 2022 («Poutine rêve d'URSS, l'Ukraine sous tension #cdanslair 11.01.2022», France 5/YouTube, 12 de enero de 2022) (26'50»)

432.Jacques Baud, *Les Forces Spéciales de l'Organisation du Traité de Varsovie*, L'Harmattan, 2002

433. https://constitutions.ru/wp-content/uploads/specnaz.pdf

La población salió a la calle y exigió la vinculación a Moscú que había obtenido en enero de 1991. En sus filas había unos 4.000 cazadores o miembros de sociedades de tiro y 15.000 miembros de la reserva territorial, que tomaron las armas y ocuparon el Parlamento regional en Simferópol. Juntos forman las unidades de «autodefensa», de las que hablaron en marzo de 2014 el ministro de Asuntos Exteriores, Sergei Lavrov, y Vladimir Putin[434].

A estos civiles se unieron soldados de las fuerzas ucranianas. A principios de 2014, el ejército ucraniano estaba formado principalmente por reclutas, reclutados y organizados territorialmente: en Crimea, la mayoría de los soldados eran rusoparlantes. Por eso, cuando el Gobierno les ordenó sofocar las manifestaciones, 20.000 de los 22.000 militares ucranianos destinados en Crimea se negaron a intervenir contra sus compatriotas y se unieron a los manifestantes, como confirmó más tarde Ivan Vinnik, diputado de la Rada de Kiev[435]. Se despojaron de sus insignias ucranianas para evitar confusiones y se convirtieron en lo que Occidente apodó «*hombrecillos verdes*» e identificó como fuerzas especiales rusas. A estos soldados se unieron unos 15.000 miembros de habla rusa de la policía, el *Servicio de Seguridad* (SBU) y la guardia de fronteras[436], que también se negaron a enfrentarse a sus hermanos. Esto hace un total de unos 35.000 desertores.

En cuanto a los militares rusos en Crimea, el *Acuerdo sobre el Estatuto de las Fuerzas* (SOFA) firmado en 2010 con Ucrania (y válido hasta 2042) limitaba su presencia a 25.000 hombres, y sólo entre

---

434.«La cambiante historia de la invasión rusa de los 'hombrecillos verdes'», *RFE/RL*, 25 de febrero de 2019.

435.Евгений Мураев и Иван Виник, народные депутаты, в «Вечернем прайме» телеканала «112 Украина», 4 de agosto de 2016 (https://112.ua/video/evgeniy-muraev-i-ivan-vinnik-narodnye-deputaty-v-vechernem-prayme-telekanala-112-ukraina-04082016-206216.html).

436.«Los desertores ucranianos de la Crimea ocupada, marginados y reubicados», www.unian.info, 5 de octubre de 2017.

5. La amenaza rusa y la crisis ucraniana

20.000 y 22.000 están realmente estacionados en la península. Este acuerdo les autorizaba a desplegarse en varios puntos estratégicos de la península (como el aeropuerto) en caso de crisis, con el fin de proporcionar un cordón umbilical con Rusia. Estos soldados no llevan insignias de unidad en sus uniformes de combate, como es habitual en las fuerzas armadas rusas (en Afganistán, por ejemplo).

Los «hombrecillos verdes» de Crimea

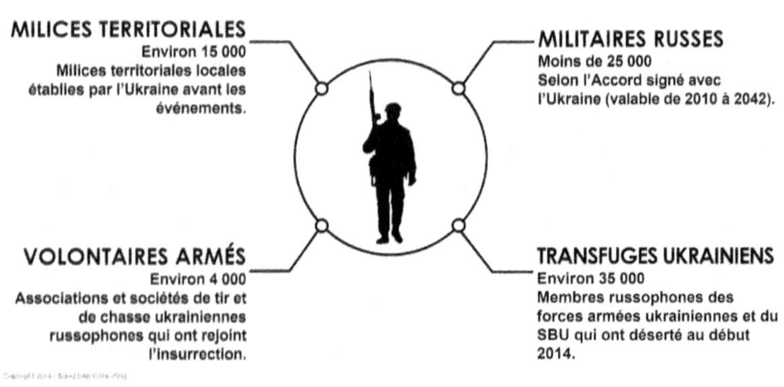

Figura 10 - Composición de los «hombrecillos verdes» durante los sucesos de Crimea. En contra de las afirmaciones occidentales, no hubo invasión rusa. El acuerdo entre Rusia y Ucrania autorizaba al personal militar estacionado en Crimea a desplegarse fuera de sus cuarteles para llevar a cabo tareas de seguridad en caso de incidentes graves. Cuando los paramilitares nacionalistas ucranianos comenzaron a enfrentarse violentamente con las milicias de autodefensa de Crimea, los militares rusos intervinieron invocando el principio de «responsabilidad de proteger» (R2P).

Por ejemplo, no hubo invasión rusa del Donbass o Crimea en 2014. Los términos «intervención» e «invasión» se utilizan alternativamente para poner en duda la presencia real rusa en el este de Ucrania[437]. A pesar de sus reiteradas acusaciones, Occidente nunca ha aportado pruebas concretas que confirmen una «invasión» rusa, ni siquiera un «desembarco» de fuerzas especiales.

437.Wikipedia, artículo «Intervención militar rusa en Ucrania (2014-presente)» (consultado el 15 de mayo de 2019)

Algunos comentaristas, como Arnaud Dubien en *Le Monde*[438], lo consideraron una «prenda», es decir, un territorio que podía monetizarse en una negociación, lo que evidentemente no era el caso.

5.6.3. El carácter ilegítimo del referéndum de marzo de 2014

En *France 5*, Michel Eltchaninoff, afirma que el voto de 2014 fue «*totalmente manipulado*»[439]. Esto es pura especulación, basada únicamente en el altísimo nivel de aceptación. En realidad, no lo sabe, pero lo afirma. Por supuesto, no podemos descartar la posibilidad de fraude: la organización, el recuento, el buen funcionamiento de cada colegio electoral, etc. no han sido objeto de verificación internacional. Así que todo es posible, aunque algunos países celebren referendos con regularidad -como Suiza- y no necesiten una auditoría internacional, mientras que otros -como Francia- se limiten a ignorar los resultados que no les gustan.

No obstante, la aceptación del 96,77%[440] es coherente con el 93,6% obtenido en enero de 1991 y parece confirmada por una encuesta *Gallup* de abril de 2014[441]. Tales resultados no son excepcionales, como vimos en Kosovo en 1991 (99,98%[442]) o en las Islas Malvinas en 2013 (99,8%[443]). Así que las acusaciones no son más que una construcción artificial, basada en suposiciones que descartan la existencia de un referéndum previo, para imaginar un complot urdido por Rusia... cumpliendo así con la definición de conspiracionismo....

---

438. Arnaud Dubien, «Putin's power grab in Crimea is part of a willingness to reggle», *Le Monde*, 3 de marzo de 2014 (actualizado el 4 de marzo de 2014).
439. «C dans l'air» emitido el 17 de octubre de 2021 («Poutine, maître du jeu #cdanslair 17.10.2021», *France 5/YouTube*, 18 de octubre de 2021) (1h33'30»)
440. Artículo «Referéndum de Crimea de 2014», *Wikipedia* (consultado el 27 de noviembre de 2021)
441. http://www.bbg.gov/wp-content/media/2014/06/Ukraine-slide-deck.pdf
442. Artículo «Referéndum de independencia de Kosovo de 1991», *Wikipedia* (consultado el 27 de noviembre de 2021)
443. Artículo «Referéndum sobre el estatuto de las Islas Malvinas», *Wikipedia* (consultado el 27 de noviembre de 2021)

Sobre todo porque se evita cuidadosamente que el 10 de marzo de 2014, las autoridades de Crimea pidieron a la OSCE que enviara observadores para el referéndum[444], pero la organización se negó con el pretexto de que era inconstitucional[445]. Parece que las autoridades de la OSCE también han descartado la existencia de un referéndum anterior que era perfectamente legal y legítimo. A estas alturas, el orden constitucional ha sido completamente anulado por un golpe de Estado ilegal, apoyado por la comunidad internacional, contrario a la Carta de las Naciones Unidas y al Acta Final de Helsinki. Por tanto, los crimeos no hacen más que aprovechar esta situación, en la que Kiev ya no cumple sus obligaciones y tiene una forma de gobierno ilegal e ilegítima, para volver a la situación de la que Ucrania se vio privada durante más de 20 años, aplicando así las disposiciones del artículo VIII del Acta Final de Helsinki.

Mis contactos en la OSCE me dicen que ahora existe una presión considerable por parte de los estadounidenses para que apoyen el golpe. Por cierto, esto se convertirá en una táctica habitual, sobre todo para la Unión Europea: negarse a observar las elecciones y luego declararlas ilegítimas...

Recordemos que los países occidentales apoyaron activamente la secesión de Lituania, Letonia y Estonia en 1990, y reconocieron inmediatamente los referendos de independencia de Ucrania y Georgia. Sin embargo, estos países se encontraban técnicamente en la misma situación que Crimea...

Cuando Barack Obama dijo ante las Naciones Unidas que «*podría ocurrirle a cualquiera de sus países*»[446], sabía de lo que hablaba: a

---

444. «Crimea invita a observadores de la OSCE a un referéndum sobre la adhesión a Rusia», *Reuters*, 10 de marzo de 2014.
445. «El presidente de la OSCE dice que el referéndum de Crimea en su forma actual es ilegal y pide vías alternativas para abordar la cuestión de Crimea», *osce.org*, 11 de marzo de 2014.
446. Programa «C dans l'air» 17 de octubre de 2021, («Poutine, maître du jeu #cdanslair 17.10.2021», *France 5/YouTube*, 18 de octubre de 2021) (57'58»)

finales del siglo XIX, Estados Unidos se anexionó Hawai de forma totalmente ilegal. Este hecho sigue siendo la manzana de la discordia entre las poblaciones indígenas y Washington. Algunos incluso cuestionan la noción de anexión, prefiriendo decir que Hawai es un reino bajo ocupación militar estadounidense[447]. La irónica consecuencia de esto es que, si se hubiera respetado el derecho internacional, Barack Obama (un nativo hawaiano) no habría tenido derecho a presentarse a las elecciones presidenciales[448], reivindicando (aunque por las razones equivocadas) a Donald Trump[449]. Sin embargo, mientras que en Crimea fue a petición de la población crimea por lo que Rusia accedió a anexionarse la península, en Hawái los estadounidenses se apoderaron de las islas por la fuerza antes de decidir unilateralmente anexionarlas a territorio estadounidense.

5.7. Tiene la crisis del Donbass su origen en la política rusa?

La línea oficial francesa -servida ciegamente por «expertos» de todas las tendencias- es que la situación en Crimea y el conflicto en Donbass son consecuencia de la política rusa.

Durante el programa «C dans l'air» del 16 de febrero de 2022, Alain Bauer, profesor de criminología, explicó el supuesto apetito de Vladimir Putin por el Donbass refiriéndose a la importancia histórica de la *«Rus' de Kiev»* en la novela nacional rusa y vio una dimensión religiosa[450]. Pero esto no es cierto. La cuenca del Don (Donbass) entró

447.Keanu Sai, «The Illegal Overthrow of the Hawaiian Kingdom Government», *NEA* Today, 2 de abril de 2018; Keanu Sai (Ph.D.), «The U.S. Occupation of the Hawaiian Kingdom», *NEA Today*, 1 de octubre de 2018; https://en.wikipedia.org/wiki/Legal_status_of_Hawaii
448.Antes de su elección, Obama fue objeto de una campaña de desprestigio basada en su lugar de nacimiento. Espíritus malignos afirmaron que había nacido en Kenia, pero nadie discutió lo de Hawai. Trump siguió afirmando que no era estadounidense…
449.Donald Trump afirmó que Obama nació en Kenia.
450.Programa «C dans l'air», 16 de febrero de 2022 («Ukraine: mais à quoi joue Poutine ? #cdanslair 16.02.2022», *France 5/YouTube*, 18 de febrero de 2022) (28'50»)

en la historia rusa mucho más tarde, gracias al carbón, y basta con mirar un mapa para ver que el Donbass no tiene absolutamente nada que ver con la histórica Rus' de Kiev[451]. Casi se podría definir la «Rus» de Kiev como la Ucrania actual sin el Donbass.

El 23 de febrero de 2014, tras su golpe de Estado, los ultranacionalistas ucranianos abolieron la ley Kivalov-Kolesnichenko sobre las lenguas oficiales. Este acontecimiento desencadenó manifestaciones cuya represión desembocó en la rebelión de las dos repúblicas de Lugansk y Donetsk.

La represión con mano dura de estas manifestaciones no parece compatible con el discurso occidental y el romanticismo democrático que evoca. Para legitimarse, las nuevas autoridades de Kiev inventan una invasión rusa, explicada por las ambiciones de Vladimir Putin. La OTAN y los gobiernos occidentales reproducen las acusaciones del presidente Petro Poroshenko[452], a pesar de que han sido ampliamente desmentidas.

En la OTAN veo que los despachos que recibimos proceden de Polonia y no coinciden con la información de la OSCE. Es evidente que intentan exagerar los acontecimientos y darles una dimensión internacional. Sin embargo, dentro de la OTAN, yo sólo soy suizo y, por tanto, técnicamente, un socio y no un aliado: mis advertencias son cortésmente desestimadas en favor de un discurso más musculoso. El Cuartel General Supremo de la OTAN publica una foto por satélite de 4 piezas de artillería en Ucrania, afirmando que se trata de una unidad rusa[453]. Aparte de que la doctrina militar rusa no prevé el uso de baterías aisladas en territorio enemigo, las comprobaciones cruzadas muestran que se trata del batallón rebelde KALMIUS,

---

451. Artículo «Rus de Kiev», Wikipedia

452. Émission «C dans l'air» du 02-10-2015: Syrie : Poutine Attaque, *France 5/YouTube*, 10 de noviembre de 2015 (46'10»)

453. «La OTAN publica imágenes por satélite que muestran tropas de combate rusas dentro de Ucrania», 28 de agosto de 2014 (http://www.nato.int/cps/en/natohq/photos_112202.htm)

formado a partir de una unidad ucraniana rusófona que se había pasado al bando autonomista.

Obviamente, el hecho de que unidades enteras del ejército ucraniano se pasaran al bando rebelde contradice la idea de que la revolución de Maidan es popular… Desde agosto de 2014, parece que la OTAN no ha encontrado otras fotos que publicar.

En mayo de 2014, la represión armada de las manifestaciones llevó a la población de ciertas zonas de las regiones ucranianas de Donetsk y Lugansk a celebrar referendos para aprobar el *Acta de Autodeterminación de la República Popular de Donetsk* (aprobada por el 89%) y el *Acta de Autodeterminación de la República Popular de Lugansk* (aprobada por el 96%). Los medios estatales *France 24*[454] y *Radio-Télévision Suisse*[455] se refieren a referendos de «*independencia*», pero es falso: son referendos de «*autodeterminación*» o «*autonomía*» (самостоятельность). A partir de entonces, quienes pretendan echar leña al fuego seguirán hablando de «*separatistas*» y «*repúblicas separatistas*». Se trata de desinformación destinada a confundir a la opinión pública.

Tras estos referendos, las dos repúblicas escribieron a Vladimir Putin para pedir su «*integración*» en Rusia[456]. Putin no accedió a sus peticiones.

En una resolución aprobada en septiembre de 2014, el Parlamento Europeo hablaba de «*intervención militar directa*», de violaciones del alto el fuego «*principalmente por tropas regulares rusas*» y afirmaba que Rusia había «*aumentado su presencia militar en territorio ucraniano*»[457]. Falso: las acusaciones proceden de los servicios

---

454. «El este de Ucrania se prepara para votar sobre su «independencia»», *France 24*, 10 de mayo de 2014.

455. https://pages.rts.ch/la-1ere/programmes/le-journal-du-matin/5822909-le-journal-du-matin-du-12-05-2014.html

456. https://iz.ru/news/570657

457. *Resolución del Parlamento Europeo, de 18 de septiembre de 2014, sobre la situación en Ucrania y el estado de las relaciones UE-Rusia (2014/2841(RSP)*, Estrasburgo, 18 de septiembre de 2014.

de inteligencia polacos, pero nunca han sido confirmadas por los observadores de la OSCE. Como ocurre tan a menudo, el Parlamento Europeo acusa, incluso sanciona, sin ningún hecho que respalde sus acusaciones. Demasiado para el Estado de Derecho.

El 29 de enero de 2015, el general Viktor Moujenko, jefe del Estado Mayor ucraniano, admitió que no había tropas rusas en suelo ucraniano y que solo se habían observado combatientes rusos individuales[458]. Su afirmación fue confirmada en octubre de 2015 por el general Vasyl Hrytsak, jefe del *Servicio de Seguridad* (SBU), quien declaró que, desde el inicio de los combates en el este de Ucrania, solo se habían observado 56 militares rusos[459]. De hecho, las tropas ucranianas han capturado a jóvenes rusos (con uniformes de la guerra de Afganistán) que han venido a unirse a los insurgentes del Donbass en una muestra de solidaridad durante su permiso. Un fenómeno similar se observó durante la guerra de los Balcanes, cuando jóvenes suizos acudían a Bosnia los fines de semana para disparar sus armas reglamentarias.

Se trata exactamente del mismo fenómeno observado con los soldados ucranianos de la Legión Extranjera que intentan llegar a Ucrania para combatir allí en marzo de 2022[460].

Como jefe de la unidad de la OTAN encargada de combatir la proliferación de armas ligeras, estuve vigilando la aparición de nuevas armas entre los rebeldes para determinar si Rusia las estaba suministrando. De hecho, los rebeldes disponen de ciertas armas que nunca han sido suministradas al *ejército* ucraniano. Esto es todo lo que se necesita para alimentar la acusación de intervención rusa. Salvo que las armas en cuestión fueron efectivamente suministradas al *Servicio de Seguridad de* Ucrania (SBU), ¡cuyos agentes se pusieron del lado de

---

458. «No Russian Troops in Ukraine says Kiev General», *YouTube*, 1 de febrero de 2015
459. «Only 56 Russians Fought in Ukraine- says Ukraine's State Security (SBU)», *YouTube*, 7 de febrero de 2016.
460. «Certains militaires de la Légion étrangère autorisés à partir dans les pays limitrophes de l'Ukraine», *Le Figaro*, 2 de marzo de 2022.

los rebeldes! En cuanto a las armas pesadas, observo que las piezas de armamento observadas pueden asociarse sistemáticamente a la desaparición de una unidad del ejército ucraniano. Por lo tanto, no hay nada que confirme por el momento ningún apoyo logístico de Rusia.

En junio de 2015, en una entrevista concedida *al Corriere della Sera*, Petro Poroshenko afirmó que Rusia había desplegado 200.000 soldados en Ucrania[461]. Después, en septiembre, ante la Asamblea General de las Naciones Unidas en Nueva York, afirmó que

> *nos vemos obligados a luchar contra las tropas entrenadas y armadas de la Federación Rusa. En los territorios ocupados se concentran armas pesadas y equipos militares en cantidades con las que los ejércitos de la mayoría de los Estados miembros de la ONU sólo podrían soñar.*[462]

En realidad, no se observó nada en absoluto. Es más, si había 75 formaciones militares rusas en Ucrania, como se afirmó en la Asamblea Parlamentaria de la OTAN en Estambul el 19 de noviembre de 2016[463], debería haber habido columnas logísticas para el apoyo operativo de esas unidades y bases para las tropas. Sin embargo, los satélites de observación estadounidenses no detectaron nada. En 2018, Alexander Hug, jefe adjunto de la misión de observación de la OSCE, admitió a la revista *Foreign Policy* que la OSCE no había realizado ninguna observación que confirmara la presencia de tropas rusas en Ucrania[464].

461.Giuseppe Sarcina, «El ucraniano Poroshenko: "Putin el rompedor de pactos"», *Corriere della Sera*, 30 de junio de 2015.

462.Émission «C dans l'air» du 02-10-2015: Syrie: Poutine Attaque, *YouTube/France 5*, 10 de noviembre de 2015 (46'10»).

463.«Las 75 unidades militares rusas en guerra en Ucrania», *Euromaidan Press*, 23 de noviembre de 2019.

464.Amy MacKinnon, «Counting the Dead in Europe's Forgotten War», *Foreign Policy*, 25 de octubre de 2018.

Incluso hoy, la retórica oficial francesa y europea mantiene que Rusia es un actor en el conflicto. Fue la obsesión por la implicación directa de Vladimir Putin lo que llevó a Francia y Alemania a querer negociar con él los acuerdos de Minsk. En el informe de Caroline Roux del 17 de octubre de 2021, vemos que François Hollande negoció en la creencia de que las tropas rusas estaban en el Donbass, lo que sabíamos que no era cierto en ese momento[465].

Además, es evidente que no ha entendido nada de los Acuerdos en sí, ya que ni Minsk I (5 y 19 de septiembre de 2014) ni Minsk II (12 de febrero de 2015) implican a Rusia. Minsk I es un acuerdo de principio -aceptado por *«representantes de determinadas zonas de las regiones de Donetsk y Lugansk»*- y Minsk II (véase el anexo 3) se refiere a las disposiciones de aplicación, que se establecen en una resolución de las Naciones Unidas (17 de febrero de 2015).

La desinformación también se oculta tras el vocabulario utilizado. Los rebeldes del Donbass son calificados a veces de *«independentistas»*[466], a veces de *«separatistas»* por los «expertos» de los canales estatales *RTS* y *France 24, lo que* no es cierto. Peor aún, en *France 5, el* propio François Hollande utiliza el término *«separatistas»*, lo que atestigua su nivel de integridad, ya que fue uno de los negociadores de los Acuerdos de Minsk[467].

En este momento, los rusoparlantes de Donbass sólo buscan una forma de autonomía que les permita utilizar su lengua y sus particularidades. Como establecen los Acuerdos de Minsk, no se trata de *«separar»* de Ucrania las Repúblicas de Donetsk y Luhansk, que se definen como *«partes del territorio de Ucrania»*. Por ello, la aplicación de estos acuerdos se basa exclusivamente en negociaciones

---

465. «C dans l'air» emitido el 17 de octubre de 2021 («Poutine, maître du jeu #cdanslair 17.10.2021», *France 5/YouTube*, 18 de octubre de 2021) (1h02'43»)
466. Pascal Boniface en «Explícame... La situación en Ucrania», *YouTube*, 31 de octubre de 2019.
467. Programa «C dans l'air» del 17 de octubre de 2021 («Poutine, maître du jeu #cdanslair 17.10.2021», *France 5/YouTube*, 18 de octubre de 2021)

entre el gobierno de Kiev y «*representantes de determinadas zonas de las regiones de Donetsk y Luhansk*» (artículos 9, 11 y 12). También hay que señalar que, en el texto de los acuerdos, el nombre «Luhansk» está en ucraniano y no en ruso (Lougansk), lo que significa claramente que se trata de territorio ucraniano y no ruso, y que no se trata de separarlos de Ucrania.

Las conversaciones que desembocaron en los Acuerdos de Minsk se celebraron en Ginebra en abril de 2014 entre John Kerry, Catherine Ashton, Sergei Lavrov y Andriy Deshchytsia, ministros de Asuntos Exteriores de Estados Unidos, la Unión Europea, Rusia y Ucrania. En aquel momento, se habló claramente de resolver el conflicto interno de Ucrania[468], en particular mediante cambios constitucionales inspirados en el federalismo[469].

Sin embargo, justo después de Ginebra, Ucrania rechazó estos acuerdos para lanzarse directamente a una ofensiva a gran escala denominada «*Operación Antiterrorista*» (ATO) contra las fuerzas rebeldes. La ATO echará por tierra por completo los acuerdos de Minsk I firmados en septiembre de 2014. Apoyado y asesorado por oficiales de la OTAN, el ejército ucraniano sufrió una aplastante derrota en Debaltsevo en febrero de 2015. Esto es lo que impulsó a Ucrania a firmar los Acuerdos de Minsk II, que dan continuidad a la Declaración de Ginebra de abril y confirman el carácter *interno* del conflicto en el Donbass: son la posición rusa y la de los autonomistas del Donbass -sin cambios desde 2014- las que reclaman la aplicación de estos acuerdos.

468.«Declaración del ministro de Asuntos Exteriores, Serguéi Lavrov, tras sus conversaciones con el ministro de Asuntos Exteriores alemán, Frank-Walter Steinmeier», *Misión Permanente de la Federación de Rusia ante la Unión Europea*, 18 de abril de 2014.
469.«Transcripción: Kerry y Ashton sobre el acuerdo de Ginebra del 17 de abril sobre Ucrania», *The Washington Post*, 17 de abril de 2014.

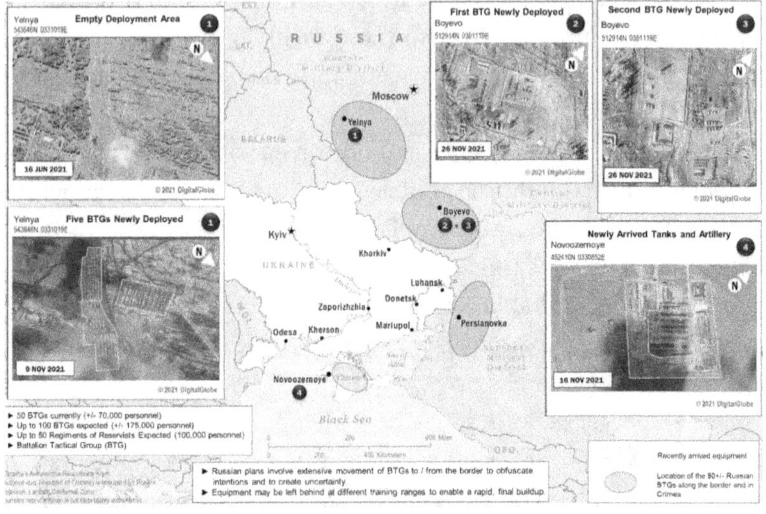

Figura 11 - Mapa (elaborado por los servicios de inteligencia estadounidenses) de las fuerzas rusas desplegadas en torno a Ucrania en diciembre de 2021. Puede verse que no hay tropas rusas en el Donbass. Los políticos occidentales -sobre todo Estados Unidos, Francia y Reino Unido- han mentido sistemáticamente al respecto para justificar la falta de avances en la aplicación de los Acuerdos de Minsk. Francia no ha desempeñado su papel de garante de los Acuerdos y ha hecho la vista gorda ante los ataques ucranianos contra civiles en el Donbass. Esto es lo que impulsará a los rusos a pasar a la ofensiva el 24 de febrero de 2022. [Fuente: Washington Post]

5.8.¿Está Rusia incumpliendo sus obligaciones en virtud de los acuerdos de Minsk?

En su canal de YouTube, Pascal Boniface afirma que los Acuerdos de Minsk *«no se aplicaron, por supuesto, por culpa de Rusia, sino también por culpa de Ucrania»*[470]. La «culpa de Rusia» es falsa.

470.En «Russie/États-Unis: l'Europe n'est pas à la table des négociations, elle est au menu», *YouTube*, 10 de enero de 2022 (https://youtu.be/IJyjEcuR0v4?t=203)

Sabemos desde hace tiempo que son los ucranianos quienes se niegan a aplicar los Acuerdos, como señala el *Washington Post*[471]:

> *Según diplomáticos cercanos al asunto, uno de los principales obstáculos era la oposición de Kiev a negociar con los separatistas prorrusos, con los que mantienen un conflicto mortífero pero de baja intensidad desde hace ocho años.*

Los lectores pueden consultar el texto de los acuerdos reproducido en el Apéndice 3 y observar que Rusia no tiene nada que ver con su aplicación, que es interna de Ucrania.

El reportaje de Caroline Roux en *France 5 intenta hacernos* creer que los acuerdos de Minsk fueron alcanzados entre Rusia y Ucrania. No es así. El acuerdo concierne al gobierno ucraniano y a las fuerzas rebeldes del Donbass. Rusia solo desempeñó el papel de facilitador, porque el gobierno ucraniano se negó a hablar con los representantes de las entidades autonomistas durante la negociación de los acuerdos de Minsk II.

Por un lado, Francia y Alemania eran los garantes del acuerdo por parte ucraniana, mientras que Rusia lo era por parte de los autonomistas rusoparlantes. El problema es que los acuerdos estipulan que su aplicación es asunto de Kiev -lo cual es lógico, ya que se trata de una cuestión de su soberanía-, pero los dos garantes occidentales no han respetado sus obligaciones. En lugar de presionar a Kiev para que aplique los acuerdos, han preferido ponerse del lado de Ucrania en un intento de sustituir los acuerdos de Minsk por negociaciones bilaterales entre Moscú y Kiev.

Las consultas entre el gobierno ucraniano y las autoridades de las Repúblicas Autónomas para establecer un marco legal para su

---

471. John Hudson & David L. Stern, «Facing maximum pressure from Russia, Zelensky refuses to blink at the negotiating table», *The Washington Post*, 11 de febrero de 2022.

situación y su adopción por la Rada nunca han comenzado porque Kiev se niega a hablar directamente con los representantes rebeldes, en contra de lo acordado.

La duplicidad de los Gobiernos francés y alemán ha llevado a la confusión, como en el discurso de Ursula von der Leyen en la cumbre UE-Ucrania del 12 de octubre de 2021[472]:

> *Apoyamos plenamente la postura del gobierno del Presidente Zelensky y pedimos a Rusia que asuma sus responsabilidades como parte en el conflicto.*

Como de costumbre, Ursula von der Leyen sabe poco del asunto, lo que conviene al Gobierno francés que, desde François Hollande y Laurent Fabius, no ha entendido nada de la situación.

El 17 de octubre de 2021, ante las declaraciones engañosas de los diplomáticos franceses, Sergei Lavrov, Ministro de Asuntos Exteriores de Rusia, decidió publicar la correspondencia diplomática sobre las conversaciones en curso. Este procedimiento -inusual en la práctica diplomática- tiene el mérito de poner de manifiesto la falta de honestidad e integridad de la diplomacia occidental. Demuestra que, en total contradicción con los acuerdos de Minsk, Francia y Alemania se niegan a mencionar un «*conflicto interno ucraniano*» y rechazan la idea de «*establecer un diálogo directo entre Kiev, Donetsk y Lugansk*». Cabe recordar que los acuerdos de Minsk fueron objeto de la Resolución 2202(2015) del Consejo de Seguridad de las Naciones Unidas (véase el apéndice 3).

Desde 2014, el Gobierno ucraniano ha interrumpido toda ayuda económica, financiación (para reconstruir ciudades e infraestructuras, restablecer servicios, etc.) y pago de prestaciones sociales

---

472.Declaración de la Presidenta von der Leyen en la rueda de prensa conjunta con el Presidente Michel y el Presidente Zelensky tras la Cumbre UE-Ucrania, Comisión Europea, 12 de octubre de 2021.

(pensiones, subsidios, etc.), prohibiendo toda actividad bancaria en las zonas autonomistas.

Los acuerdos de Minsk prevén que Kiev restablezca estos servicios (artículo 8) con la ayuda de París y Berlín. Como Kiev se negó a hablar con los representantes del Donbass y ni Francia ni Alemania pusieron de su parte para animar a Ucrania a cumplir sus obligaciones, no se hizo nada. La naturaleza aborrece el vacío, así que el gobierno ruso tomó medidas para ayudar a la población de Donbass. El 15 de diciembre de 2014 creó la *«Comisión interministerial para la prestación de ayuda humanitaria a las zonas afectadas en el sureste de las regiones de Donetsk y Lugansk»*. Así que, poco a poco, son las empresas y los bancos rusos los que ahora prestan los servicios que Kiev ya no proporciona.

Sin ninguna fuente de ingresos, los pensionistas y los necesitados ya no reciben ayudas ni pensiones del Gobierno ucraniano. Como consecuencia, el 24 de abril de 2019, Vladímir Putin firmó un decreto que autoriza la expedición de pasaportes rusos a los residentes de Donbass, lo que les da derecho a recibir prestaciones sociales de Rusia.

Mientras Ucrania seguía comprando carbón para calefacción a las repúblicas de Donbass en 2015-2016, el Gobierno ucraniano cerró las fronteras y el comercio en 2017[473], obligando a la población de Donbass a comerciar bienes con Rusia. Esto llevó a Vladímir Putin, el 15 de noviembre de 2021, a promulgar un decreto por el que se suprimían temporalmente (hasta que se resolviera el conflicto entre Kiev y las *«zonas de las regiones ucranianas de Donetsk y Lugansk sobre la base de los acuerdos de Minsk»*) los derechos de aduana sobre determinados productos con las zonas autonomistas[474]. En cuanto al

---

473.«Donbas coal blockade: 5 things you need to know», *Ukraine Crisis Media Center*, 21 de febrero de 2017; Oleg Varfolomeyev, «Coal Smuggled From Ukraine's Occupied Donbas Ends up in Poland», *The Jamestown Foundation, Eurasia Daily Monitor*, volumen 14, no 128, 12 de octubre de 2017.
474.Decreto del Presidente de la Federación de Rusia de 15.11.2021 no 657 «Sobre la prestación de apoyo humanitario a la población de determinadas zonas de las

ex presidente Poroshenko, que había autorizado este comercio con las repúblicas autonomistas para permitir a la población mantenerse caliente, fue procesado por *«traición»* a petición del presidente Zelensky a principios de 2022[475]. Demasiado para el tipo de democracia que asustaría a Vladimir Putin.

El gobierno ucraniano ha hecho con su propia población exactamente lo que la Unión Europea ha hecho con Bielorrusia o Rusia: la ha empujado a los brazos de su enemigo. Un niño podría ver que esta estrategia es estéril, pero la mantienen en gran medida Francia (y Alemania), que se niegan a animar a Ucrania a aplicar los acuerdos de Minsk, como demuestra la entrevista de François Hollande. Como bien dice Caroline Roux, el objetivo es *«contrarrestar a Vladimir Putin»*[476], no encontrar una solución al conflicto.

Para el Gobierno ucraniano, la cuestión no es la mejora de la situación en Donbass, ni el bienestar de su población, sino la entrada del país en la OTAN. Por eso invoca una situación terrorista, se niega a hablar con los representantes de las repúblicas autónomas de Donetsk y Luhansk y mantiene la ficción de una agresión externa de Rusia.

Por todas estas razones, Estados Unidos empieza a ver a Ucrania como un socio cada vez más problemático, que podría crear una gran crisis en Europa y sellar definitivamente la alianza entre Rusia y China, su principal rival. Quizá no sea casualidad que Ucrania sea el principal país en el punto de mira de los *Pandora Papers*, cuya información se sospecha que procede de los servicios de inteligencia estadounidenses. También en este caso, la propaganda occidental prefiere centrarse en Rusia.

regiones ucranianas de Donetsk y Lugansk» (http://ips.pravo.gov.ru:8080/default.aspx?pn=0001202111150030).

475.Andrew E. Kramer, «Court in Ukraine Declines Request to Arrest Former President», *The New York Times*, 19 de enero de 2022.

476.«C dans l'air» emitido el 17 de octubre de 2021 («Poutine, maître du jeu #cdanslair 17.10.2021», *France 5/YouTube*, 18 de octubre de 2021) (1h00'33»)

Occidente siente poca simpatía por una revolución maïdan que sería rechazada por una gran parte de la población, y se resiste a reconocer la derrota de las fuerzas ucranianas, asesoradas en aquel momento por soldados de la OTAN. Es conveniente culpar de esta situación a la intervención militar de Rusia. Para Ucrania, esta amenaza exterior es una forma de justificar su pertenencia a la OTAN. De ahí la estrategia occidental de considerar a Rusia como una de las partes en el conflicto del Donbass. Se trata de un diálogo de sordos.

El elemento central que impide la aplicación de los Acuerdos de Minsk es la creencia -muy extendida en Francia- de que *«ponen fin a una guerra que había comenzado entre Rusia y Ucrania»*, como afirma Pascal Boniface en su canal de *YouTube*[477] y en *France 5*[478]. Se trata de una desinformación basada en la alegación -nunca verificada y nunca explicada- de que Rusia había atacado Ucrania. Durante toda la crisis ucraniana de 2021-2022, hemos visto equipos militares estacionados en territorio ruso, pero ninguna imagen de tropas rusas en el Donbass desde hace años. Basta con leer el texto de los acuerdos para ver que no se menciona a Rusia.

Como señala Pascal Boniface, Francia y Alemania fueron los impulsores de los Acuerdos de Minsk, pero ahora han quedado marginados[479] porque han demostrado demasiada mala fe a la hora de ayudar a Ucrania a aplicarlos. No es de extrañar, por tanto, que Vladimir Putin considere que pierde el tiempo con socios que no cumplen su papel, y que prefiera recurrir a Dios antes que a sus santos. Así pues, si Putin se dirige directamente al Presidente estadounidense, no es porque odie a Europa (como afirma Marion Van

---

477. «Rusia/Estados Unidos: Europa no está en la mesa de negociaciones, está en el menú», *Pascal Boniface/YouTube*, 10 de enero de 2022.
478. Programa «C dans l'air», 25 de enero («Ucrania: ¿un mano a mano ruso o estadounidense? #cdanslair 25.01.2022», *France 5/YouTube*, 26 de enero de 2022 (1h02'08»)
479. *Ibid* (38'45»)

Renterghem[480]), sino porque los europeos no están desempeñando el papel que pretenden.

Esto hace que uno se pregunte si los diplomáticos franceses han leído los acuerdos de Minsk. Al parecer, fue después de su conversación telefónica con Vladimir Putin, el 27 de enero de 2022, cuando Emmanuel Macron se dio cuenta de su error y empezó a trabajar en una posición común con Alemania, ¡lo que debería haber ocurrido hace 7 años! Entre finales de 2021 y principios de 2022, no se hizo ningún esfuerzo diplomático más allá de visitas que eran más posturas que negociaciones.

Como ocurre con demasiada frecuencia, nuestro juicio sobre Rusia no se basa en los hechos, sino en nuestros prejuicios. Pero los hechos son tozudos, y la fuerza de los rusos reside en trabajar con ellos. Nuestra incapacidad para reconocerlo refuerza a nuestros adversarios en Irak, Afganistán, Siria, Mali y otros lugares.

Es para disimular su debilidad que Ucrania y Francia pretenden sustituir los acuerdos de Minsk por el formato Normandía. No hay nada que ver: los Acuerdos de Minsk son una forma de resolver el conflicto, mientras que el «formato Normandía» es sólo un medio. Este último consiste en una reunión de los jefes de Estado alemán, francés, ruso y ucraniano. Apareció fortuitamente en 2014, durante las ceremonias del desembarco de Normandía, y estaba previsto como instrumento de seguimiento de los acuerdos, no para rehacer las reglas que Ucrania no había respetado.

---

480. Programa «C dans l'air», 19 de enero de 2022 («Ucrania: ¿se puede evitar la guerra? #cdanslair 19.01.2022», *France 5/YouTube*, 20 de enero de 2022 (9'35»)

5.9.¿Quería Rusia invadir Ucrania?

En 2014, un golpe de Estado, apoyado por Estados Unidos y la Unión Europea, derrocó a un gobierno elegido democráticamente. No es seguro que los ucranianos fueran hostiles a Rusia en ese momento. Al contrario, Occidente los utilizó para estrechar su cerco sobre Rusia.

En 2014, en la OTAN, estuve observando la crisis ucraniana «desde dentro», por así decirlo. Desde el principio quedó claro que la situación estaba siendo alimentada por Occidente. Los vídeos muestran que los golpistas cuentan con el apoyo de hombres armados que hablan inglés con acento estadounidense. La revista alemana *Der Spiegel se* refiere a la presencia de mercenarios de *Academi* (antes *Blackwater*, de siniestro recuerdo en Irak y Afganistán)[481]. Al parecer, el *Bundesnachrichtendienst* (BND) informó al gobierno alemán, y yo informé a las autoridades de la OSCE. Esto pronto se olvidará.

La «mano» de Occidente en esta revolución, que se presentó como popular, fue hábilmente enmascarada por la «mano» -imaginaria- de Rusia. Al afirmar que las rebeliones en Donbass y Crimea fueron el resultado de la intervención rusa, ocultaron el hecho de que el golpe de Estado en Kiev no fue aprobado por una gran parte de la población y, por lo tanto, era ilegítimo. Por la misma razón, se minimizó sistemáticamente el carácter extremista de los golpistas y la legitimidad de la población rusófona. Sin embargo, la violenta represión de estas poblaciones tras la abolición de la ley sobre las lenguas nacionales desembocó en un conflicto muy real.

Para justificar la intervención rusa, se ha resucitado la retórica de la Guerra Fría, sustituyendo «URSS» por «Rusia». En *France 5*, Benoît Vitkine, corresponsal de Le Monde en Moscú, atribuye a Rusia el

---

481.«Ukrainische Armee bekommt offenbar Unterstützung von US-Söldnern», *Der Spiegel*, 11 de mayo de 2014.

5. La amenaza rusa y la crisis ucraniana

deseo de exportar su modelo. Como hemos visto, lo que era cierto hace 40 años ya no lo es. Desde 1991, Rusia ha adoptado el modelo occidental. La idea de que Rusia intenta convencernos de que «*su modelo es mejor que el nuestro*» no tiene ningún sentido.

El 12 de julio de 2021, el presidente ruso escribió un artículo titulado «*Sobre la unidad histórica de rusos y ucranianos*»[482]. Como era de esperar, la prensa occidental lo consideró una amenaza y declaró que «*justifica su deseo de anexión*»[483]. En el plató de «*C dans l'air*», Isabelle Mandraud declaró que Vladimir Putin consideraba que Ucrania «*es un país que no existe, y no reconoce la existencia de Ucrania como país*[484]». Esto demuestra la determinación de Putin de reunificar los dos países por la fuerza[485]. Esto no es cierto: en ningún momento habla de anexionarse o reunificar Ucrania y Rusia.

Lo que nuestro autoproclamado «experto» no nos dice es que, como explica el propio Vladimir Putin, este artículo es una respuesta a la *Ley sobre los Pueblos Indígenas de Ucrania*, aprobada el 1 de julio de 2021[486]. Esta ley recuerda a las leyes raciales de Nuremberg de los años treinta. Concede diferentes derechos constitucionales a los ciudadanos ucranianos, en función de su origen, como explica el diputado Oleg Seminsky, del partido presidencial[487]. En su artículo, Vladimir Putin no sólo reconoce sin ambigüedades la existencia de Ucrania al definirla como un «*Estado libre*», sino que también se

---

482.«Artículo de Vladímir Putin "Sobre la unidad histórica de rusos y ucranianos"», *belgium.mid.ru*, 12 de julio de 2021.

483.Axel Gyldén, «"Russes et Ukrainiens sont un seul peuple": ce que les écrits de Poutine disent de ses visées», *L'Express*, 3 de febrero de 2022.

484.«C dans l'air» emitido el 11 de enero de 2022 («Poutine rêve d'URSS, l'Ukraine sous tension #cdanslair 11.01.2022», *France 5/YouTube*, 12 de enero de 2022) (08'55»)

485.Paul Gogo, «L'inquiétant article de Vladimir Poutine sur l'Ukraine», *La Libre*, 16 de julio de 2021 (actualizado el 18 de julio de 2021).

486.«Принят Закон "О коренных народах Украины"», *rada.gov.ua*, 1 de julio de 2021 (https://www.rada.gov.ua/ru/news/Novosty/Soobshchenyya/211516.html)

487.«Слуга народу» Семінський проголосив позбавлення конституційних прав росіян, які проживають в Україні, *zikua.news*, 2 de julio de 2021.

refiere claramente a la «*soberanía de Ucrania*». Su objetivo no es sugerir la reunificación de Rusia y Ucrania, sino hacer comprender a Ucrania -sin dirigirse a ella directamente- que no tiene motivos para discriminar a los nacionales de origen ruso o ucraniano.

En apoyo de su teoría, Isabelle Mandraud explica que, tras las elecciones de 2020 en Bielorrusia, «*el embajador ruso vino a ver a Lukashenko, el líder bielorruso, para obsequiarle con atlas, diciéndole: ‹Ya ves, formabas parte del Imperio ruso›*»[488]. Pero aquí también omite parte de la historia. La realidad es muy distinta. Tras las elecciones de agosto de 2020, la comunidad internacional se pronunció contra el presidente bielorruso. Justo antes de las elecciones, había acusado a Moscú de intentar desestabilizar su país: la actitud de Occidente le llevó a dar un giro de 180° y acercarse a Rusia. Así, el 10 de septiembre de 2020, el embajador ruso le regaló un atlas DEL SIGLO XIX que mostraba a Bielorrusia como parte del Imperio ruso zarista, en señal de amistad[409]. Esto no sólo está muy lejos de las interpretaciones fantasiosas e infundadas de Isabelle Mandraud, sino que también demuestra lo incoherente que es la política occidental.

Ni en 2014 ni en 2021 Vladimir Putin tenía intención de atacar o invadir Ucrania. A quienes sí lo tienen les resulta difícil articular un objetivo para un posible ataque. La situación será muy diferente a principios de 2022 pero, hasta entonces, ninguna de las acusaciones vertidas por Occidente ha sido confirmada por los servicios de inteligencia occidentales. Esta narrativa procede de políticos occidentales y es retransmitida por «expertos». Pascal Boniface, por ejemplo, cree que Vladimir Putin intenta recuperar Ucrania y que, al no poder hacerlo, intenta impedir su desarrollo[100]. Incluso en 2022, Vladimir

---

488.«C dans l'air» emitido el 11 de enero de 2022 («Poutine rêve d'URSS, l'Ukraine sous tension #cdanslair 11.01.2022», *France 5/YouTube*, 12 de enero de 2022) (08'55»)
489.«Lukashenko viaja a Rusia el lunes para reunirse con Putin», *La Tribune de Genève*, 11 de septiembre de 2020.
490.Programa «C dans l'air», 25 de enero de 2022 («Ucrania: ¿un mano a mano ruso o estadounidense? #cdanslair 25.01.2022», *France 5/YouTube*, 26 de enero de 2022 (15'50»)

Putin nunca ha pretendido «recuperar» Ucrania. Su preocupación siempre ha sido que Ucrania esté libre de cualquier influencia.

En el programa «C dans l'air» del 25 de enero de 2022, a la pregunta «*¿Cuál sería el objetivo de Vladimir Putin en una guerra en Ucrania?*», Pascal Boniface eludió la pregunta hablando de la resistencia ucraniana, y ninguno de los oradores fue capaz de articular una respuesta[491]... Ilustran el problema que tienen los teóricos de la conspiración: encontrar un objetivo creíble para el complot que han ideado.

Sin embargo, la respuesta de Pascal Boniface es interesante, ya que afirma que Rusia se enfrentaría a una fuerte resistencia y perdería una guerra de este tipo. Esto es obviamente lo que Washington está propagando[492] pero, a estas alturas, la realidad parece diferente. Del 3 al 11 de diciembre de 2021, el *Instituto Internacional de Sociología de Kiev* (KIIS) realizó una encuesta sobre la disposición de los ucranianos a resistir una invasión rusa[493]. Los resultados mostraron que sólo el 50,2% de los ucranianos resistiría de alguna manera, y de ellos sólo el 33,3% (o el 16,6% de la población) estaría dispuesto a tomar las armas, con la mayoría en el grupo de edad de 50-59 años. Los menos interesados en tomar las armas son los jóvenes de 18 a 29 años, el alma de las fuerzas armadas.

Los acontecimientos de febrero de 2022 demostrarán que la resistencia sigue siendo patrimonio de las milicias de extrema derecha, en particular los regimientos Azov y el Cuerpo Nacional.

Este resultado pone de manifiesto hasta qué punto nuestros «investigadores» y «pensadores» juzgan la situación basándose en

---

491.Programa «C dans l'air», 25 de enero de 2022 («Ucrania: ¿un mano a mano ruso o estadounidense? #cdanslair 25.01.2022», *France 5/YouTube*, 26 de enero de 2022 (56'46»)

492.Amy MacKinnon y Jack Detsch, «Ukraine Ready to Fight to 'Last Drop'», *Foreign Policy*, 8 de diciembre de 2021.

493.«Resistirán los ucranianos a la intervención rusa: resultados de una encuesta telefónica realizada del 3 al 11 de diciembre de 2021», *kiis.com.ua*, diciembre de 2021.

sus intuiciones y no en los hechos, de ahí la debilidad de Francia en la escena internacional. El mismo enfoque intelectual prevalece en los debates sobre la acción de Francia en el Sahel... Resultado: hay que dramatizar en exceso el papel de los rusos, de Wagner, de los terroristas, etc.

5.10. ¿Quería Vladimir Putin atacar Ucrania a principios de 2022?

No estamos en su cabeza, pero los indicadores que generalmente se observan antes de los conflictos no estaban presentes y es muy probable que tal intención no estuviera presente hasta mediados de febrero de 2022. Por otro lado, podemos suponer que Rusia estaba preparada para intervenir («planes de contingencia») en caso de que Ucrania lanzara una ofensiva decisiva para tomar el Donbass por la fuerza.

Ya en la primavera de 2021, los estadounidenses agitan el fantasma de una ofensiva rusa en Ucrania. Esta amenaza fue planteada en una entrevista de Caroline Roux en *France 5* con el portavoz del Kremlin Dimitri Peskov. Y con razón: en abril de 2021, habrá actividad de ejercicios en el Distrito Militar Sur de Rusia.

Como de costumbre, el presentador «omite» mencionar dos cosas: a) el 24 de marzo, el presidente Volodymyr Zelensky emitió un decreto para retomar Crimea por la fuerza[494] y comenzó a desplegar tropas en el sur del país; y b) simultáneamente, la OTAN lanza la serie de ejercicios DEFENDER EUROPA 21, que tendrán lugar entre marzo y junio de 2021 cerca de la frontera rusa entre los mares Báltico y Negro[495]. Naturalmente, ninguno de los medios

---

494. https://www.president.gov.ua/documents/1172021-37533
495. https://www.europeafrica.army.mil/DefenderEurope/

de comunicación occidentales muestra movimientos de tropas ucranianas a mediados de marzo[496] y principios de abril[497]. Twitter está cerrando ciertas cuentas que muestran transportes de tanques ucranianos...

Es esta situación la que explica los ejercicios del ejército ruso en la primavera de 2021. Su objetivo es claramente disuasorio, lo que los estadounidenses llaman una *demostración de fuerza*, pero nada indica que Rusia tenga intención de intervenir en Ucrania.

Seis meses después, el 30 de octubre de 2021, el *Washington Post* informó de un inusual despliegue de tropas rusas en la frontera ucraniana[498]. Al día siguiente, el medio estadounidense *Politico* publicó fotos por satélite de tropas estacionadas «*cerca de la frontera ucraniana*»[499].

Las imágenes dan la vuelta al mundo. Son engañosas. Muestran vehículos aparcados en Yelnia, en la provincia de Smolensk, que está en la frontera con Bielorrusia y a 250 km de la frontera ucraniana, y sugieren que están aparcados temporalmente a la espera de un compromiso. Sin embargo, algunos de estos equipos se almacenaron tras el ejercicio ZAPAD 2021, que acaba de finalizar. Se reutilizarán durante las maniobras conjuntas en Bielorrusia a principios de 2022. Además, Google Maps muestra que estas zonas de estacionamiento están asociadas a instalaciones permanentes y a tropas cuyo despliegue se conoce desde hace tiempo.

---

496. https://twitter.com/theragex/status/1371009926395494402
497. https://twitter.com/worldonalert/status/1377691126149349382;   https://twitter.com/AmbranderB/status/1378773857142706181
498. Paul Sonne, Robyn Dixon y David L. Stern, «Russian troop movements near Ukraine border prompt concern in U.S., Europe», *The Washington Post*, 30 de octubre de 2021.
499. Betsy Woodruff Swan y Paul McLeary, «Satellite images show new Russian military buildup near Ukraine», *Politico*, 1er Noviembre 2021

Mapa de Ucrania y zonas adyacentes

Figura 12 - Situación de Yelnia en relación con Ucrania. Muy lejos de Crimea o de las repúblicas autónomas de Lugansk (LPR) y Donetsk (DPR). Las imágenes de satélite producidas por Politico -y posteriormente por los medios occidentales- muestran vastas flotas de vehículos logísticos, no despliegues de tropas. Por tanto, no se trata de preparativos para una ofensiva, sino de una retirada de equipos tras el ejercicio ZAPAD-2021 -como creen los servicios de inteligencia ucranianos- o de movimientos en el marco de la reestructuración en curso del ejército ruso. Las maniobras conjuntas en Bielorrusia tienen lugar en el noroeste del país, separado de Ucrania por la vasta zona pantanosa de Pripiat.

El 12 de febrero de 2022, Thomas Süssli, jefe del ejército suizo, entrevistado en la cadena del gran diario *Neue Zürcher Zeitung*, declaró sin mucha convicción que los rusos estaban esperando a que se congelara el terreno antes de lanzar su ofensiva[500]. No es el primero que intenta explicar por qué los rusos no están haciendo lo que nuestros estrategas imaginan que podrían hacer. Sin embargo, un vistazo a las previsiones meteorológicas para Ucrania en este momento revela que las temperaturas previstas están subiendo, lo que demuestra -una vez más- que este «cálculo» estratégico es fantasioso.

El 1 de noviembre, el Ministerio de Defensa ucraniano negó que se hubieran desplegado fuerzas rusas en sus fronteras[501]. Al día siguiente, Oleksiy Danilov, Secretario del *Consejo Nacional de Seguridad y Defensa* de Ucrania (NSDC), confirmó el desmentido[502]. Su opinión fue confirmada por expertos militares estadounidenses (los de verdad, no los de «C dans l'air») del *Instituto para el Estudio de la Guerra* (ISW), que concluyeron que «*los movimientos militares rusos probablemente no se estén preparando para una ofensiva inminente contra Ucrania*»[503]. Al día siguiente, estos mismos expertos publicaron sus conclusiones en el medio de comunicación ucraniano *Kyiv Post bajo* el titular: «*Es poco probable que el ejército ruso se esté preparando para una ofensiva inminente*»[504].

También el 2 de noviembre, el director de la CIA, William Burns, viajó a Moscú para reunirse con su homólogo ruso, Nikolai Patrushev, director general del FSB (servicio de seguridad)[505] y Sergei Naryshkin,

---

500. Andreas Breitenstein, «Stell dir vor, es ist Krieg - und die Schweiz mit drin», *nzz.ch*, 12 de febrero de 2022.

501. «Ukraine Denies Report of Russian Troop Buildup Near Its Borders», *US News/ Reuters*, 1 de noviembre de 2021.

502. «Danilov desmintió las declaraciones de los medios occidentales sobre la concentración de tropas rusas cerca de las fronteras de Ucrania», *uatv.ua*, 2 de noviembre de 2021.

503. Mason Clark y George Barros, «Russian Military Movements Unlikely Preparing for Imminent Offensive against Ukraine but Still Concerning», *Instituto para el Estudio de la Guerra (ISW)*, 2 de noviembre de 2021.

504. Mason Clark y George Barros, «Russian military unlikely preparing for imminent offensive», *Kyiv Post*, 3 de noviembre de 2021.

505. Vladimir Isachenkov, «El jefe de seguridad ruso se reúne con el director de la CIA en Moscú», *AP News*, 2 de noviembre de 2021.

director general del SVR (inteligencia exterior). También mantuvo una conversación telefónica con Vladimir Putin, cuyo contenido exacto no ha sido revelado. Así que no sabemos si hablaron de la cuestión ucraniana, pero parece probable. En cualquier caso, parece que el gobierno estadounidense apenas se alarma por la situación.

Hay muchas razones para creer que el asunto se «desinflará» rápidamente. Pero eso sin contar con los medios conspirativos, que quieren ver una ofensiva rusa. Tal es el caso de Le *Monde*, que tres semanas después reavivó la teoría de una ofensiva inminente y no dudó en escribir que *«la reacción de las autoridades ucranianas, en cambio, es confusa»*[506]. Parece lamentable que el principal interesado -el gobierno ucraniano- aporte algo de racionalidad.

El 3 de noviembre, el gobierno ucraniano confirmó que no había concentración de tropas rusas en su frontera[507].

A medida que se endurece la retórica occidental, el gobierno ucraniano parece estar bajo presión. A principios de noviembre, Andrei Taran, ministro de Defensa ucraniano, Oleksiy Lyubchenko, ministro de Economía, Oleg Urusky, viceprimer ministro y ministro de Industrias Estratégicas, y Oleksiy Reznikov, ministro para la Reintegración de los Territorios Ocupados Temporalmente, dimitieron[508].

Dentro de las fuerzas armadas, Dmytro Yarosh, antiguo líder de la milicia neonazi *Pravy Sektor*, fue nombrado asesor del Comandante en Jefe. Dimitió un mes después para asumir el mando del Ejército Ucraniano de Voluntarios (UDA), que reúne a «mercenarios» ucranianos y extranjeros.

506.Faustine Vincent, «Aux frontières de l'Ukraine, 'c'est juste un nouveau jour de guerre'», *Le Monde*, 22 de noviembre de 2021 (actualizado el 24 de noviembre de 2021).
507.Ukraine Denies Russian Military Buildup on Border as Defense Minister Quit, *The Moscow Times/AFP*, 3 de noviembre de 2021.
508. https://thepage.ua/ua/politics/uruskij-podav-zayavu-pro-zvilnennya; https://thepage.ua/ua/politics/taran-jde-z-minoboroni

El 3 de diciembre de 2021, bajo el ominoso titular «*Rusia planea una ofensiva militar masiva contra Ucrania con 175.000 soldados, advierte la inteligencia estadounidense*», el *Washington Post* publicó un mapa elaborado por la inteligencia estadounidense que mostraba el despliegue de las fuerzas rusas en la región ucraniana[509].

Los comentaristas utilizan la cifra de 175.000, pero el mapa de los servicios estadounidenses es menos categórico. Muestra que sólo 70.000 soldados están presentes en la región cercana a Ucrania y en Crimea. El resto de las tropas se describen como «*esperadas*». En otras palabras, no estaban allí. Entre los ausentes hay 100.000 reservistas que forman parte de un proyecto iniciado en la segunda mitad de 2021 y aún experimental, destinado a sustituir el sistema de reclutamiento.

En cuanto a los 100 *Battlegroups* (BGs), es sólo una suposición, ya que Rusia sólo dispone de 168 en todo su territorio. El escenario sugerido por los servicios de inteligencia estadounidenses representaría el 60% de la capacidad total de Rusia. Así que se trata de una construcción totalmente teórica y poco realista.

Por el momento, las autoridades de Kiev creen que los equipos detectados por los estadounidenses no eran más que «*movimientos de tropas tras unos ejercicios*» [510]. Esto es coherente con la retirada por parte de Rusia del equivalente a una división (10.000 hombres) de la región a finales de diciembre de 2021[511]. Una reducción de tropas que claramente ningún «experto» ha asumido...

Está claro que los estadounidenses intentan aumentar la tensión con Rusia y crear tensiones en el seno de la Alianza Atlántica. Parece

---

509.Shane Harris y Paul Sonne, «Russia planning massive military offensive against Ukraine involving 175,000 troops, U.S. intelligence warns», *The Washington Post*, 3 de diciembre de 2021.
510.Faustine Vincent, «Aux frontières de l'Ukraine, 'c'est juste un nouveau jour de guerre'», *Le Monde*, 22 de noviembre de 2021 (actualizado el 24 de noviembre de 2021).
511.«Rusia anuncia la retirada de 10.000 soldados tras ejercicios cerca de Ucrania», *France 24*, 26 de diciembre de 2021

que Alemania y sus servicios de inteligencia tienen una valoración diferente de la situación. Aparte de que el canciller Olaf Scholz se niega a reunirse con su homólogo estadounidense, Alemania está vetando el suministro de armas a Ucrania[512]. Esto explica por qué, cuando Gran Bretaña envía armas a Ucrania, evita cuidadosamente el espacio aéreo alemán, por miedo a que Alemania se lo cierre. Esto dice mucho de la confianza entre los aliados de la OTAN. Joe Biden envió a William Burns, director de la CIA, a hablar con Scholz y Bruno Kahl, director del *Bundesnachrichtendienst* (BND), el servicio de inteligencia estratégica, porque, como informa *Spiegel*, los servicios alemanes siguen siendo escépticos sobre la información proporcionada por los estadounidenses[513].

El 23 de enero, el anuncio de la retirada de parte del personal diplomático estadounidense y británico de Kiev irritó al gobierno ucraniano. Los ucranianos se dieron cuenta de que el riesgo de guerra esgrimido por Occidente, que siempre habían negado, adquiría proporciones que podían afectar al país a largo plazo.

De hecho, BBC News Ukraine informa de que «*la hryvnia ucraniana se ha desplomado y los inversores han empezado a dejarse llevar por el pánico*», rehuyendo Ucrania, cuya economía ya se tambalea. Oleksiy Danilov[514], que dirige el *Consejo de Seguridad Nacional*, culpa a Occidente:

> *Cuando empezó este asunto, el 30 de octubre del año pasado, con una publicación en el Washington Post, mantuve una*

512.Michael R. Gordon y Bojan Pancevski, «Germany Blocks NATO Ally From Transferring Weapons to Ukraine», *The Wall Street Journal*, 21 de enero de 2022.

513.Markus Becker *y otros*, «Germany Has Little Maneuvering Room in Ukraine Conflict», *Der Spiegel*, 21 de enero de 2021.

514.Oksana Torop, «Algunos de nuestros socios contribuyen al pánico. Es beneficioso para Rusia - Danilov» («Деякі наші партнери сприяють паніці. Це вигідно Росії - Данілов»), *BBC News Ucrania*, 24 de enero de 2022 (https://www.bbc.com/ukrainian/features-60112868).

conversación con un periodista de esa publicación. Él ignoró lo que le dije.

Danilov explica claramente que Ucrania sigue viendo a Rusia como una amenaza, pero que en este caso la amenaza no ha aumentado, mientras que las declaraciones estadounidenses y británicas están empeorando la situación. A la pregunta del periodista: «¿Por qué se producen ahora estas grandes declaraciones? Danilov las relaciona claramente con las dificultades de Estados Unidos con China, los cambios políticos en Alemania y las elecciones presidenciales francesas... Está claro que Occidente está avivando las tensiones por razones políticas internas.

Los estadounidenses y los británicos, que agitan el espectro de una guerra que Boris Johnson promete que será «sangrienta», no se apresuran a tomar medidas concretas. Afirman que *«Biden quiere golpear duro; (...) el Pentágono está movilizando a 8.500 soldados listos para unirse a los 40.000 hombres de la Alianza Militar que ya están sobre el terreno»*[515]. La realidad es más matizada: no han sido «movilizados», sino que se ha rebajado su grado de preparación de 10 a 5 días; en cuanto a su despliegue, no se ha tomado ninguna decisión[516].

5.10.1.¿Realmente quería Rusia invadir Ucrania?

Si nos fijamos en lo que ocurrió en febrero de 2022, tendríamos la tentación de decir que sí. Eso es un poco simplista. El 25 de enero de 2022, en el programa de televisión *«C dans l'air»*, un telespectador preguntó si Estados Unidos no estaba escalando la tensión sin pruebas. Para Annick Cizel, profesora e investigadora de la

---

515. Programa «C dans l'air», 25 de enero de 2022 («Ucrania: ¿un mano a mano ruso o estadounidense? #cdanslair 25.01.2022», France 5/YouTube, 26 de enero de 2022 (11'05»)
516. Barbara Starr y Jeremy Herb, «US places up to 8,500 troops on alert for possible deployment to Eastern Europe amid Russia tensions», *CNN*, 25 de enero de 2022.

Université Sorbonne Nouvelle, la cuestión no se plantea. Enumera las pruebas: la anexión de Crimea (que no fue el resultado de un ataque militar), la presencia de 100.000 soldados concentrados en la frontera y las maniobras para desestabilizar el régimen ucraniano[517]. Semejante falta de rigor científico por parte de un investigador es penosa, porque nuestro «experto» olvida un aspecto importante: una guerra no empieza como una película. Se prepara, y no sólo desplegando tropas.

Para un servicio de inteligencia que se precie, el riesgo de guerra no lo determinan los rumores, los escenarios dudosos y algunas fotos aéreas de primer plano, sino las pistas (presencia de tropas, disponibilidad de recursos, etc.) y los indicadores concretos y observables. Los indicadores permiten medir los riesgos asociados a factores inusuales sobre los que hay que llamar la atención.

El primer indicador es que el atacante debe preparar el terreno político: haciendo exigencias, declaraciones belicosas, amenazas y ultimátums. Otro indicador es la preparación de la economía y del país para que esté en condiciones de absorber el choque, y de la población para que acepte los sacrificios humanos y materiales. Por eso, antes de una guerra, es necesario crear una atmósfera, «*calentar la habitación*», como dice Yves Rossier, antiguo embajador suizo en Rusia, señalando que nunca ha ocurrido nada parecido en Rusia[518].

Las actividades militares también ofrecen indicadores: ejercicios inusuales a gran escala, y su naturaleza ofensiva o defensiva, así como las actividades de mando. Sin embargo, a finales de 2021-2022, no habrá nada de esto. El ejercicio conjunto ruso-bielorruso estaba previsto desde hacía tiempo para los días 10-20 de febrero de 2022. Su tamaño (menos de 9.000 soldados) no requería notificación, según el

---

517. Programa «C dans l'air», 25 de enero de 2022 («Ucrania: ¿un mano a mano ruso o estadounidense? #cdanslair 25.01.2022», France 5/YouTube, 26 de enero de 2022 (58'10»)
518. «Ucrania: ¿guerra en Europa?», *rts.ch*, 7 de febrero de 2022

Documento de Viena. El equipo que aparecía en las fotos de satélite que se reproducían una y otra vez en nuestras pantallas estaba asociado a instalaciones y cuarteles permanentes establecidos desde hacía tiempo (y no a estaciones temporales en previsión de una ofensiva), así como a la reestructuración de las fuerzas armadas rusas. El ejercicio UNION COURAGE 2022 fue un ejercicio diseñado para mejorar la interoperabilidad en el contexto de una posible defensa de Crimea. El equipo desplegado era de naturaleza defensiva, como los sistemas antiaéreos S-400 en el lugar del ejercicio de Brest, en el suroeste de Bielorrusia[519].

El sucesor de ZAPAD-2017, el ejercicio ZAPAD-21 (septiembre de 2021) formaba parte de un ciclo de cuatro años de ejercicios regulares que incluía VOSTOK-2018, TSENTR-2019 y KAVKAZ-2020. Así que no hay nada inusual en este patrón, con el que los expertos están familiarizados desde hace mucho tiempo.

Además, Rusia nunca ha amenazado con invadir Ucrania y no tiene reclamaciones que hubieran servido de pretexto para una invasión; y

El 25 de enero, el *New York Times* señalaba que los ucranianos eran mucho menos alarmistas que Annick Cizel:

> *El ministro de Defensa ucraniano ha afirmado que no se ha producido ningún cambio en las fuerzas rusas en comparación con la concentración de la primavera; el jefe del Consejo de Seguridad Nacional ha acusado a algunos países occidentales y medios de comunicación de exagerar el peligro con fines geopolíticos; y un portavoz del Ministerio de Asuntos Exteriores ha arremetido contra Estados Unidos y Gran Bretaña por retirar*

519.Mark Episkopos, «Los sistemas rusos de defensa antiaérea estarán cerca de la frontera norte de Ucrania con Bielorrusia», *The National Interest*, 25 de enero de 2022.

*a las familias de los diplomáticos de sus embajadas en Kiev,
afirmando que habían actuado de forma prematura.[520].*

Según Oleksii Reznikov, ministro de Defensa ucraniano, no se ha producido una acumulación significativa de fuerzas rusas en la frontera ucraniana desde la primavera de 2021. Los movimientos de tropas observados se refieren a maniobras conjuntas entre Rusia y Bielorrusia[521]. Los denominados «refuerzos» de finales de octubre de 2021 no eran más que equipos abandonados tras el ejercicio ruso-bielorruso ZAPAD-21, en preparación del ejercicio UNION COURAGE-2022, previsto del 10 al 20 de febrero de 2022.

Se muestran las mismas fotos de satélite una y otra vez, sin que haya nuevas imágenes que confirmen que hay más tropas en la frontera ucraniana. El *Washington Post* informa de que incluso el presidente ucraniano Zelensky dice que las fotos aéreas no significan nada[522].

Annick Cizel menciona también la posible sustitución del jefe del gobierno ucraniano por Rusia. Esta información - publicada el 22 de enero por *Le Figaro*[523], *Le Monde*[524], *CNews*[525] y *Radio-Télévision Suisse*[526]- procede de los servicios de inteligencia británicos, que afirman que los rusos pretenden sustituir a Volodymyr Zelensky por

---

520.Michael Schwirtz, «As West Warns of Russian Attack, Ukraine Sends Different Message», *The New York Times*, 25 de enero de 2022 (actualizado el 27 de enero de 2022).

521.Asami Terajima, «Defense minister downplays Russian threat, says it's similar to that of spring 2021», *The Kyiv Independent*, 28 de enero de 2022.

522.Shane Harris, John Hudson y Ellen Nakashima, «U.S. and allies debate the intelligence on how quickly Putin will order an invasion of Ukraine - or whether he will at all», *The Washington Post*, 29 de enero de 2022.

523.Alain Barluet, «Ucrania: Londres acusa a Moscú de "intentar instalar a un líder prorruso"», *Le Figaro*, 22 de enero de 2022 (actualizado el 24 de enero de 2022).

524.«Ucrania: Londres acusa a Moscú de "intentar instalar a un líder prorruso en Kiev"», *Le Monde/AFP*, 23 de enero de 2022.

525.«Ukraine: selon le Royaume-Uni, la Russie cherche à installer un dirigeant favorable à ses intérêts à la tête du pays», *CNews/AFP*, 23 de enero de 2021.

526.«Londres acusa a Moscú de querer instalar a un líder prorruso en Kiev», *rts.ch*, 23 de enero de 2022.

Yevhen Murayev, de quien se dice que tiene *vínculos con los «servicios» rusos»*[527]. ¡Sin embargo, en el *Observer*, la edición dominical del diario británico *The Guardian*, Murayev no ocultó su sorpresa por el hecho de que Rusia le hubiera sancionado[528]! El 23 de enero, dos días antes del programa de Caroline Roux, el *Washington Post* informaba de su reacción:[529]

Como alguien que ha estado sometido a sanciones rusas durante cuatro años, al que se le ha prohibido la entrada en Rusia por ser una amenaza para la seguridad nacional y a cuyo padre se le congelaron los activos en Rusia, me resulta difícil comentar la declaración del Ministerio de Asuntos Exteriores.

El mismo día, en *Reuters*, el ex diputado ucraniano calificó de «estúpida» la acusación británica y se planteó emprender acciones legales[530]. El partido de Murayev (Bloque Opositor) es tan impopular en Ucrania que no ha logrado el quórum del 5% necesario para sentarse en el Parlamento. Así que, tres días antes del programa de Caroline Roux, sabíamos que el hombre «designado» por Vladimir Putin para tomar el poder en Ucrania tenía problemas con el gobierno ruso y ¡no contaba con ningún apoyo popular!

Para colmo, en su reunión del 24 de enero, el *Consejo Nacional de Seguridad y Defensa de Ucrania* (NSDC), presidido por el presidente Volodymyr Zelensky, no hizo mención alguna de Yevhen

527.«Kremlin plan to install pro-Russian leadership in Ukraine exposed», *Foreign, Commonwealth & Development Office (gov.uk)*, 22 de enero de 2022.

528.Emma Graham-Harrison, Luke Harding y Andrew Roth, «Confusion over UK claim that Putin plans coup in Ukraine», *The Observer*, 22 de enero de 2022.

529.Paul Sonne, John Hudson y Shane Harris, «U.K. accuses Russia of scheming to install a pro-Kremlin government in Ukraine», *The Washington Post*, 23 de enero de 2022.

530.Elena Ostrovskaya y Natalia Zinets, «Ukrainian politician mocks 'stupid' UK claims», *Reuters*, 23 de enero de 2022.

Murayev y de esta amenaza golpista[531]. Finalmente, el 29 de enero, el *Washington Post* reveló que la información sobre este complot había sido deslizada por los servicios estadounidenses a los servicios británicos, para que la descubrieran[532]. Evidentemente, el asunto había sido fabricado para que pudiera ser retransmitido por idiotas útiles.

5.10.2.¿Una ofensiva «inminente» de Rusia?

El 29 de enero de 2022, la RTBF agitó el fantasma de una inminente ofensiva rusa. Sin embargo, ese mismo día, Jens Stoltenberg, Secretario General de la OTAN, declaró que «*No hay certeza sobre los planes rusos, y probablemente no hayan tomado una decisión[533]*». Pero hablaba en el canal estatal ruso RT, ¡así que podemos esperar que el periodista de *Conspiracy Watch* Antoine Hasday le acuse de «*marcar todas las casillas de la conspiración*»!

Lo más gracioso es que el reportaje de RTBF muestra a las fuerzas ucranianas entrenándose con sistemas de asalto para neutralizar campos de minas[534], lo que tiende a confirmar los informes procedentes del Donbass según los cuales el ejército ucraniano se prepara para atacar a las repúblicas autonomistas, cuyas posiciones están protegidas por minas antitanque. Naturalmente, ninguno de los medios occidentales menciona estos refuerzos y los riesgos que entrañan, ya que es probable que los ucranianos pretendan repetir un escenario al estilo georgiano.

531.«No se menciona a un político pro-Kremlin acusado de complot golpista tras la reunión de seguridad nacional de Ucrania», *Kyiv Post*, 25 de enero de 2022.
532.Shane Harris, John Hudson y Ellen Nakashima, «U.S. and allies debate the intelligence on how quickly Putin will order an invasion of Ukraine - or whether he will at all», *The Washington Post*, 29 de enero de 2022.
533.«¡Vuelta atrás! NATO's Stoltenberg Now Says 'No Certainty' to Alleged Russian Invasion Plans of Ukraine», *RT/YouTube*, 29 de enero de 2022
534.«19 heures 30», RTBF, 29 de enero de 2022

En 2008, las declaraciones occidentales animaron al gobierno georgiano a atacar Osetia del Sur. Un ataque que un informe encargado por la Unión Europea[535] consideró ilegal y desproporcionado[536]:

Está la cuestión de si el uso de la fuerza por parte de Georgia en Osetia del Sur, comenzando con el bombardeo de Tsjinvali durante la noche del 7 al 8 de agosto, era justificable según el derecho internacional. No lo fue.

Esta acción provocó la intervención rusa para proteger a la población rusoparlante.

La Responsabilidad de Proteger (R2P) es definida de la siguiente manera por las Naciones Unidas:

La responsabilidad de proteger (a menudo denominada «R2P», por sus siglas en inglés) se basa en tres pilares iguales: la responsabilidad de cada Estado de proteger a su población (Pilar I); la responsabilidad de la comunidad internacional de ayudar a los Estados a proteger a su población (Pilar II); y la responsabilidad de la comunidad internacional de proteger cuando es evidente que un Estado no protege a su población (Pilar III).

En otras palabras, la responsabilidad de proteger recae principalmente en los Estados frente a sus poblaciones (pilar I) pero, cuando no lo hacen, los actores externos están facultados para hacerlo (pilar III). Esta disposición se adoptó para evitar que se repitieran genocidios como el de Ruanda. Fue este principio el que invocó

535.«Citas del informe sobre la guerra de Georgia patrocinado por la UE», *Reuters*, 30 de septiembre de 2009.
536.Andrew Rettman, «EU-sponsored report says Georgia started 2008 war», *euobserver. com*, 30 de septiembre de 2009

Francia para intervenir en Libia, con el pretexto de una masacre en Bengasi (una mentira concebida por los yihadistas y pregonada por uno de los testaferros de Sarkozy[537]). Esta R2P también fue invocada por Rusia en agosto de 2008 para detener el bombardeo de la población civil rusófona de Tsjinvali, en Osetia del Sur.

El objetivo de los Acuerdos de Minsk (véase el Apéndice 3) era evitar esta situación, instando al gobierno ucraniano a encontrar una solución política con las repúblicas autonomistas. Se suponía que los garantes occidentales (Alemania y Francia) ayudarían a Kiev a lograr este diálogo. Pero ni Hollande ni Macron han cumplido con sus obligaciones, prefiriendo culpar a Rusia (que ni siquiera se menciona en los acuerdos). Ellos son los principales responsables de las tensiones actuales. Por eso Vladimir Putin prefiere tratar directamente con los estadounidenses, en lugar de con los «Tabaki»[538].

El 29 de enero, el *Washington Post* mostraba que los occidentales estaban muy divididos sobre la cuestión de un ataque ruso. Menciona a Alemania, que -a diferencia de Francia, por ejemplo- tiende a implicar a sus servicios de inteligencia en el proceso de toma de decisiones[539]:

Alemania también se muestra escéptica ante una inminente invasión rusa. Por el momento, Berlín no ve indicios de que Rusia vaya a entrar inmediatamente en Ucrania, según un alto funcionario alemán. Es posible que existan pruebas de que Moscú

537.Véase la *entrevista* con Moustafa Abdul Jalil en *YouTube*, subida el 31 de mayo de 2014 (https://www.youtube.com/watch?v=Jjf5MTKHbqw).

538.Tabaki es el nombre del pequeño chacal que da vueltas alrededor del tigre Shere Khan para adularle, en El *libro de la selva*, de Walt Disney. Es el nombre que Vladimir Putin dio a los vasallos de Estados Unidos en su discurso ante la Asamblea Federal en abril de 2021 («Discurso presidencial ante la Asamblea Federal», *kremlin.ru*, 21 de abril de 2021).

539.Shane Harris, John Hudson y Ellen Nakashima, «U.S. and allies debate the intelligence on how quickly Putin will order an invasion of Ukraine - or whether he will at all», *The Washington Post*, 29 de enero de 2022.

planea actuar con rapidez, pero si Estados Unidos las posee, no las ha compartido con los alemanes, añadió el funcionario.

El mismo artículo menciona que Francia comparte el análisis de los estadounidenses, pero está *«menos segura de que se producirá pronto un atentado»*, lo que confirma que el análisis de la situación por parte de los servicios franceses es mucho menos eficaz que cuando trabajaba con ellos.

Estados Unidos no paraba de dar vueltas a la situación. Durante dos meses afirmaron que un ataque ruso contra Ucrania era «inminente», luego, de repente, el 1 de febrero de 2022, el embajador estadounidense ante las Naciones Unidas declaró que ya no era así[540] (aunque al día siguiente la *Radio y Televisión Suiza* mantuvo la idea de un ataque «inminente»[541])....

Luego, el 3 de febrero, el Departamento de Estado declaró que Rusia estaba fomentando una acción bajo una bandera falsa como pretexto para un ataque. ¡Naturalmente, la acusación se hizo sin prueba alguna, lo que dio lugar a unos extraños intercambios con periodistas, a los que el portavoz del Departamento de Estado, Ned Price, declaró que sus declaraciones equivalían a una prueba[542]!

Sin embargo, Philippe Gélie, director adjunto de *Le Figaro*, tras visitar la línea del frente en el Donbass, declaró que había observado un desfase importante entre la realidad sobre el terreno y las declaraciones de los políticos occidentales[543]. ¡Por fin parece que los periodistas empiezan a hacer su trabajo!

---

540. https://twitter.com/MuradGazdiev/status/1488946727059083264
541.«Les États-Unis et l'OTAN craignent aussi des cyberattaques russes en Ukraine», *RTS.ch*, 2 de febrero de 2022.
542.«State Department Pressed on Russian False Flag Video Claim as Pretext for Invading Ukraine», *C-SPAN*, 3 de febrero de 2022 (https://www.c-span.org/video/?c5000235/state-department-pressed-russian-false-flag-video-claim-pretext-invading-ukraine)
543.Mayeul Aldebert / AFP, «Crise entre la Russie et l'Ukraine: que se passe-t-il?», *lefigaro.fr*, 3 de diciembre de 2021 (actualizado el 9 de febrero de 2022)

Para dar crédito a la imagen de amenaza, Estados Unidos intenta presionar al gobierno ucraniano en detrimento de Ucrania. Las conversaciones telefónicas entre Joe Biden y Volodymyr Zelensky no fueron bien: el presidente ucraniano se opuso a las declaraciones intempestivas de sus aliados occidentales, que perjudicaban al país[544]. El 13 de febrero de 2022, cuando los estadounidenses dijeron que sabían que Rusia lanzaría una ofensiva el 16 de febrero, las autoridades ucranianas no parecían convencidas. Los diputados ucranianos del partido presidencial estaban preocupados por los discursos de sus «aliados» occidentales[545].

En un discurso televisado, el Presidente Zelensky se dirigió a la comunidad internacional[546]:

Si usted, o cualquier otra persona, tiene alguna información adicional sobre una invasión 100% rusa del 16, por favor háganoslo saber.

A mediados de febrero de 2022, la situación parecía esquizofrénica: por un lado, las autoridades ucranianas afirmaban no tener indicios de que Rusia estuviera preparando una ofensiva, y Rusia afirmaba no querer atacar Ucrania; por otro, estadounidenses y británicos retiraban a todo su personal militar y trasladaban su personal diplomático a Lvov.

¿Por qué los anglosajones retiran su personal cuando no hay indicios de ofensiva? ¿Y por qué insisten en que una ofensiva rusa es inminente? Probablemente porque saben que Rusia se verá empujada a actuar mediante una violenta acción militar contra la población

---

544. Callie Patteson, «Zelensky rebukes Western 'panic' over Russia invasion fear after Biden call», *New York Post*, 28 de enero de 2022.
545. https://mtracey.substack.com/p/crazy-us-media-coverage-is-a-bigger?
546. Ellen Knickmeyer, Jim Heintz y Aamer Madhani, «Ukraine's President: 'If You Have Information About a Russian Invasion, Please Forward That to Us'», *Time*, 14 de febrero de 2022.

rusoparlante de Donbass. Los bombardeos contra la población del Donbass comenzaron el 16 de febrero. No se puede descartar que el reciente nombramiento de Dmytro Yarosh, antiguo líder de las milicias neonazis *Pravy Sektor*, como asesor del Comandante en Jefe de las fuerzas armadas ucranianas, haya desempeñado un papel en esta provocación. ¿Fue Zelensky «traicionado» por sus subordinados? Es un misterio, pero la coincidencia del ataque ruso podría ser una hipótesis plausible.

Ello no impidió que Jean-Yves Le Drian (enemistado con Rusia desde que ésta tomó el relevo de Francia en Mali) declarara en *France 5*, el 14 de febrero de 2022, que se daban todos los elementos para una ofensiva rusa.

Estos anuncios desataron el pánico: oligarcas y empresarios abandonaron el país en vuelos chárter[547]. La reunión de la Rada prevista para el 15 de febrero se aplazó porque la mayoría de los parlamentarios estaban ausentes o fuera del país.

Estados Unidos advirtió a sus aliados de que la ofensiva rusa podría lanzarse el 16 de febrero[548]. ¡El tabloide británico *Sun* llegó a mencionar un ataque con 200.000 hombres (el doble de los anteriormente mencionados), y precisó que tendría lugar a la 1 de la madrugada[549], mientras que otros anunciaban las 3 de la madrugada[550]! Los propios estadounidenses cerraron su embajada en Kiev. El Departamento de Estado ordenó la destrucción de ordenadores y

---

547. Julia Goncharenko, «Олигархи и бизнесмены улетают из Украины чартерами: что происходит», *dengi.ua*, 14 de febrero de 2022 (https://dengi.ua/finance/6238446-oligarkhi-i-biznesmeny-uletayut-iz-ukrainy-charterami-chto-proiskhodit).
548. Alexander Ward y Quint Forgey, «Putin could attack Ukraine on Feb. 16, Biden told allies», *Politico.com*, 11 de febrero de 2022 ; «Biden tells allies Russia may attack Ukraine on February 16: Reports», *WION*, 12 de febrero de 2022.
549. Nick Parker y Jerome Starkey, «HIGH ALERT Russia set to invade Ukraine at any time with massive missile blitz and 200,000 troops, US intelligence claims», *The Sun*, 15 de febrero de 2022 (actualizado el 16 de febrero de 2022).
550. Chris Hughes, «Russian invasion of Ukraine set for '3am today' with missiles and tank attack», *mirror.co.uk*, 15 de febrero de 2022 (actualizado el 16 de febrero de 2022).

equipos de transmisión[551] y trasladó a su personal a Lvov, cerca de la frontera polaca[552]. Al mismo tiempo, se desplegaron paracaidistas y fuerzas especiales estadounidenses en el lado polaco de la frontera.

El escenario de la ofensiva rusa parece ser ya conocido, y Anthony Blinken lo presentó al Consejo de Seguridad de las Naciones Unidas el 17 de enero:

> *No sabemos exactamente cómo se desarrollarán los acontecimientos, pero esto es lo que el mundo puede esperar. De hecho, se está desarrollando ahora mismo, hoy, mientras Rusia da pasos en el camino hacia la guerra y reitera la amenaza de una acción militar.*
>
> *En primer lugar, Rusia planea fabricar un pretexto para su ataque. Podría tratarse de un suceso violento del que Rusia culpará a Ucrania, o de una acusación escandalosa que Rusia lanzará contra el Gobierno ucraniano. No sabemos exactamente qué forma adoptará. Podría tratarse de un supuesto bombardeo "terrorista" fabricado dentro de Rusia, el descubrimiento inventado de una fosa común, un ataque escenificado con aviones no tripulados contra civiles o un ataque falso -incluso real- con armas químicas. Rusia puede calificar este suceso de limpieza étnica o genocidio, burlándose de un concepto que en esta cámara no nos tomamos a la ligera, ni yo tampoco, basándome en mi historia familiar. (...)*
>
> *En segundo lugar, en respuesta a esta provocación fabricada, los niveles más altos del Gobierno ruso pueden convocar teatralmente reuniones de emergencia para abordar la llamada crisis. El gobierno emitirá proclamas declarando que Rusia*

---

551. John Hewitt Jones, «State Department orders destruction of IT equipment at Kyiv embassy», *FedScoop*, 14 de febrero de 2022.

552. Laura Kelly, «US Embassy in Kyiv destroying documents as drawdown underway», *The Hill*, 14 de febrero de 2022.

debe responder para defender a los ciudadanos rusos o a los rusos étnicos de Ucrania.

A continuación, está previsto que comience el ataque. Misiles y bombas rusas caerán por toda Ucrania. Se bloquearán las comunicaciones.

Después, los tanques y soldados rusos avanzarán hacia objetivos clave que ya han sido identificados y trazados en planes detallados. Creemos que estos objetivos incluyen la capital de Rusia, la capital de Ucrania, Kiev, una ciudad de 2,8 millones de habitantes. (...)

Tenemos información que indica que Rusia atacará a grupos específicos de ucranianos[553].

Contrariamente a lo que sugiere Blinken, este escenario no es producto de un análisis de los indicios recogidos por los servicios de inteligencia estadounidenses, sino de una reflexión sobre el posible curso de una invasión por parte de un *equipo tigre*. En octubre de 2021, mientras los rusos retiraban sus tropas tras ZAPAD-2021 y dejaban atrás elementos logísticos en el sector de Yelnia, los estadounidenses imaginaron que podrían estar preparando un ataque contra Ucrania. A principios de noviembre, la Casa Blanca creó un equipo tigre de «expertos» para elaborar escenarios de una posible ofensiva rusa. Fue el producto de estas reflexiones lo que alimentó el discurso de la Casa Blanca a principios de 2022 *con* amenazas de ataques «inminentes», aun reconociendo que esto podría no reflejar la realidad[554].

Es importante subrayar aquí que este trabajo del *Tiger Team* no es, estrictamente hablando, un trabajo de inteligencia, sino un escenario

---

553.«El Secretario Antony J. Blinken sobre la amenaza de Rusia a la paz y la seguridad en el Consejo de Seguridad de la ONU», *state.gov*, 17 de febrero de 2022.
554.Ellen Nakashima y Ashley Parker, «Inside the White House preparations for a Russian invasion», *The Washington Post*, 14 de febrero de 2022.

Putin, ¿maestro del juego?

que no es más que una especie de guía del burro destinada a ayudar a la planificación, sin ser un modelo. De este modo, la Casa Blanca nos reproduce el episodio de febrero de 2003 en el Consejo de Seguridad, antes de la guerra de Irak: la presentación de un escenario fantasioso creado por agencias paralelas[555] a las estructuras normales, sin ningún análisis de inteligencia factual, con el fin de dar la ilusión de una amenaza.

En realidad, las almas santurronas del Quai d'Orsay, *France 5*, *RTS* y demás no buscan la paz ni ayudar a los ucranianos, sino contrarrestar a Vladimir Putin. El presidente Zelensky declaró[556]:

> *Creo que se está hablando demasiado de una guerra a gran escala por parte de Rusia, y algunas personas incluso están dando fechas. El mejor amigo de nuestros enemigos es el pánico en nuestro país, y toda esta información sólo crea pánico, lo que no nos ayuda.*

El 16 de febrero no hubo ataque ruso. En lugar de alegrarse, las cancillerías occidentales parecen lamentarlo. Los medios de comunicación occidentales informan de que el gobierno ruso ha anunciado una «retirada» de sus fuerzas hacia la frontera ucraniana. Sin embargo, aún falta bastante para ello y Rusia sigue teniendo capacidad para llevar a cabo un ataque «*inminente*». La emisora estatal *RFI*[557] habla incluso de una «*partida de póquer de mentirosos*». En France 5, Caroline Roux declaró que «*Moscú está escenificando*

---

555. Se trataba de la *Oficina de Planes Especiales* (OSP) del Pentágono, creada por Donald Rumsfeld poco después del 11 de septiembre de 2001, que incluía a un pequeño grupo confidencial conocido como la *Cábala Wolfowitz*, que proporcionaba información directa y exclusivamente al ministro de Defensa y a su adjunto, Paul Wolfowitz. Ellos fueron los artífices de la desinformación que condujo a la guerra de Irak.
556. Deepa Shivaram, «Biden advierte a Putin de una respuesta contundente si Rusia invade Ucrania», *npr.org*, 12 de febrero de 2022.
557. «Crisis ucraniana: "Un movimiento de tropas no significa una retirada"», *rfi*, 17 de febrero de 2022.

la retirada de las tropas rusas de la frontera ucraniana[558]»: intenta sugerir que los rusos mienten. Es ella quien miente.

En realidad, Rusia no ha anunciado ninguna retirada de tropas de la región. La reunión de trabajo periódica entre Vladimir Putin y su ministro de Defensa para discutir el estado de los principales ejercicios y maniobras militares se está reproduciendo[559]. Basta con leer el contenido para ver que sólo se habla de los ejercicios en curso. Como estaba previsto, UNION COURAGE 2022 finalizará el 20 de febrero, y algunas unidades han comenzado a regresar a sus cuarteles en el Distrito Militar Occidental. Del mismo modo, algunas unidades de maniobras en Crimea han regresado a sus estaciones en el Distrito Militar Sur. Está claro que las unidades normalmente estacionadas en la región se han quedado donde estaban. Así que cuando Jens Stoltenberg, Secretario General de la OTAN, dice que no hay retirada sobre el terreno, es cierto; pero está haciendo trampa, porque está jugando con las expectativas creadas por las promesas falsamente atribuidas a Rusia. Así puede reavivar sus especulaciones sobre la inminencia de una ofensiva.

Para un servicio de inteligencia, los indicadores de un conflicto son más complejos que unas cuantas fotos aéreas. Nadie menciona que el 16 de febrero, Sergei Sheugu, Ministro de Defensa ruso, visitó a sus tropas en Siria[560], lo que parece poco coherente con la preparación de una gran ofensiva. Una vez más, se está creando una narrativa omitiendo parte de la historia.

El 15 de febrero, los medios de comunicación informaron de un ciberataque de denegación de servicio dirigido contra los principales

---

558. Programa «C dans l'air», 16 de febrero de 2022 («Ukraine: mais à quoi joue France? #cdanslair 16.02.2022», *France 5/YouTube*, 18 de febrero de 2022)

559. «Reunión con el Ministro de Defensa Sergei Shoigu», *kremnli.ru*, 14 de febrero de 2022

560. «El ministro ruso de Defensa se reúne con Assad en Siria», *The Moscow Times*, 16 de febrero de 2022.

bancos e instituciones ucranianos[561]. Al día siguiente, Caroline Roux habló largo y tendido del ataque en su programa «*C dans l'air*». Alain Bauer, criminólogo pero evidentemente no estratega, explicó una compleja estrategia de «*pequeños pasos*» por la que Vladimir Putin pretendía hacer la guerra sin hacer la guerra, y que el ataque era un mensaje para indicar que la guerra se haría tanto sobre el terreno como en el ciberespacio[562]. Sin embargo, el día del ataque, *Reuters*[563] señala:

> *Cloudflare, con sede en San Francisco, un destacado proveedor de protección contra denegaciones de servicio, afirmó que no había visto indicios de «grandes actividades DDoS» en Ucrania contra sus centros de datos o sus clientes allí.*

Así que, ¡nada! Nuestros supuestos «expertos» han construido una realidad ficticia. En apoyo de estas alegaciones, Tatiana Kastouéva-Jean, investigadora y directora del Russia Centre del IFRI, pone el ejemplo del *oleoducto Colonial Pipeline,* que fue objeto de un ciberataque en Texas, con petición de rescate en mayo de 2021. Sin embargo, el 10 de mayo de 2021, el propio Joe Biden declaró que «*no había pruebas de que el gobierno ruso estuviera implicado en el ataque del ransomware Colonial Pipeline*»[564]; mientras que el FBI atribuyó el ataque a «*DarkSide, un grupo de hackers criminales con base en Europa del Este*»[565]. Esto plantea dudas sobre la calidad de la investigación en Francia...

---

561. Maggie Miller, «Ukrainian Ministry of Defense websites hit by cyberattack», *politico.com,* 15 de febrero de 2022.

562. Programa «C dans l'air», 16 de febrero de 2022 («Ukraine: mais à quoi joue Poutine ? #cdanslair 16.02.2022», *France 5/YouTube,* 18 de febrero de 2022) (16'45»)

563. «Ukraine defence ministry website, banks, knocked offline», *Reuters,* 15 de febrero de 2022.

564. Lauren Egan, «Biden says no evidence Russian government was involved in pipeline hack», *NBC News,* 10 de mayo de 2021.

565. Sara Morrison, «How a major oil pipeline got held for ransom», *Vox,* 8 de junio de 2021.

5. La amenaza rusa y la crisis ucraniana

El 15 de febrero de 2022, probablemente para recuperar el control de la situación, el presidente Zelensky anunció que el 16 de febrero sería el «*Día de la Unidad*», definido por *The Times of London* como «*una nueva festividad introducida como señal de desafío a las tropas rusas*[566]». Llamó a la población a tomar las calles en masa. Los medios de comunicación occidentales se prepararon para filmar el acontecimiento, y *Reuters* lanzó una *transmisión en directo* desde la plaza Maïdan de Kiev[567].

Pero el 16 de febrero... nada. El *stream de Reuters* mostraba una plaza desesperadamente vacía. Los internautas se apresuraron a señalar la ironía. En su informe diario, los observadores de la OSCE mencionan la reunión de 200 personas en Kiev «en total»[568]. Está claro que a los ucranianos no les entusiasma demostrar su unidad contra Rusia. Por supuesto, el programa de Caroline Roux en *France 5* esa misma noche evitó cuidadosamente mencionar este fiasco.

Ya el 16 de febrero, los medios de comunicación occidentales informaban de los comentarios de Boris Johnson (al que nos gusta llamar mentiroso en otras ocasiones) sobre la probabilidad de una guerra[569], pero se mostraban muy discretos sobre los comentarios más tranquilos del presidente ucraniano y de los diplomáticos alemanes. Claramente, se está creando una narrativa sesgada, diseñada para escalar la situación y señalar con el dedo acusador a Rusia.

5.10.3. Ataques de «*falsa bandera*»

El temor estadounidense es que Ucrania lance una ofensiva en el Donbass, lo que daría ventaja a Rusia y justificaría una intervención en nombre de la «responsabilidad de proteger» (R2P). El 17 de enero, Anthony Blinken declaró ante el Consejo de Seguridad que «sabía»

---

566. Catherine Philp, «Ukraine puts on a defiant Unity Day», *The Times*, 17 de febrero de 202
567. https://nitter.net/UkrWarReport/status/1493681084084760578#m
568. https://reliefweb.int/sites/reliefweb.int/files/resources/2022-02-17 %20Daily %20Report_ENG.pdf
569. https://www.rts.ch/play/tv/redirect/detail/12881145

que Rusia comenzaría su ofensiva con un ataque de «bandera falsa», e incluso mencionó un ataque químico[570]. Al hacerlo, se hizo eco de los rumores que circulaban en los círculos nacionalistas ucranianos en enero[571], anunciando un ataque químico en la ciudad de Gorlivka. No hay pruebas que respalden estas acusaciones.

Tenemos que definir de qué estamos hablando.

- Una «provocación» es un ataque intempestivo a un adversario con el único objetivo de provocar una reacción.

- Un ataque de «bandera falsa» es aquel en el que el autor se hace pasar por su adversario. Por lo tanto, generalmente se lleva a cabo contra el propio bando, para que la culpa recaiga sobre el adversario y se justifique la acción contra él.

El 17 de febrero, los medios de comunicación informaron de un aumento de los tiroteos en el Donbass a ambos lados de la línea de contacto. Occidente acusó inmediatamente a los prorrusos. Un proyectil que impactó en una guardería de Stanitsa Louganskaya fue calificado de ataque *con «bandera falsa»* por Boris Johnson y Jens Stoltenberg, secretario general de la OTAN[572]. En Francia, *La Dépêche* informó del suceso y citó a Boris Johnson, evitando mencionar el término *«pancarta falsa»*, pero dando la vuelta al argumento y refiriéndose a él como una provocación[573]. Entonces, ¿les gustaría a los rebeldes que el ejército ucraniano les atacara?

570.«El Secretario Antony J. Blinken sobre la amenaza de Rusia a la paz y la seguridad en el Consejo de Seguridad de la ONU», *state.gov*, 17 de febrero de 2022.

571.«Кремль готовит повод для вторжения в Украину: "химическое оружие" в оккупированной Горловке», *Resistencia informativa*, 16 de enero de 2022 (https://sprotyv.info/analitica/kreml-gotovit-povod dlya-vtorzheniya-v-ukrainu-himicheskoe-oruzhie-v-okkupirovannoj-gorlovke).

572.Heather Stewart, Dan Sabbagh y Patrick Wintour, «Boris Johnson: Ukraine kindergarten shelling is false-flag operation», *The Guardian, 17* de febrero de 2022; «UK PM Johnson says Ukraine kindergarten attack a 'false flag operation' Access to the comments Comments», *Euronews/Reuters*, 18 de febrero de 2022.

573.«Bombardment d'une école en Ukraine: ce que l'on sait de cette attaque qui a fait trois blessés», *ladepeche.fr*, 17 de febrero de 2022.

Un rápido examen de la escena tras el incidente muestra que la ubicación de la escuela en territorio gubernamental tiende a invalidar la idea de un ataque con bandera falsa, mientras que la dirección del impacto tiende a indicar que el disparo procedió de las líneas ucranianas. Atribuir el disparo a las fuerzas autonomistas es tanto más difícil de validar cuanto que las tropas ucranianas impiden a los observadores de la OSCE (SMM) acceder al edificio, tal y como declaran en su informe diario[574]:

> *La Misión sólo pudo llevar a cabo su evaluación a una distancia de unos 50 m de la fachada noreste y de unos 30 m de la fachada suroeste del edificio dañado, ya que un agente de las fuerzas del orden no permitió a la Misión acceder al lugar, alegando que se estaba llevando a cabo una investigación.*

Naturalmente, ninguno de los medios de comunicación occidentales está informando sobre este aspecto de las cosas, ya que podría confirmar los temores de algunos de que las provocaciones provienen del lado ucraniano, pero no necesariamente de los propios ucranianos. Básicamente, no lo sabemos.

Esto no impidió a *Radio-Télévision Suisse* volver sobre el incidente de la guardería el 18 de febrero y atribuirlo sin vacilar a los rebeldes. Se refirió a un «*recrudecimiento de la actividad militar de los separatistas*»[575]. Sin embargo, ese día, los observadores de la OSCE constataron que la intensificación de las violaciones del alto el fuego en la línea de contacto del Donbass afectaba principalmente a las zonas rebeldes. El mapa de incidentes de la OSCE muestra que son efectivamente los autonomistas las víctimas de esta «renovada actividad»[576].

---

574. https://www.osce.org/files/2022-02-18 Informe diario_ENG.pdf
575. https://www.rts.ch/audio-podcast/2022/audio/en-ukraine-les-echanges-d-artillerie-ont-repris-dans-le-donbass-avec-les-forces-separatistes-25802203.html
576. https://www.osce.org/files/2022-02-19 Informe diario.pdf

En este momento, parece que ni Ucrania ni Rusia tienen intención de participar en un conflicto más activo en el Donbass. No está claro por qué los autonomistas intentarían provocar una ofensiva ucraniana, y los ucranianos no tienen nada que ganar con un conflicto más amplio. El 18 de febrero, la cadena estatal rusa *RT* afirmó que Ucrania no había dado la orden de atacar el Donbass[577], lo que demuestra que ni Rusia ni Ucrania quieren aumentar las tensiones. El 19 de febrero, el presidente Zelensky acudió a la conferencia anual de seguridad de Múnich[578], a pesar de que los estadounidenses se lo habían desaconsejado por el riesgo de un ataque ruso[579].

Solo Occidente -con los estadounidenses a la cabeza- tiene interés en escalar la situación, para empujar a Alemania a unirse a las sanciones contra *Nord Stream 2* y Rusia. Los ucranianos están a favor de esas sanciones, pero no quieren verse envueltos en un conflicto.

Así que no se puede descartar que los estadounidenses estén tratando de forzar la mano de los ucranianos avivando las llamas de las hostilidades en la línea del frente del Donbass. Esto podría explicar el despliegue de paramilitares con los servicios especiales del *Departamento de Tierra de* la CIA a partir de enero de 2022, para librar una guerra clandestina y llevar a cabo atentados terroristas[580].

El 18 de febrero, el sitio web nacionalista ucraniano *Information Resistance* advirtió de una acción bajo bandera falsa contra los depósitos de amoníaco de la empresa Stirol en Gorlivka[581]. Ese mismo día, la agencia Tass anunció que la Milicia Popular de la República

---

577.«Ucrania dice que no ha ordenado atacar Donbass», *rt.com*, 18 de febrero de 2022.
578.«La Oficina del Presidente anuncia la agenda de Zelensky para la Conferencia de Seguridad de Múnich», *ukrinform.ua*, 19 de febrero de 2022.
579.Kylie Atwood, Phil Mattingly y Matthew Chance, «Biden administration urged Zelensky not to leave Ukraine and visit Munich», *CNN*, 19 de febrero de 2022.
580.Zach Dorfman, «CIA-trained Ukrainian paramilitaries may take central role if Russia invades», *Yahoo Noticias*, 13 de enero de 2022.
581.«Окупанты минируют места хранения аммиака на заводе «Стирол»: данные группы ИС», Resistencia informativa, 18 de febrero de 2022 (https://sprotyv.info/news/okkupanty-minirujut-mesta-hraneniya-ammiaka-na-zavode-stirol-dannye-gruppy-is).

Popular de Donetsk (RPD) había interceptado a dos comandos *«que hablaban polaco»* y estaban equipados con *«armas extranjeras»*, preparándose para llevar a cabo ataques contra el depósito de cloro de una planta de tratamiento de aguas y el depósito de amoníaco de la empresa Stirol en Gorlivka[582]. Los portavoces rusos atribuyeron inmediatamente la operación a Ucrania, pero podría haber sido llevada a cabo por terceros.

En respuesta a las afirmaciones occidentales de un ataque inminente, Oleksii Reznikov, ministro de Defensa ucraniano, declaró a la Rada[583]:

> *Ucrania estima que la probabilidad de una escalada importante del conflicto con Rusia es baja.*

5.10.4. El fracaso de la inteligencia

La crisis ucraniana de 2021-2022 ilustra la profunda debilidad de nuestros servicios de inteligencia. Al igual que en 2003, los servicios europeos -con la probable excepción de los servicios alemanes- no han sido capaces de contrarrestar las acusaciones estadounidenses. A lo largo de la crisis ucraniana, la información ha sido destilada por los órganos políticos, mientras que los órganos de inteligencia parecen estar ausentes.

Algunos servicios de inteligencia occidentales, especialmente en Alemania, están empezando a comprender que Rusia nunca tuvo la intención de atacar Ucrania. Los movimientos de tropas tras el ejercicio ZAPAD-2021, en preparación para el ejercicio UNION COURAGE 2022, y la reestructuración en curso en el ejército ruso fueron explotados desde finales de octubre de 2021 para crear una narrativa diseñada para poner a Rusia bajo presión. Los desmentidos

---

582. https://tass.ru/mezhdunarodnaya-panorama/13755607/amp
583. «Ukraine Estimates Probability of Major Escalation With Russia as Low-Defence Minister», *Reuters/USNews*, 18 de febrero de 2022.

de Rusia y Ucrania no han recibido absolutamente ninguna cobertura en nuestros medios de comunicación, lo que está alimentando una tensión propicia a la ampliación de las sanciones contra Rusia.

Lo mismo puede decirse de la amenaza de una ofensiva rusa en Ucrania en 2021-2022. Mientras que *rusos y ucranianos llevan* negando la intención de Rusia de invadir Ucrania desde octubre de 2021, los medios de comunicación occidentales no han hecho más que propagar la idea de un conflicto «inminente». Como resultado, los parlamentarios ucranianos ven a los medios de comunicación occidentales como una amenaza mayor que la propia Rusia[584].

El 18 de febrero de 2022, el Presidente Biden declaró que Vladimir Putin había tomado la decisión de invadir Ucrania[585]:

> *Ahora mismo, estoy convencido de que ha tomado la decisión. Tenemos razones para creerlo.*

Se refiere a los servicios de inteligencia, pero no aporta ninguna prueba que apoye su afirmación. Miente. Como señala el *Washington Post*:

> *Algunos aliados europeos cuestionan la creencia de EE.UU. de que el Kremlin iniciará hostilidades, afirmando que no han visto pruebas directas que sugieran que Putin se está moviendo en esa dirección.*
>
> *Un funcionario europeo dijo al Washington Post en Munich que «no tenemos pruebas claras de que Putin haya tomado su decisión, y no hemos visto nada que sugiera lo contrario».*
>
> *Los funcionarios dijeron que habían recibido poca información sobre las fuentes y los métodos utilizados por Estados*

---

584. https://mtracey.substack.com/p/crazy-us-media-coverage-is-a-bigger?
585. «Presidente Biden: "A partir de este momento estoy convencido de que ha tomado la decisión"», *C-SPAN/YouTube*, 18 de febrero de 2022.

Unidos para llegar a sus conclusiones, lo que limita su capacidad para tomar decisiones independientes sobre el peso que debe darse a las declaraciones de Biden de que Putin tomó la decisión de atacar el país.

Ni la decisión de Vladimir Putin de acceder a la petición de la Duma de reconocer la independencia de las repúblicas autónomas de Donbass (21 de febrero), ni su decisión de pasar a la ofensiva (24 de febrero) fueron anticipadas por los países occidentales y sus servicios de inteligencia. Putin se vio impulsado por la evolución de la situación. Así, Bruno Kahl, presidente del BND, el poderoso servicio de inteligencia alemán, se vio sorprendido por la decisión de Vladimir Putin de atacar Ucrania y tuvo que ser sacado a toda prisa de Kiev por sus servicios especiales[586].

Esto demuestra que nuestra evaluación de la situación a nivel gubernamental sigue basándose en construcciones intelectuales y no en hechos. En la crisis ucraniana, el aumento de la tensión es claramente el resultado de una forma de «autoencendido» por parte de nuestros dirigentes, que han construido una narrativa que hace imposible recurrir a una diplomacia que responda a la definición de conspiración (véase el capítulo 1).

En 2002-2003, la amenaza iraquí había sido construida artificialmente por la *Oficina de Planes Especiales* (OSP) de Donald Rumsfeld y la «*cábala Wolfowitz*». Tomaron el relevo de la CIA, cuyos análisis no apoyaban la idea de una amenaza por parte de Irak. En 2021-2022, Anthony Blinken hizo exactamente lo mismo con su *Equipo Tigre*, creando un espejismo que guió la diplomacia occidental. Como resultado, nadie reaccionó ante el bombardeo de las poblaciones del Donbass por el ejército ucraniano, y los Acuerdos de Minsk no

---

586.«Las fuerzas especiales evacuan de Ucrania al jefe del espionaje alemán», *revista Focus/Reuters*, 25 de febrero de 2022.

fueron defendidos en absoluto por quienes se habían comprometido con ellos, Francia en primer lugar (como firmante y como miembro del Consejo de Seguridad).

No es de extrañar que los documentos presentados por los servicios occidentales en apoyo de las acusaciones contra Rusia sean prácticamente inexistentes. Todo se basa en afirmaciones gratuitas, tuits e imágenes comerciales interpretadas por aficionados. Por ejemplo, el director de la CIA, William Burns, «*no cree lo que dice Biden sobre Ucrania*». Es cierto que esta afirmación no se refiere a las declaraciones realizadas a finales de febrero de 2022, sino a la narrativa transmitida por Biden y su administración sobre la situación general en Ucrania. Está claro que Burns se acerca al contenido de este libro.

Una vez más, esto es un indicio del debilitamiento de nuestros Estados constitucionales, que deberían tomar decisiones basándose en pruebas concretas, reales y verificadas. Nuestros gobiernos tienen servicios de inteligencia que deberían informar sus decisiones. El problema es que, en casi todo Occidente, los servicios de inteligencia han perdido sus conocimientos analíticos y han pasado a la acción.

5.10.5. El fracaso de la diplomacia

El 20 de febrero de 2022, al agravarse la situación en la línea de contacto del Donbass y plantear el presidente ruso la posibilidad de acceder a la petición de la Duma de reconocer la independencia de las repúblicas del Donbass, a la que se había negado hasta entonces, Emmanuel Macron se agita. Intenta conseguir en unas horas lo que no ha logrado en cinco años.

Por desgracia, el ballet diplomático de principios de febrero de 2022 con los europeos demuestra que no se tomaron nada en serio y que Occidente aprovechó la crisis para firmar lucrativos contratos con Ucrania.

- El 1 de febrero de 2022, el primer ministro Boris Johnson llega a Kiev. El 27 de enero, la Rada acababa de aprobar un préstamo de 1.700 millones de libras de Gran Bretaña para la compra de material naval. Johnson vino a ratificar el acuerdo.
- El 3 de febrero de 2022, el presidente turco Erdogan visita Kiev para garantizar a Zelensky su apoyo. Firma un contrato para la producción de sus drones Bayraktar en Ucrania.
- El 8 de febrero, durante la visita de Emmanuel Macron a Francia, se cerraron los contratos para la adquisición de 130 locomotoras y camiones de bomberos por un valor total de 1.200 millones de euros.

Aunque los medios de comunicación apenas informaron de ello, demuestra que los europeos dieron prioridad a sus asuntos políticos internos en lugar de utilizar su credibilidad para hacer avanzar la diplomacia.

En cuanto a la visita a Moscú el 10 de febrero de Liz Truss, ministra británica de Asuntos Exteriores, fue más un ejercicio de pose que una iniciativa diplomática. Una especie de Nathalie Loiseau angloparlante, la ministra británica hizo el ridículo al no ofrecer nada para discutir y -por ignorancia- disputar a Rusia la soberanía sobre las ciudades de Voronezh y Rostov[587].

El 7 de febrero, durante su visita a Moscú, Emmanuel Macron reafirmó ante Vladimir Putin su compromiso con los Acuerdos de Minsk[588], que repitió al término de su reunión con Volodymyr Zelensky al día siguiente[589].

Sin embargo, el 11 de febrero, en Berlín, la reunión de los consejeros políticos de los líderes del «*formato Normandía*» terminó

587.«Britain's Top Diplomat 'Mocked' Over Russia Trip Gaffes», *The Moscow Times*, 11 de febrero de 2022.

588.«Rueda de prensa del presidente Emmanuel Macron y el presidente Vladimir Putin», *Élysée/YouTube*, 7 de febrero de 2022.

589.«Rueda de prensa del presidente Emmanuel Macron y del presidente Volodymyr Zelensky, *Élysée/YouTube*, 8 de febrero de 2022.

tras 9 horas, sin ningún resultado concreto. Los ucranianos siguen negándose a aplicar los Acuerdos de Minsk[590], al parecer presionados por Estados Unidos. Estados Unidos no forma parte del «formato Normandía». Tampoco son signatarios de los acuerdos de Minsk, pero, como miembros del Consejo de Seguridad de las Naciones Unidas, los han aprobado.

Vladimir Putin constata que, incluso bajo la presión de los acontecimientos, Macron no tiene ni el deseo ni la capacidad de cumplir sus compromisos. Occidente no tiene ninguna intención de aplicar la solución diplomática que firmó y/o aprobó en el Consejo de Seguridad: los Acuerdos de Minsk.

Más allá de la anécdota, estos episodios fueron la gota que colmó el vaso. Fueron la culminación de siete años de inacción diplomática occidental. Escudándose en la acusación de que Rusia no respetaba los Acuerdos, Occidente no se implicó en absoluto en su aplicación, probablemente sin ni siquiera leer el texto (véase el Apéndice 3)[591]. Al referirse sistemáticamente a los «*separatistas*», Occidente demostró que no concedía ningún valor a los Acuerdos, que especificaban que las repúblicas del Donbass buscaban una solución interna dentro de Ucrania y que, por tanto, existía una solución diplomática.

Mientras tanto, la población del Donbass sigue sufriendo huelgas periódicas que nadie denuncia ni trata de impedir.

Es muy probable que el objetivo de Estados Unidos fuera empujar a Alemania a aplicar sanciones contra el gasoducto *Nord Stream 2*. El gobierno ucraniano quedó atrapado entre dos fuegos. Por un lado, quería interrumpir el proyecto Nord *Stream* 2 para tener más gas transitando por su territorio; por otro, el riesgo de agravar la situación

---

590. Ahmet Gençtürk, «Las conversaciones del formato Normandía en Berlín terminan sin resultados tangibles», www.aa.com.tr, 11 de febrero de 2022.
591. Declaración de la Presidenta von der Leyen en la rueda de prensa conjunta con el Presidente Michel y el Presidente Zelensky tras la Cumbre UE-Ucrania, Comisión Europea, 12 de octubre de 2021.

de seguridad podía tener repercusiones económicas para el país. Lo primero abría perspectivas económicas, lo segundo las cerraba. Es lógico que el comportamiento de Ucrania pareciera vacilante y a veces contradictorio.

Tras el reconocimiento de la independencia de las repúblicas del Donbass, los comentaristas franceses concluirán que Macron se ha *«rebozado en harina»*[592]. Sin embargo, las actas de su conversación telefónica con Vladimir Putin no contienen la más mínima referencia a la aplicación de los Acuerdos de Minsk: aparte de un castillo de fuegos artificiales de ideas dispares, Macron no propone ninguna solución concreta, porque es evidente que sigue sin entender el problema[593].

Los Acuerdos de Minsk estuvieron completamente ausentes de los debates durante la crisis de 2021-2022. De hecho, estaban muertos mucho antes de la ofensiva rusa del 24 de febrero de 2022. La indiferencia con la que se golpeaba a diario a las poblaciones civiles del Donbass hizo el resto. A los expertos no les importó.

5.11. ¿Por qué Vladimir Putin reconoció la independencia de las repúblicas del Donbass?

En mayo de 2014, las dos repúblicas rebeldes de Donetsk y Lugansk se convirtieron en autónomas tras sendos referendos de autodeterminación (¡no de independencia!). A pesar de sus reivindicaciones, Vladimir Putin siempre se ha negado a integrarlas en Rusia.

En febrero de 2022, la situación cambió. El ejército ucraniano estaba concentrando sus tropas a lo largo de la línea de contacto y las violaciones del alto el fuego iban en aumento. Occidente repetía

---

592.«L'instant PoL du 22 février: Emmanuel Macron "roulé dans la farine" par Vladimir Poutine?», *tf1info.fr*, 22 de febrero de 2022.
593.«Conversación telefónica con Vladimir Putin, Presidente de la Federación Rusa», *elysee.fr*, 20 de febrero de 2022.

la amenaza de inminentes ataques rusos en las fronteras de Ucrania, pero ignoraba la acumulación de tropas y blindados ucranianos a lo largo de la línea de contacto. Los ucranianos, por su parte, saben que Rusia no tiene intención de atacar Ucrania, y por eso no refuerzan su frontera. Por otro lado, sí quieren sanciones contra Nord Stream 2. Así que están intensificando su presión contra los autonomistas, con la esperanza de que Rusia intervenga para ayudarles. No es seguro que tuvieran intención de invadir esos territorios, pero está claro que intentaban provocar a Rusia.

La situación se deterioró hasta el punto de que, el 15 de febrero de 2022, el Parlamento ruso aprobó una resolución en la que pedía al presidente ruso[594]

> *examinar la cuestión del reconocimiento por parte de la Federación de Rusia de la República Popular de Donetsk y de la República Popular de Lugansk como Estados autónomos, soberanos e independientes.*

Nuestros «expertos» explican enrevesadamente que se trata de una maniobra de Vladimir Putin para obtener opciones adicionales. Pero él no tiene ninguna necesidad de tal resolución. En su conferencia de prensa con Olaf Scholz, Putin dejó claro que la cuestión de la independencia de las dos repúblicas no estaba en el orden del día. La prioridad de la política rusa es aplicar los acuerdos de Minsk, como señala el sitio web de la oposición *Meduza*[595].

La posición de Vladimir Putin ha permanecido constante y fija en la aplicación de los acuerdos de Minsk, que sólo pretendían la *autonomía* dentro de Ucrania y *no* la independencia.

---

594. https://sozd.duma.gov.ru/bill/58243-8

595.«Мы должны все сделать для решения проблем Донбасса». Путин - о предложении Госдумы признать независимость ДНР и ЛНР», *meduza.io*, 15 de febrero de 2022.

Pero el 16 de febrero de 2022, que los estadounidenses habían anunciado como el primer día de una invasión rusa, el ejército ucraniano intensificó su fuego pesado contra la población de las repúblicas autonomistas, que empezó a ser evacuada hacia Rusia, ante la indiferencia de Occidente. Ningún gobierno ni medio de comunicación occidental menciona estos acontecimientos ni ruega a Ucrania que perdone a los civiles. Esto se suma a la falta total de progresos en la aplicación de los acuerdos de Minsk durante los últimos ocho años, lo que ha creado una fatiga en Rusia.

Nuestro silencio oculta la aprobación occidental. Son todos estos factores los que impulsan a Vladimir Putin a anunciar que seguirá la recomendación de la Duma.

Más concretamente, los factores que animaron a Vladimir Putin a cambiar de opinión sobre los Acuerdos de Minsk y a responder favorablemente a la petición de la Duma fueron los siguientes.

- La considerable intensificación de los disparos contra la población de Donbass por parte del ejército ucraniano, observada por la OSCE y señalada en sus informes diarios.
- Ucrania nunca ha tenido intención de aplicar los acuerdos de Minsk de 2015, que exigen cambios en su Constitución y un diálogo con los representantes de las repúblicas que nunca se ha iniciado.
- Los dos países garantes de los acuerdos de Minsk para Ucrania, Alemania y Francia, no han cumplido la tarea que se impusieron y nunca han colaborado con Ucrania para que cumpla sus obligaciones definidas en 2015.
- Los estadounidenses nunca presionaron a los ucranianos para que aplicaran los Acuerdos de Minsk. Al contrario, echaron sistemáticamente leña al fuego, y lo más probable es que fueran unidades clandestinas de la CIA infiltradas en el Donbass las que llevaron a cabo los atentados terroristas de febrero de 2022.

- Haga lo que haga Rusia, será objeto de sanciones, porque ese es el objetivo de Estados Unidos. Se ha preparado para esta situación y puede apoyarse en China para sus salidas económicas.
- La opinión pública rusa no aceptará que los rusoparlantes de Donbass se vean envueltos en un conflicto con Ucrania sin que Rusia intervenga.
- Rusia no quiere atacar a Ucrania, pero debe estar dispuesta a acudir en ayuda de la población de Donbass, sobre todo porque las fuerzas proucranianas (léase mercenarios) están empezando a perpetrar atentados terroristas en el territorio de las dos repúblicas.

Desde el punto de vista ruso, la intensificación de los disparos a lo largo de la línea de contacto indicaba que Ucrania se preparaba para lanzar una ofensiva, lo que habría obligado a Rusia a intervenir de todos modos. La intensificación de los combates fue observada por la OSCE, pero ningún gobierno occidental intervino para que volviera la calma.

Vladimir Putin teme un genocidio en el Donbass. Podemos discutir sobre la elección de las palabras, pero el hecho es que Occidente ha hecho la vista gorda ante la masacre de ciudadanos que antes se consideraban ucranianos. Una vez más, se trata de una actitud muy ambigua por parte de Occidente, que era consciente de los riesgos que corría la población de Donbass y que claramente, y de forma calculada, los explotó para animar a Rusia a intervenir.

Es probable que Vladimir Putin crea que el reconocimiento de las dos repúblicas puede contribuir a calmar la situación. Por eso las reconoce «*dentro de los límites definidos por sus constituciones*». Como estos límites son los de las provincias de Lugansk y Donetsk, los comentaristas occidentales han visto en ello la intención de Vladimir Putin de conquistarlas, mientras que la idea subyacente es obligar a Ucrania a negociar con las Repúblicas.

El 21 de febrero de 2022, tras reconocer a las dos repúblicas, Vladimir Putin firmó con ellas *tratados de Amistad, Cooperación y Asistencia Mutua,* que fueron ratificados por la Duma al día siguiente.

A partir de entonces, Rusia tenía legitimidad formal para prestar ayuda militar a la población de Donbass. Esto es lo que ocurrió el día 23: las dos repúblicas hicieron una petición oficial de ayuda a Rusia en respuesta al empeoramiento de la situación.

Los europeos han socavado los Acuerdos de Minsk. Rusia, que seguía siendo el único actor que apoyaba su aplicación, decidió abandonarlos, sin sacrificar a las poblaciones rusoparlantes de Donbass. Los europeos lloraron entonces la muerte de los Acuerdos, cuya aplicación habían impedido durante ocho años. Consideran este reconocimiento como un acto de guerra y echan leña al fuego. Por ejemplo, en el programa «C dans l'air» de *France 5* del 22 de febrero de 2022, Pascal Boniface declaró que Vladimir Putin *se había «anexionado»* las dos repúblicas[596]. Evidentemente, esto es falso, ya que nunca se ha planteado esta cuestión.

Explosiones registradas por la misión de observadores de la OSCE (14 de febrero - 22 de febrero de 2022)

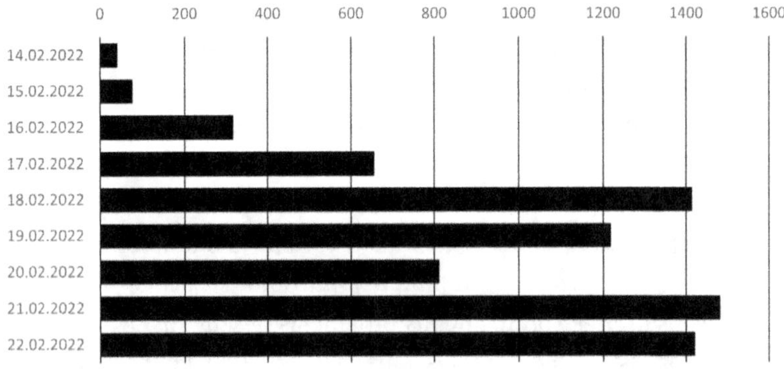

Figura 13 - Explosiones registradas por el SMM de la OSCE. El número total de explosiones da una idea de la intensificación de los combates a partir de mediados de febrero de 2022. El silencio de la comunidad internacional sobre esta situación es sin duda lo que contribuyó a la decisión rusa de reconocer la independencia de las dos repúblicas rebeldes. [Fuentes: informes diarios de la SMM - https://www.osce.org/special-monitoring-mission-to-ukraine]

596.«C dans l'air» emitido el 22 de febrero de 2022 (07'00»)

A pesar del riesgo inevitable de sanciones contra Rusia y de sus repercusiones económicas, se trata de un fracaso de Occidente, y de los europeos en particular.

- Si hubieran presionado a Ucrania para que aplicara los Acuerdos de Minsk, Ucrania habría mantenido su integridad territorial.
- La inestabilidad de la frontera del Donbass se mantiene, lo que hace aún más incierta la integración de Ucrania en la OTAN.
- Tras proclamar el derecho de Ucrania a la autodeterminación frente a Rusia, Occidente se enfrenta ahora al derecho de las repúblicas rusoparlantes a la autodeterminación frente a Ucrania.
- Occidente se enfrenta a una situación similar a la que creó cuando se reconoció Kosovo.
- Rusia ha demostrado a sus aliados que no les abandona cuando se ven amenazados.

Es sintomático ver que en *France 5*, el 27 de febrero de 2022, en el programa «*C Politique*», se atribuyó a Vladimir Putin la decisión de atacar el Capitolio en enero de 2021 y de retirarse de Afganistán en agosto de 2021. En ningún momento el periodista mencionó la situación en el Donbass o cuestiones más generales de seguridad.

Esto ilustra la incapacidad de los occidentales para comprender de antemano la naturaleza del problema y el confinamiento intelectual en el que nos encontramos desde hace treinta años.

Además, Occidente había hablado tanto de «*separatistas*» en lugar de «*autonomistas*» y de la presencia militar rusa en las dos repúblicas que la situación del 23 de febrero no puede reflejarse en el vocabulario occidental. Más allá de la ironía, esto demuestra que, al sobrevalorar la situación, Occidente ha eliminado todo margen de maniobra política e intelectual con vistas a un posible diálogo.

Violaciones del alto el fuego observadas por la OSCE

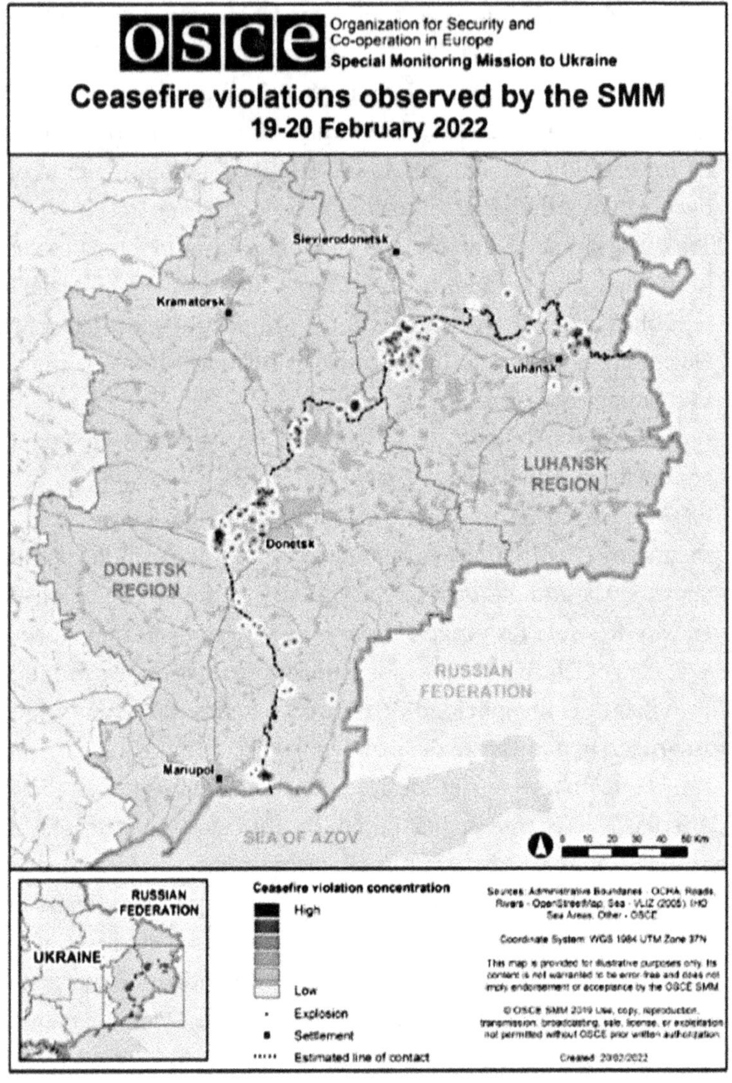

Figura 14 - Contrariamente a lo que sugieren los medios de comunicación occidentales, las observaciones de la OSCE de los días 19 y 20 de febrero de 2022 muestran que la mayoría de los disparos se efectuaron en las zonas pobladas de las repúblicas autonomistas.

Putin, ¿maestro del juego?

La historia nos dirá si la ofensiva rusa que los estadounidenses habían anunciado para el 16 de febrero de 2022 fue coordinada por ellos, a través del aumento del fuego de artillería contra las poblaciones del Donbass, con el objetivo de provocar la intervención rusa. Hay muchas razones para creer que Estados Unidos quería que Rusia atacara para poder desencadenar sanciones ejemplares contra ella. Es muy probable que Vladimir Putin también viera este riesgo. En cualquier caso, no podía limitarse a una acción a pequeña escala en el Donbass.

Pero también en este caso, en lugar de intentar ponerse al día con los Acuerdos de Minsk y relanzar la diplomacia, Occidente lanza una escalada de sanciones. Los estadounidenses han anunciado que quieren desvincular a Rusia del sistema financiero occidental. El problema es que cuanto más aislamos a Rusia, cuanto más la sancionamos, menos se relacionan sus problemas con nosotros. Evidentemente, al castigar fuertemente a Rusia, sea cual sea la situación, le hemos dado la sensación de que ya no tiene nada que perder.

Este no era el resultado que Vladimir Putin deseaba, a pesar de que este escenario se venía barajando desde finales de enero de 2022. Se vio obligado a tomar esta decisión por la política occidental. Sin embargo, no es seguro que Occidente salga beneficiado, porque inmediatamente después de la decisión rusa, los europeos se despertaron y exigieron una solución política. Y ahí estaba: los Acuerdos de Minsk.

A 21 de febrero de 2022, Vladimir Putin probablemente no tiene intención de lanzar una ofensiva contra Ucrania. Sin embargo, tiene preparado un plan de contingencia para una posible intervención.

Mientras los canales estatales *France 5* y *La Première* muestran imágenes de algunos opositores rusos a la intervención en Ucrania, ocultan las procesiones de manifestantes en coches ante la embajada estadounidense en Moscú, ondeando banderas rusas[597].

---

597. https://twitter.com/colonelhomsi/status/1496900865365622792

<h2 style="text-align:center">¿Quién cree que está detrás del empeoramiento
de la situación en el este de Ucrania?</h2>

	Noviembre de 2021	Febrero de 2022
Estados Unidos, país de la OTAN	50 %	60 %
Ucrania	16 %	14 %
Las repúblicas no reconocidas DPR y LPR	3 %	2 %
Rusia	4 %	3 %
Nadie realmente	11 %	9 %
Otros	2 %	1 %
Difícil de responder	15 %	10 %

Figura 15 - Encuesta realizada en Rusia y publicada el 24 de febrero de 2022 [Fuente: https ://www.levada.ru/2022/02/24/ukraina-i-donbass-2/]

En cuanto a las sanciones, eran esperadas por Rusia. La decisión de Alemania de suspender la certificación del gasoducto *Nord Stream 2* era políticamente inevitable. Este era el objetivo perseguido por Estados Unidos desde el inicio de la crisis. La creación de una amenaza rusa era exactamente lo mismo que los estadounidenses habían planeado para Irak en 2003, y la reacción de los europeos fue idéntica, salvo por la rebelión de Jacques Chirac. En este caso, Europa no mostró solidaridad alguna con Alemania, que era el verdadero objetivo de todo el asunto, y es Alemania la que pagará el precio más alto. Al fin y al cabo, *Nord Stream 2* se construyó por iniciativa alemana, contra el escepticismo de Rusia.

Puesto en una situación en la que, hiciera lo que hiciera, sería castigado, Vladimir Putin optó por acudir en ayuda de la población de Donbass, cuyo bombardeo por parte de Ucrania nunca ha despertado la compasión de los europeos.

Para Rusia, esto demuestra que Europa no es un socio fiable. Recurrirá a China: actualmente se están construyendo dos gigantescos gasoductos, uno de los cuales está a punto de concluirse. En cuanto a los gasoductos que atraviesan Ucrania, obsoletos y que ya no cumplen las normas medioambientales, es probable que sean desmantelados en un futuro próximo.

5.12. ¿Por qué y cómo decidió Vladimir Putin atacar Ucrania?

Vladimir Putin probablemente no tenía intención de atacar Ucrania a finales de 2021-principios de 2022, como habían dicho los propios ucranianos. En febrero de 2022, si Occidente hubiera reaccionado ante el bombardeo de civiles en el Donbass, al menos le habría quitado a Vladimir Putin un factor en su decisión de intervenir.

Pero Occidente no lo hizo. A propósito, porque se conocían los refuerzos ucranianos en el Donbass y se sabía que Zelensky quería lanzar una operación, probablemente para obligar a Rusia a intervenir con la ayuda de las repúblicas autoproclamadas.

El 23 de febrero, las repúblicas del Donbass solicitaron ayuda militar a Rusia, anticipando una ofensiva ucraniana a gran escala[598].

Para Vladimir Putin, la situación es, por tanto, la siguiente. Como no podía renunciar a intervenir contra el fuego de artillería y la amenaza de una ofensiva terrestre contra la población civil, podía: a) limitar su intervención a las repúblicas del Donbass o b) aprovechar la oportunidad de una ofensiva más amplia y así imponer él mismo los cambios que proponía a los estadounidenses y a la OTAN en diciembre de 2021.

Sabía que las opciones a) y b) desencadenarían las mismas reacciones internacionales y las mismas sanciones. Así que su decisión era simple: lanzar una ofensiva que vaya más allá del Donbass y sea lo suficientemente grande como para forzar negociaciones sobre la

---

598. «Rusia dice que los separatistas de Donbás piden apoyo militar a Putin», *dw.com*, 23 de febrero de 2022.

neutralización de Ucrania. Vladimir Putin está acostumbrado a ser castigado por todo y por nada, y ha hecho que su economía sea más dura y resistente.

Gracias al reconocimiento de la independencia de las dos repúblicas de Donbass el 21 de febrero y a los tratados de amistad y asistencia firmados el mismo día, Vladimir Putin puede invocar el artículo 51 de la Carta de las Naciones Unidas para responder a la ofensiva contra el pueblo de Donbass.

A partir de ese momento, Vladimir Putin tiene el control.

5.13. Vladimir Putin intenta apoderarse de Ucrania o destruirla?

No. Como dijo Vladimir Putin en su discurso del 24 de febrero de 2022, Rusia tiene dos objetivos: la «desmilitarización» de Ucrania y su «desnazificación».

El objetivo de la desmilitarización es impedir que se instalen sistemas de armamento occidentales y estadounidenses en territorio ucraniano. En pocas palabras, Vladimir Putin pretende convertir Ucrania en un territorio neutral. Un poco como hicieron las Grandes Potencias con Suiza en Viena: neutralidad impuesta, con la obligación de defenderla (por eso Suiza mantiene un ejército fuerte).

La desnazificación no se dirige contra Volodymyr Zelensky ni contra su gobierno, como afirma Patrick Cohen en *France 5*, sino contra las milicias de extrema derecha y ultranacionalistas que actuaban contra la población rusófona, en particular en el Donbass y en el sector de Marioupol[599]. Entrenadas, financiadas y armadas

___

599. «Informe sobre la situación de los derechos humanos en Ucrania - 16 de noviembre de 2015 a 15 de febrero de 2016», *Oficina del Alto Comisionado de las Naciones Unidas para los Derechos Humanos*, 3 de marzo de 2016.

desde 2014[600] por Estados Unidos, Gran Bretaña, Francia y Canadá, estas milicias fanáticas se llevaron la peor parte de los combates en las ciudades de Járkov y Marioupol a principios de marzo de 2022.

Son los crímenes de estas milicias los que Vladimir Putin ha calificado de «genocidio». El término nos parece excesivo, ya que generalmente se asocia a casos importantes como el Holocausto judío. Sin embargo, la definición dada por la *Convención sobre el Genocidio*[601] es menos restrictiva:

> *Artículo 2: En la presente Convención, se entiende por genocidio cualquiera de los actos siguientes cometidos con la intención de destruir, total o parcialmente, a un grupo nacional, étnico, racial o religioso, como tal:*
>
> *a) Asesinato de miembros del grupo;*
>
> *b) daños físicos o mentales graves a los miembros del grupo;*
>
> *(c) el sometimiento intencional del grupo a condiciones de existencia que hayan de acarrear su destrucción física, total o parcial;*
>
> *d) medidas de prevención de nacimientos dentro del grupo;*
>
> *e) traslado forzoso de niños de un grupo a otro.*

El avance ruso en Ucrania se ha basado en el principio del agua que fluye: avanzar rápidamente allí donde la resistencia es débil y guardar los puntos de resistencia para más adelante. Como resultado, algunas ciudades no fueron atacadas, lo que se interpretó en Occidente como el resultado de la resistencia popular. Este tipo de operación tiene sus raíces en las grandes operaciones soviéticas de finales de la Segunda Guerra Mundial y es poco conocida por los «expertos» militares.

600.Tim Hume, «Los extremistas de extrema derecha han estado utilizando la guerra de Ucrania como campo de entrenamiento. They're Returning Home», *VICE News*, 31 de julio de 2019.

601. https://www.ohchr.org/FR/ProfessionalInterest/Pages/CrimeOfGenocide.aspx

Aunque todos nuestros expertos creen que Rusia pretende ocupar toda Ucrania, el hecho de que no parezca verse obligada a hacerlo se interpreta como una señal de que Rusia no está logrando sus objetivos, y que está compensando disparando contra las ciudades. Parece que Rusia no pretende tomar toda Ucrania, sino destruir las fuerzas que se habían concentrado para preparar un ataque, así como las milicias de extrema derecha en las ciudades de Jarkov y Marioupol. El examen del avance de las fuerzas rusas muestra un ritmo muy rápido, con un despliegue de fuerzas y daños colaterales considerablemente menores que durante la ofensiva estadounidense en Irak, por ejemplo.

La puesta en alerta de las fuerzas de disuasión nuclear de Rusia el 27 de febrero de 2022 fue presentada por nuestros medios de comunicación como un golpe de locura de Vladimir Putin. La realidad es más matizada. Fue una reacción a Jean-Yves Le Drian, ministro francés de Asuntos Exteriores, que amenazó con responder a Rusia con armas nucleares[602]. Una vez más, nuestros medios de comunicación han evitado cuidadosamente establecer este vínculo para promover la idea de que Putin es irracional.

Sabemos que la desinformación en la guerra la practican todos los beligerantes. Esto no impide que nuestros medios de comunicación informen exclusivamente a partir de fuentes ucranianas. Tal es el caso de la «masacre» de trece guardias fronterizos en la Isla de las Serpientes el 25 de febrero, de la que informó *RTS*[603]. Nunca hubo masacre. Los guardias fronterizos, que eran más de 50, fueron traídos de vuelta sanos y salvos por la marina rusa[604]. Esto obligó a Ucrania a publicar una rectificación en Facebook, que obviamente *RTS* no transmitió[605].

---

602. Anthony Audureau, «Ucrania: Le Drian recuerda a Putin que "la Alianza Atlántica es también una alianza nuclear"», *AFP/BFMTV*, 24 de febrero de 2022.
603. https://www.rts.ch/info/monde/12895433-larmee-russe-poursuit-son-offensive-en-direction-de-kiev.html
604. https://t.me/intelslava/20649
605. Matthew Holroyd, «Guerra en Ucrania: Snake Island border guards are alive and well, says Ukrainian navy», *euronews*, 28 de febrero de 2022

Del mismo modo, el mapa de operaciones presentado el 28 de febrero por la misma *RTS* mostraba ataques en toda Ucrania sin especificar las ubicaciones ni mostrar ningún ataque contra las repúblicas del Donbass[606]. Sin embargo, al día siguiente, Reuters informó de que las Naciones Unidas habían contabilizado 136 muertos causados por Rusia y 253 muertos causados por Ucrania en las repúblicas de Lugansk y Donetsk[607].

Es evidente que los medios de comunicación no están informando de acuerdo con los principios de la Carta de Múnich.

5.14. Vladimir Putin, ¿ha reforzado la OTAN?

En 2019, Emmanuel Macron conmocionó a la opinión occidental al decir que la OTAN tenía muerte cerebral. Afirmaba lo que muchos militares con los que he trabajado en la OTAN han estado diciendo: la Alianza ya no tiene realmente una razón de ser, al menos en su forma actual.

La crisis ucraniana de 2021-2022, al reforzar la fuerte retórica de la cohesión atlántica y la condena unánime de la agresión rusa, parece ilustrar una forma de renovación de la Alianza. Pero, ¿se ha fortalecido como consecuencia de ello?

En enero de 2022, en *France 5*, Pascal Boniface dijo que Putin sentía que su golpe de fuerza había sido un fracaso y que «*piensa que el tiempo no está de su lado*», porque «*su política golpista ha tenido el efecto de cimentar la OTAN, que estaba dividida*»[608]. Demasiado simple.

606.	https://www.rts.ch/info/monde/12895433-larmee-russe-poursuit-son-offensive-en-direction-de-kiev.html

607.	«La ONU informa de al menos 536 víctimas civiles en Ucrania», *Reuters*, 1 de marzo de 2022.

608.	Programa «C dans l'air», 25 de enero («Ucrania: ¿un mano a mano ruso o estadounidense? #cdanslair 25.01.2022», *France 5/YouTube*, 26 de enero de 2022 (25'15»)

Así que Vladimir Putin claramente no tenía intención de atacar o invadir Ucrania, como decían los ucranianos (y, por supuesto, nosotros no queríamos escuchar). A principios de 2022, se perfilaban tres campos en el seno de la Alianza (y de la Unión Europea): el campo «ideológico» (esencialmente Estados Unidos, los países bálticos y Polonia), que apostaba por una «rusofobia» alejada de los hechos; el campo «realista» (como Alemania, Hungría e Italia), que juzgaba la situación en función de los hechos; y el campo «oportunista» (como Gran Bretaña y Francia), que veía en la crisis ucraniana una palanca para su política interior.

En plena crisis ucraniana, por ejemplo, el Presidente húngaro, de visita en Moscú, debatió una ampliación de la cooperación energética[609]. Alemania se opuso a la entrega de armamento a Ucrania por parte de sus aliados de la OTAN, en particular Estados Unidos, Lituania[610] y Estonia[611], lo que obligó a Gran Bretaña a eludir su espacio aéreo (que no había cerrado) para entregar su propio[612].

Naturalmente, la ofensiva rusa en Ucrania parece estar poniendo a todo el mundo en su sitio. Esto es cierto, pero sólo en apariencia. Porque, a pesar de las apariencias, la OTAN ha descubierto una doble debilidad: se ha dado cuenta de que si Ucrania hubiera formado parte de la Alianza, estaríamos en un conflicto nuclear, y si un país báltico empezara a cometer atrocidades contra su minoría rusa, podríamos encontrarnos en la misma situación.

En otras palabras, los países violentamente antirrusos de la «nueva Europa» son su talón de Aquiles. Con su retórica sin paliativos,

---

609.Priyanka Shankar, «Hungary's Viktor Orban eyes favors from Vladimir Putin amid Ukraine crisis», *dw.com*, 31 de enero de 2022.

610.«Структура НАТО заблокировала передачу Киеву оплаченного противодронового оружия». Украина будет убеждать, что это для сдерживания РФ», *zn.ua*, 11 de diciembre de 2021.

611.Julian Röpcke y Luisa Volkhausen, «Deutschland blockiert Waffenlieferung an die Ukraine», *bild.de*, 21 de enero de 2022.

612.George Allison, «British aircraft avoid Germany on Ukraine weapon supply run», *ukdefencejournal.org.uk*, 17 de enero de 2022.

parecen reforzar el espíritu que llevó a la creación de la OTAN en 1949. Si están en contacto directo con territorio ruso, cualquier incidente podría convertirse en una catástrofe nuclear.

Esto es lo que Vladimir Putin mencionó en sus diversos discursos de enero y febrero de 2022.

A pesar de un discurso oficial muy categórico, los estrategas estadounidenses empiezan a comprender que la ampliación de la OTAN ha creado una gran vulnerabilidad. Es cierto que, para obtener contribuciones para sus guerras en Oriente Medio, los estadounidenses han podido jugar con la solidaridad atlántica. Pero en 2022 se están dando cuenta de que el vínculo atlántico también puede funcionar en la otra dirección, con consecuencias mucho más dramáticas.

6. El ejercicio del poder y la oposición en Rusia

6.1. ¿Es Rusia una dictadura?

El término «dictadura» se ha convertido en un anatema. Básicamente, se trata de un sistema de gobierno definido según ciertos criterios (concentración de poder, supresión de libertades, etc.). Pero si aplicamos estos criterios a Rusia, veremos que no encajan del todo.

Anna Colin-Lebedev, profesora en París-Nanterre, responde con honestidad a la pregunta planteada en *France Culture*[613]. Aunque algunas de sus explicaciones son discutibles, su juicio se basa en criterios pertinentes y en un enfoque desapasionado del problema. En lugar de «dictadura», sugiere para Rusia la expresión «*autoritarismo competitivo*». La expresión más cercana a la realidad es probablemente la de Vladimir Fédorovski, que prefiere «*democracia controlada*[614]» porque, como dice Anna Colin-Lebedev, Rusia tiene estructuras y un sistema político muy parecidos a los de Europa Occidental. Son sus formas de funcionamiento las que presentan grandes déficits.

---

613. «¿Es Rusia una dictadura?», *France Culture/YouTube*, 30 de octubre de 2018.
614. François Clemenceau, «Fédorovski: "Poutine a tout verrouillé"», *Le Journal du Dimanche*, 17 de agosto de 2013 (actualizado el 19 de junio de 2017).

Para entenderlo, probablemente haya que explicar qué entendemos por «democracia». Francia se considera a sí misma un ejemplo de democracia, pero desde la perspectiva suiza no es más que una forma de monarquía en la que la idea de «poder popular» es más bien remota. Así lo atestiguan la frecuencia de las grandes manifestaciones[615] y el número de jornadas de huelga[616], en las que Francia se sitúa en lo más alto del podio.

Por supuesto, se puede argumentar -y con razón- que Francia es un país donde la gente tiene derecho a manifestarse y a hacer huelga. Pero también es uno de los países con una represión más dura, lo que le ha llevado a ser señalado por el Alto Comisionado de las Naciones Unidas para los Derechos Humanos por *«uso violento y excesivo de la fuerza»*[617] junto con Sudán, Zimbabue y Haití. Las manifestaciones de los «chalecos amarillos» o contra la «seguridad global» han desaparecido de los medios de comunicación públicos; se suprime la difusión de imágenes de brutalidad policial[618]; se ocultan sus efectos[619]. En su lugar, abundan las imágenes de manifestaciones menores en Rusia o Hong Kong, y se adapta el vocabulario: lo que los medios francófonos llaman «interpelaciones» en Francia, se convierten en «detenciones» en Rusia.

Por tanto, nuestra comprensión de la democracia está muy influida por nuestra cultura. Por ejemplo, el *Índice de Percepción de la Democracia 2020*, que mide la percepción que tienen los ciudadanos

---

615.Mohammed Haddad, «Mapping major protests around the world», *aljazeera.com*, 30 de marzo de 2021

616.Martin Armstrong, «Los países que más se declaran en huelga», *statista.com*, 2 dic. brasa 2019

617.«La Alta Comisionada Bachelet pide a los Estados que adopten medidas enérgicas contra las desigualdades», 40th sesión del Consejo de Derechos Humanos de la ONU en Ginebra, *ohchr.org*, 6 de marzo de 2019.

618.Mélanie Vecchio y Clément Boutin, «Sécurité globale: ouverture d'une enquête après la diffusion d'images d'un policier frappant un manifestant à Paris», *BFM TV*, 30 de enero de 2021.

619.Frédéric Lemaire y Julien Baldassarra, «Vidéos de violences policières: Le Parisien lave plus blanc», *Acrimed*, 19 de enero de 2021.

de la gobernanza de su país, reveló que en Rusia sólo el 27% de los encuestados consideraba que su país era democrático. ¡En Francia, la cifra es del 52%, pero en China es del 73%[620]!

Sin embargo, desde diciembre de 1999, la popularidad de Vladimir Putin nunca ha sido inferior al 59%, según el Centro Levada. En febrero de 2022, el índice de popularidad de Vladimir Putin sube al 71%, mientras que la confianza en la acción del Gobierno, que era del 46% en septiembre de 2021, sube al 52% en febrero de 2022[621]. Esto puede parecernos incoherente, pero ilustra lo difícil que es juzgar a las sociedades desde la comodidad de nuestros sillones.

En marzo de 2000, la llegada al poder de Vladimir Putin cambió radicalmente la situación. Los oligarcas que se habían enriquecido ilegalmente fueron perseguidos y sus fortunas confiscadas[622]. Seis de ellos eran judíos (Boris Berezovski, Vladimir Gusinsky, Alexander Smolensky, Mikhail Khodorkovski, Mikhail Friedman y Valery Malkin)[623], lo que alimentó el mito de que la caza era antisemita. La mayoría de ellos encontraron refugio en Israel y sobre todo en Gran Bretaña (que presta poca atención al origen de las fortunas que alimentan su centro financiero), desde donde siguen influyendo en la política interior rusa financiando a la oposición[624]. Participan en todas las iniciativas y proyectos destinados a influir en la opinión occidental sobre Rusia.

En Rusia, las sanciones que afectaron al país, sobre todo a partir de 2014, no hicieron sino reforzar la sensación de que Occidente era hostil al pueblo ruso. En cierto modo, acercaron al pueblo a sus dirigentes.

---

620. Índice de Percepción de la Democracia (IPD) 2020, *Dalia Research*, 2020

621. https://www.levada.ru/en/2022/02/18/approval-of-institutions-the-state-of-affairs-in-the-country-trust-in-politicians-2/

622. Camille Grange, «Poutine ou la chasse à l'oligarque», *Le Journal International*, 7 de mayo de 2013.

623. Luke Harding, «The richer they come…», *The Guardian*, 2 de julio de 2007

624. Sabine Siebold, Anton Zverev, Catherine Belton y Andrew Osborn, «Special Report: In Germany's Black Forest, Putin critic Navalny gathered strength and resolve», *Reuters*, 25 de febrero de 2021.

La cultura rusa es diferente de la nuestra. Las aspiraciones de los rusos son sin duda las mismas, pero aceptan mejor la idea de que alcanzarlas no tiene por qué ser inmediato. Durante siglos, la sociedad rusa se ha acostumbrado a vivir en condiciones duras. Tiene su propia visión del mundo y su propio ritmo de desarrollo, y Occidente tiende a utilizar esta diferencia para inmiscuirse en los asuntos de Rusia y presionarla.

Así que lo que nos molesta de Vladimir Putin no parece molestarnos en ningún otro sitio. Tal es el caso de la legislación LGBT que convierte a Rusia en un «*infierno viviente*[625]», pero que no impide a Joe Biden declarar a Qatar[626] como «*el aliado más importante no perteneciente a la OTAN*[627]».

Además, la constante referencia al periodo soviético fomenta una bienvenida confusión entre la URSS y Rusia. Por ejemplo, en *France 5*, Jean-Dominique Giuliani habla de los crímenes cometidos durante el periodo soviético y hace hincapié en lo que sufrieron los Estados bálticos y Polonia. Por desgracia, olvida mencionar que la URSS era una federación de Estados. Así que los Estados bálticos estaban dirigidos por personas bálticas, y el KGB tenía una estructura territorial, dirigida por personas bálticas en los Estados bálticos. En cuanto a Polonia, era un Estado independiente, no administrado por la URSS. Las atrocidades cometidas allí tras la Segunda Guerra Mundial fueron cometidas por los propios polacos. Al igual que durante la Segunda Guerra Mundial, cuando habían seguido o incluso precedido a los ocupantes alemanes en sus crímenes, estos países eran a menudo incluso más comunistas y represivos que los propios soviéticos -recordemos las torturas infligidas al padre Jerzy Popiełuszko-. Después de la

625.«'A Living Hell': Russia's 'Propaganda' Law Damaging LGBT Youth, HRW Finds», *RFE/RL*, 12 de diciembre de 2018.
626.Seth J. Frantzman, «Qatar bans homosexuality as Al Jazeera in English marks LGBT Pride Month», *The Jerusalem Post*, 4 de junio de 2019.
627.Michael D. Shear, «Biden Designates Qatar as a Major Non-NATO Ally», *The New York Times*, 31 de enero de 2022.

Guerra Fría, siguieron a Estados Unidos en los programas de tortura y secuestro de la CIA, sin necesidad de sacrificar un honor perdido hace mucho tiempo y sin incurrir en sanciones de la Unión Europea.

Nuestra percepción de Rusia está influida en gran medida por prejuicios, mitos y suposiciones. Podríamos preguntarnos por qué el gobierno ruso se arriesga a asesinar a opositores en público cuando, en una dictadura, parecería más fácil detener a estas personas y hacerlas desaparecer discretamente o tras juicios farsa.

Las personas -como la periodista Anna Politkovskaya, el ex agente del FSB Alexander Litvinenko y el político Boris Nemtsov- cuyos asesinatos los occidentales atribuyen al gobierno ruso tenían más probabilidades de haber sido eliminadas por el crimen organizado vinculado a ciertos oligarcas emigrados a Occidente. Sin embargo, a falta de pruebas formales, esto sirve para alimentar una narrativa contra Vladimir Putin y para proteger al crimen organizado, que alimenta las bolsas de Tel Aviv y Londres.

6.2. ¿Está justificada la prohibición de partidos y organizaciones políticas?

También en este caso, la prohibición de partidos y organizaciones políticas en Rusia es objeto de información truncada.

En 2019, con motivo de las elecciones a la Duma de Moscú, entre 20.000 y 50.000 manifestantes reclamaron elecciones libres, atrayendo la atención de los medios de comunicación franceses. Con titulares como «*27 candidatos han sido excluidos*» (*Le Figaro*) o «*Las autoridades excluyen a los candidatos de la oposición*» (*Le Monde*), se sugiere que la validación de las candidaturas es discrecional[628]. La

---

628. «En Russie, les autorités excluent des candidats d'opposition aux élections locales à Moscou», *Le Monde*, 16 de junio de 2019.

BBC afirma que los candidatos fueron «*ignorados*» y «*tratados como si fueran insignificantes*[629]». El problema estriba en la validación de las candidaturas: al igual que en Francia para las elecciones presidenciales, los candidatos deben tener un determinado número de firmas para poder participar. A diferencia de Francia, donde un candidato debe tener las firmas de 500 representantes electos, un candidato sin partido ruso debe reunir las firmas de 5.000 ciudadanos de a pie, lo que no parece mucho pedir en una ciudad de 12 millones de habitantes. Naturalmente, estas firmas son comprobadas por una comisión electoral para evitar fraudes y, a pesar de una tolerancia del 10%, algunos candidatos no alcanzan el número exigido. Eso es lo que les ocurrió a estos grupúsculos, cuyas tendencias iban de la extrema derecha a la extrema izquierda, que no tienen base popular, y algunos de los cuales ni siquiera intentaron recoger las firmas...

El mismo fenómeno afectó al *Partido del Progreso* de Alexei Navalny en 2015: simplemente no contaba con suficientes simpatizantes para tener sucursales en al menos 85 entidades de la Federación Rusa. Por lo tanto, fue eliminado del censo electoral, no por una decisión arbitraria, sino porque no cumplía los criterios definidos por la ley[630].

Además de estos problemas institucionales, la razón por la que la oposición no sistémica -es decir, la oposición que no está estructurada en partidos con suficiente representación popular para ser elegidos- está marginada es que se financia desde el extranjero. En parte por oligarcas culpables de enriquecimiento ilegal que han huido del país a Gran Bretaña o Israel[631], y en parte por potencias extranjeras, sobre todo Estados Unidos y Gran Bretaña.

629.«Protestas en Moscú: ¿Qué hay detrás de las concentraciones en Rusia?», *BBC News*, 13 de agosto de 2019.
630.«Le parti du principal opposant au Kremlin interdit», *Tribune de Genève*, 28 de abril de 2015.
631.Sabine Siebold, Anton Zverev, Catherine Belton y Andrew Osborn, «Special Report: In Germany's Black Forest, Putin critic Navalny gathered strength and resolve», *Reuters*, 25 de febrero de 2021.

Estados Unidos recurre a la *National Endowment for Democracy* (NED) para financiar a la oposición no sistémica en Rusia. Según el *New York Times*[632], la NED fue creada a principios de los años 1980[633] para aligerar la carga de trabajo de la CIA. En 2021, apoyó no menos de 109 actividades políticas y de influencia en Rusia, por un importe de 14 millones de dólares[634]… En cuanto a Gran Bretaña, participa en este esfuerzo financiando medios de comunicación opuestos a Rusia en los países de su entorno. Según el periodista de investigación Matt Kennard, para combatir a Rusia, el Reino Unido habría gastado unos 96 millones de euros entre 2017 y 2021 en contrainformación en 20 países.[635]

En respuesta a una situación que no ha dejado de empeorar desde principios de la década de 2000, Rusia adoptó en 2012 una ley similar a la vigente en Estados Unidos desde 1938, que permite prohibir las organizaciones políticas financiadas desde el extranjero.

En noviembre de 2017, en respuesta a la decisión de Estados Unidos de clasificar al medio de comunicación ruso *RT* como agente extranjero, Rusia endureció su política y aprobó una ley que permite clasificar como agentes extranjeros a periodistas y medios de comunicación extranjeros[636]. En 2018, esta ley se amplió a personas y ONG financiadas por países extranjeros[637]. En particular, afecta a[638]

632.David K. Shipler, «Missionaries For Democracy: U.S. Aid For Global Pluralism», *The New York Times*, 1 de junio de 1986.

633. https://www.ned.org/about/history/

634. https://www.ned.org/region/eurasia/russia-2021/

635.Matt Kennard, «UK spends over £80m on media in 20 countries around Russia», *Declassified UK*, 8 de febrero de 2022.

636.Nathan Hodge, «Russia's Duma Votes to Call International Media 'Foreign Agents'», *The Wall Street Journal*, 15 de noviembre de 2017; «Journalists, bloggers to be included in foreign agents law», *civicus.org*, 24 de agosto de 2018.

637.Правовое регулирование деятельности филиалов иностранных НКО будет усовершенствовано, Duma Estatal de la Federación Rusa, 12 de julio de 2018 (http://duma.gov.ru/news/27585/).

638.«Авторам СМИ-иноагентов предпишут отчитываться перед государством по закону об НКО», *thebell.io*, 3 de julio de 2018 (https://thebell.io/avtoram-smi-inoagentov-predpishut-otchityvatsya-pered-gosudarstvom-po-zakonu-o-nko).

*[organizaciones que reciben dinero o propiedades de Estados
o ciudadanos extranjeros, así como de empresas y ciudadanos
rusos que reciben financiación extranjera.*

Estas organizaciones no están automáticamente prohibidas. Para cumplir la ley, deben indicar claramente que se financian desde el extranjero. Este fue el caso de la ONG *Memorial International*, que se disolvió en 2021, desatando una protesta internacional.

Creado a finales de la década de 1980 para registrar y recordar los crímenes del comunismo, *el Memorial* se desvió lentamente en la década de 2010 hacia una labor militante de apoyo a los críticos con el Gobierno. En particular, al posicionarse en contra de los juicios a *los Testigos de Jehová* y a la organización islamista *Hizb-ut-Tahrir*, dos organizaciones prohibidas en Rusia, se ha considerado que apoya a organizaciones extremistas[639].

Sin embargo, su impacto en la política nacional es probablemente insignificante en este momento, y no está prohibido por el gobierno. El problema es que su deriva política va de la mano de una financiación que procede cada vez más del extranjero. En 2012 se le aplicó la Ley de Agentes Extranjeros, que le obligaba a publicar sus fuentes de ingresos, lo que no hizo pese a varios recordatorios.

Ni Vladimir Putin ni las autoridades rusas desencadenaron la reciente tormenta contra *Memorial*. Vino de Aron Shneyer, un historiador judío estadounidense. En agosto de 2021, descubrió los nombres de tres colaboradores nazis en la base de datos de la ONG de *«víctimas de procesamientos injustos»*. Entonces publicó varios posts en Facebook, el primero de ellos titulado *«Vergüenza para el Memorial»*, que desató una tormenta en las redes sociales rusas. Fue la gota que colmó el vaso: como la organización no cumplía

---

639. Masha Gessen, «The Russian Memory Project That Became an Enemy of the State», *The New Yorker*, 6 de enero de 2022.

sus obligaciones legales, el gobierno aprovechó para ordenar su disolución.

¿Hasta qué punto es libre de expresarse la oposición rusa? Es dudoso. Por otra parte, si la financiamos, se convierte *ipso facto* en ilegítima e ilegal. Además, si la oposición fuera tan fuerte y tan vibrante como dicen en Rusia, no necesitaría nuestro apoyo financiero.

Todo parece indicar que estamos financiando a la oposición rusa no para mejorar la suerte de los rusos, sino para tener un punto de presión sobre el gobierno. Parece que, en lugar de ayudarle a superar sus viejos demonios totalitarios, estamos haciendo todo lo posible para que los mantenga. Porque ningún gobierno occidental acepta que su oposición sea financiada o influenciada por potencias extranjeras. Francia y Bélgica han prohibido ciertas organizaciones islámicas acusadas de estar financiadas desde el extranjero.

6.3.¿Es Vladimir Putin corrupto?

Los medios de comunicación occidentales se refieren sistemáticamente al vídeo de Alexei Navalny sobre el llamado «Palacio Putin» para demostrar la corrupción de Vladimir Putin. Remitimos aquí a los lectores al libro sobre el *asunto Navalny*[640], en el que se dan todos los detalles de este «palacio», supuestamente propiedad de Putin.

En Occidente, siempre se cita la corrupción como una de las razones por las que la población rechaza a Vladimir Putin. Pero también en este caso, según los sondeos realizados por el *Centro Levada* (que, recordemos, está considerado en Rusia como un *agente extranjero*[641]), la población rusa parece mucho menos categórica que sus detractores occidentales.

640.Jacques Baud, *El caso Navalny*, Max Milo, 2021
641.«Russia's Levada Centre polling group named foreign agent», *BBC News*, 5 de septiembre de 2016.

	04.2012	08.2013	05.2014	07.2015	04.2016	04.2017	01.2021
Sin duda culpable; tal como se presenta en Internet y en los medios de comunicación libres	16	10	6	7	14	11	17
Probablemente sí, como todos los altos funcionarios, pero no me lo creo.	32	43	34	29	37	31	25
Aunque eso sea cierto, lo más importante es que la vida en el país ha mejorado con él.	25	18	31	31	18	23	24
Digan lo que digan, no creo que Putin haya abusado de su poder.	11	13	18	22	17	22	29
Me resultaba difícil responder	16	17	11	12	14	13	5

Gráfico 16 - Respuestas (en %) a la pregunta: ¿Cree que Vladimir Putin es culpable de los abusos de poder de los que le acusan sus oponentes? [Fuente: Levada Centre, 9 de noviembre de 2021.]

En realidad, estamos en el terreno de la especulación y la conspiración occidental. En octubre de 2021, el *Consorcio Internacional de Periodistas de Investigación* (ICIJ) publicó unos 11,9 millones de documentos («*Pandora Papers*») que constituyen «*el mayor tesoro de datos de la historia que revela el secretismo de los paraísos fiscales*», según el diario británico *The Guardian*[642]. Recopilados por 600 periodistas de 148 medios de comunicación de 117 países, se desconoce el origen exacto de los documentos, pero la ausencia total de cifras estadounidenses sugiere que una (gran) parte de los datos proceden de los servicios de inteligencia de Estados Unidos.

En su página web, *The Guardian* tiene un montaje fotográfico en el que aparecen las caras de las principales personalidades implicadas en el escándalo. La cabeza de Vladimir Putin es la más grande del montaje, ¡excepto que los Pandora Papers no lo mencionan en absoluto! En cambio, sí mencionan a figuras del mundo de los negocios ruso que se dice que son cercanas al presidente ruso[643]. Así que nada.

Por otra parte, estos documentos muestran la extensión de la corrupción en Ucrania, que es el país más «representado» en los Pandora Papers... Pero nadie en Occidente lo señala, porque el problema no es ayudar a Ucrania: es luchar contra Vladimir Putin.

6.4. Es Navalny el principal oponente de Vladimir Putin?

Caroline Roux presenta a Navalny como «*el principal opositor a Vladimir Putin*». Si fuera honesta, diría que es simplemente el más visible[644] porque su popularidad -que alcanzó brevemente el 5% tras la campaña realizada en Occidente en las redes sociales a principios

---

642. «Pandora papers: biggest ever leak of offshore data exposes financial secrets of rich and powerful», *The Guardian*, 3 de octubre de 2021.
643. «What the Pandora Papers say about Putin's inner circle», *theweek.in*, 5 de octubre de 2021.
644. Manuel Alaver y Xavier Condamine, «¿Por qué se presenta a Alexei Navalny como el principal opositor de Vladimir Putin?», *Libération/Checknews*, 18 de septiembre de 2020.

de 2021- retrocedió rápidamente. En enero de 2022, bajaba al 2%, como muestra un sondeo del *Centro Levada*...

Las cuestiones «reales» que preocupan a los rusos, en particular la situación social, la gestión del CoViD-19 y la situación económica, están siendo abordadas por partidos tradicionales como el Partido Comunista, no por los partidarios de Navalny.

Se trata, pues, de una oposición engañosa, cuya importancia en el tablero político ruso es exagerada por la propaganda occidental. La oposición «fuera del sistema» es muy dispar, formada por jóvenes de extrema derecha a extrema izquierda. Sigue siendo incapaz de unirse en una entidad política coherente. Esta especie de «chalecos amarillos» tienen reivindicaciones oscuras, que no se basan en un proyecto concreto, sino en la no reelección de Vladimir Putin.

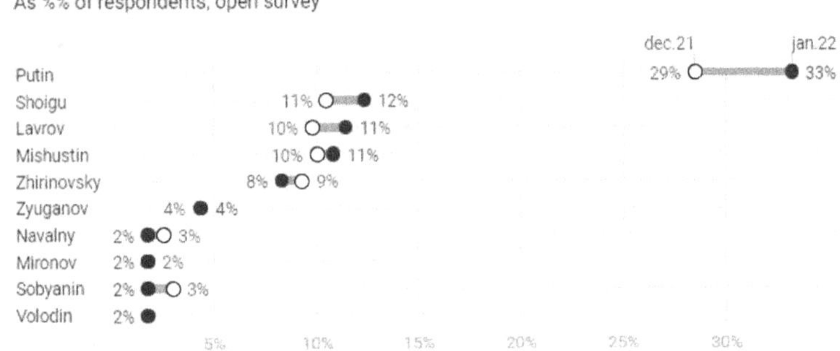

Figura 17 - Encuesta realizada por el Centro Levada en enero de 2022. Muestra la ganancia (o pérdida) de confianza de determinados políticos rusos entre diciembre de 2021 y enero de 2022. Puede verse que Navalny, cuya confianza había aumentado temporalmente hasta el 3% en diciembre de 2021, volvió a caer hasta el 2% en enero de 2022. [Fuente: https://www.levada.ru/cp/wp-content/uploads/2021/11/PPJM3-please-name-5-6-politicians-whom-you-trust-the-most-nbsp-1-1.png]

Se puede repetir todo lo que se quiera que Alexei Navalny es el *«principal oponente»* de Putin y que está en la cárcel *«por razones políticas»*, pero el pueblo ruso sabe que no es así: el resultado es que a) Vladimir Putin parece tener razón y b) Alexei Navalny parece ser el «caballo de Troya» de Occidente. El resultado es que Vladimir Putin refuerza su posición y Navalny no mejora la suya.

¿Fue Navalny objeto de un atentado?

El reportaje de *France 5* «Poutine, maître du jeu» (Putin, maestro del juego) comienza con los «envenenamientos» rusos de los que se acusa a las autoridades rusas, centrándose especialmente en los casos Skripal y Navalny. Ya traté estos dos casos en mis libros *Gouverner par les fake news*[645] y *L'Affaire Navalny*[646]. Así que no entraré en detalles aquí.

El supuesto intento de asesinato de Alexei Navalny (2020) siguió al de Sergei Skripal en Gran Bretaña (2018). A falta de certezas, se esgrimieron teorías según las cuales los servicios secretos rusos habían utilizado un veneno *«un solo gramo del cual podría matar a mil personas en cuestión de segundos»*[647]. Sin embargo, las «víctimas» no sólo no murieron, sino que sus síntomas, diferentes en cada caso, no correspondían a los de las neurotoxinas…

Los síntomas de Sergei Skripal y de su hija Yulya (y el testimonio de un médico de urgencias del NHS[648, 649]) sugieren que probablemente fueron víctimas de una intoxicación alimentaria[650] (como la saxitoxina), al igual que otros clientes del mismo restaurante unos

---

645. Jacques Baud, *Gouverner par les fake news*, Max Milo, París, 2020, p. 400
646. Jacques Baud, *L'Affaire Navalny*, *op. cit*, París, 2021, pp. 220.
647. «C dans l'air» emitido el 17 de octubre de 2021 («Poutine, maître du jeu #cdanslair 17.10.2021», *France 5/YouTube*, 18 de octubre de 2021) (20'26»)
648. NHS = Servicio Nacional de Salud.
649. Fiona Hamilton, John Simpson y Deborah Haynes, «Russia: Salisbury poison fears allayed by doctor», *The Times*, 16 de marzo de 2018.
650. Greg Heffer, «Salisbury attack: Skripal cousin claims pair suffered 'food poisoning'», *SKY News*, 7 de abril de 2018.

meses después[651]. En cuanto a Navalny, los laboratorios militares no han publicado los resultados de sus análisis. En Suecia, el abogado Matt Nilsson solicitó la publicación de los resultados de los análisis de sangre de Navalny a la *Agencia Sueca de Investigación para la Defensa (FOI)*. La FOI sólo publicó un texto redactado en el que se afirmaba que *«se ha confirmado la presencia de XXXX en la sangre del paciente[652]»*... Una opacidad que sugiere que se encontró algo distinto al novitchok que esperaban los occidentales. Es más, el historial médico publicado por los médicos del Hospital Charité de Berlín en la revista médica *The Lancet sugiere que* probablemente fue víctima de una combinación incorrecta de medicamentos[653].

De los hechos disponibles se desprende que, en ambos casos, el envenenamiento no fue intencionado (criminal), sino accidental. A falta de confirmación oficial, se impone un mínimo de honestidad. Pero eso significa suspender el juicio. Por desgracia, las historias que nos cuentan sin matices los medios de comunicación son construcciones artificiales, que tienen que jugar con los hechos para parecer creíbles.

Caroline Roux afirma que Rusia utiliza *«armas prohibidas por las convenciones internacionales»*. Señala que el novitchok se añadió a la lista de la *Convención sobre Armas Químicas (CAQ)* tras el asunto Skripal (lo cual es cierto), y que sin embargo se utilizó contra Navalny: esto no es cierto.

Caroline Roux nos oculta varias cosas para fundamentar esta mentira. En primer lugar, el novitchok no figuraba en la lista de la

---

651.Gregory Katz, «La policía del Reino Unido dice que no hay pruebas de envenenamiento nervioso después de que 2 personas enfermen en Salisbury», *Associated Press/ Global News*, 17 de septiembre de 2018.

652.Stefan Lindgren, «FOI: Det fanns XXXX i Navalnyjs blod», *nyhetsbanken.se*, 22 de septiembre de 2020.

653.Informe de médicos del Hospital Charité de Berlín, publicado en la revista médica The Lancet el 22 de diciembre de 2020 (https://www.thelancet.com/journals/lancet/article/PIIS0140-6736(20)32644-1/fulltext)

CAQ antes de 2018, porque la URSS (y luego Rusia) nunca lo adoptó, al considerarlo un estudio de laboratorio. En segundo lugar, fue a petición de Rusia que se añadieron varias variantes de novitchok a la lista de la CAQ, porque el laboratorio que lo había estudiado fue desmantelado por los estadounidenses, que suministraron muestras a varios países de la OTAN[654]. Los propios estadounidenses lo sintetizaron con fines de investigación en 1998[655]. Por consiguiente, el laboratorio británico de Porton Down se negó a que Theresa May afirmara que la sustancia tóxica analizada tras el asunto Skripal era de origen ruso[656]. ¡Por último, Caroline Roux no menciona que los «rastros de una sustancia tóxica» encontrados por el gobierno alemán en la sangre de Navalny (que los médicos berlineses no encontraron) no estaban incluidos en la lista CAC[657] y que el gobierno alemán se negó a incluirla en la lista CAC, alegando que era demasiado peligrosa[658]!

En conclusión, las pruebas científicas tienden a contradecir las afirmaciones de los políticos y otros propagandistas. El caso sigue siendo misterioso, aunque el informe de los médicos alemanes del hospital Charité de Berlín indique que el envenenamiento de Navalny parece ser el resultado de una combinación incorrecta de fármacos[659].

654.Georg Mascolo y Holger Stark , «Geheimdienste:BND beschaffte Nervengift "Nowitschok" in den 90er Jahren», *Süddeutsche Zeitung*, 16 de mayo de 2018.

655.Karel Knip, «'Unknown'newcomer novichok was long known», *nrc.nl*, 21 de marzo de 2018

656.«Britisches Institut fand keine Quelle für Skripal-Gift«, *AFP/Die Zeit*, 3 de abril de 2018.

657.Resumen del informe sobre las actividades realizadas en apoyo de una solicitud de asistencia técnica de Alemania (visita de asistencia técnica - TAV/01/20), nota de la Secretaría Técnica, *OPAQ*, 6 de octubre de 2020 (S/1906/2020) (véase el anexo 4).

658.*Antwort der Bundesregierung auf die Kleine Anfrage der Abgeordneten Dr. Anton Friesen, Armin-Paulus Hampel, Dr. Roland Hartwig, weiterer Abgeordneter und der Fraktion der AfD- Drucksache 19/25516*, Deutscher Bundestag, Drucksache 19/26684, 15 February 2021

659. https://www.thelancet.com/pdfs/journals/lancet/PIIS0140-6736(20)32644-1.pdf

En cualquier caso, es difícil ver cuál habría sido el propósito de estas operaciones. Skripal podría haber sido eliminado mucho más discretamente mientras estaba en su prisión rusa ocho años antes. En cuanto a la eliminación de Navalny mientras el asunto *Nord Stream 2* seguía siendo objeto de controversia en Europa, no tenía ningún sentido, y podría haberse llevado a cabo -si las autoridades rusas hubieran tenido realmente la intención de hacerlo- en cualquier momento...

A estas alturas, los que afirman saber, como el freelance de *Conspiracy Watch* Antoine Hasday, plantean preguntas. Sólo los que contribuyeron al intento de asesinato o los que fabricaron la narrativa pueden «saber»... elijan. Los demás tienen que admitir que no sabemos... Eso deja a los deshonestos, que son los más numerosos.

Las pruebas científicas disponibles no permiten afirmar que novitchok estuviera implicado, ni afirmar que Rusia estuviera detrás de los envenenamientos. Por lo tanto, nos vemos reducidos a interpretar las acusaciones de los políticos, que son el resultado de un conjunto de hechos parciales y de información incompleta: ¡la definición de conspiración!

6.5. ¿Está en caída libre la popularidad de Vladimir Putin?

Se ha convertido en un lugar común decir que la popularidad de Putin está en caída libre. La realidad es muy distinta. Las cifras que utilizamos aquí proceden del *Centro Levada*, considerado *agente extranjero*[660] por las autoridades rusas, y que actualmente está emprendiendo acciones legales para que se levante esta designación[661].

---

660. Según la página web del Centro Levada: «*Levada-Center ha sido inscrito a la fuerza en el registro de organizaciones sin ánimo de lucro que desempeñan funciones de agente extranjero*». (www.levada.ru)

661. https://www.levada.ru/en/about-us/

Los comentaristas occidentales se basan en su índice de aprobación del 86,7% en 2016, que cayó al 66% en 2018 y se ha mantenido estable en ese nivel desde[662]. Entre enero de 2021 (tras el asunto Navalny) y octubre de 2021 (primeros rumores de un ataque a Ucrania), Putin ganó tres puntos de popularidad, alcanzando el 67%[663]. En febrero de 2022, la popularidad de Putin alcanzó incluso el 71% en plena crisis ucraniana.

En 23 años en el poder, el índice de aprobación de Vladimir Putin (según el Centro Levada) nunca ha bajado del 59%. Una cifra que *ningún* presidente de la Ve República desde Giscard d'Estaing ha mantenido durante más de seis meses, según *La Tribune*[664]. En cuanto a Emmanuel Macron, su popularidad ronda el 40% desde 2017[665].

La popularidad de Vladimir Putin es notablemente alta y estable. Sólo los expertos sin escrúpulos, que basan sus juicios en sus contactos con una oposición muy minoritaria, distorsionan nuestra percepción. En el Apéndice 2, los lectores encontrarán los índices de popularidad de Vladimir Putin comparados con los juicios emitidos por nuestros «expertos». Esta comparación permite medir el grado de integridad de nuestros medios de comunicación. En pocas palabras, explica por qué los franceses no confían en la prensa y por qué, en ámbitos clave (como CoViD), se han sentido obligados a elaborar teorías paralelas, incluso conspirativas.

El impacto de la crisis ucraniana en la popularidad de Vladimir Putin es difícil de medir con precisión. Nuestra percepción de las cosas se nutre de las redes sociales y, por tanto, de las publicaciones de un

---

662.Martin Armstrong, «Putin's Approval Rating Tanks Amid Pension Friction», *Statista.com*, 22 de octubre de 2018.
663.«Aprobación de las instituciones, situación del país, confianza en los políticos y valoración electoral de los partidos», *Levada Center*, 24 de febrero de 2022 (versión rusa).
664.«Les Français mécontents du président Macron (mais pas sur tout)», *latribune.fr*, 18 de abril de 2018.
665.Romain Giraud, «La cote de popularité d'Emmanuel Macron progresse fortement», *rtl.fr*, 24 de septiembre de 2021.

6. El ejercicio del poder y la oposición en Rusia

público joven que no tiene influencia real en la gobernanza del país. Y sin embargo, incluso allí, el apoyo a Vladimir Putin parece ser fuerte.

En febrero de 2022, tras las decisiones de los días 21 y 24, nuestros medios de comunicación muestran manifestaciones en Rusia. Las manifestaciones fueron prohibidas y los manifestantes detenidos. Aunque nuestra visibilidad de estos incidentes sea escasa y aunque sea difícil evaluar la oposición a las decisiones de Vladimir Putin, parece que sigue siendo muy modesta en tamaño y en número. Las encuestas realizadas por el Centro Levada muestran una imagen más matizada que la propagada por nuestros medios de comunicación. En cuanto a la percepción de Ucrania, el 55% de los rusos tenía una imagen positiva de ella en febrero de 2021, frente a sólo el 35% un año después[666].

6.6. ¿Puede compararse la economía rusa con la italiana?

Los «expertos» siguen diciéndonos que Rusia no es una gran potencia porque su PIB se acerca al de Italia (o España[667]). Sí y no.

El argumento de que Rusia ya no tiene estatus de superpotencia, como afirma Putin, demuestra su mala fe y su ignorancia. Basan su argumento en el tamaño de su aparato militar y su PIB, pero esto es simplista y falaz. Lo que hace de Rusia una superpotencia no es su PIB, sino su arsenal nuclear y su capacidad para utilizarlo, su condición de miembro permanente del Consejo de Seguridad de las Naciones Unidas y su influencia política en el mundo.

Sin embargo, el PIB nominal de Rusia expresado en dólares[668] parece desproporcionadamente bajo en relación con el tamaño del

---

666. https://www.levada.ru/2022/02/24/ukraina-i-donbass-2/

667. Jim Edwards, «Russia's Economy Has Shrunk So Much It's Now Only Small As Spain», *Business Insider*, 7 de diciembre de 2014.

668. «C dans l'air» emitido el 17 de octubre de 2021 («Poutine, maître du jeu #cdanslair 17.10.2021», *France 5/YouTube*, 18 de octubre de 2021) (1h47'03»)

país, ya que ocupa el undécimo lugar entre las economías del mundo. Por ello, resulta tentador ver, como hacen nuestros «expertos», una mala gestión, las consecuencias de la corrupción o malas decisiones estratégicas. Sin pretender que la gestión haya sido perfecta, estos juicios «de cajón de sastre» son la mayoría de las veces infundados.

Tras el fin de la URSS y diez años de mala gestión por parte del equipo de Yeltsin, Rusia estaba muy endeudada al entrar en el siglo XXI. La prioridad de Vladimir Putin era, por tanto, sanear las finanzas del país, lo que logró en 2017. Mientras tanto, la crisis iraní y luego la crisis ucraniana, con sus acusaciones occidentales de invasión, le mostraron que la política exterior occidental tendía cada vez más a abandonar la diplomacia por una política de sanciones. Vladimir Putin comprendió las implicaciones de esto y se puso manos a la obra para endurecer la economía del país.

Así, en lugar de invertir los ingresos de las ventas de hidrocarburos en la industria, ha invertido en la compra masiva de reservas de divisas, que deberían protegerla de una posible pérdida de acceso a los mercados occidentales o de la especulación contra el rublo. En febrero de 2022, Rusia era el cuarto país con mayores reservas de divisas tras China, Japón y Suiza.

Además, Rusia es uno de los países menos endeudados del mundo. En 2021, la relación entre su deuda y su producto interior bruto (PIB) será del 13,79%. Frente al 99,20% de Francia y el 106,7% de Estados Unidos[669].

La población rusa vivió en una economía de guerra durante toda la Guerra Fría y está culturalmente acostumbrada a hacer mucho con poco. Los occidentales subestiman enormemente la capacidad de resistencia de sus gentes. Desde 2014, la industria rusa ha aprendido a depender menos del capital extranjero. El resultado ha sido una

---

669. Ratio deuda/PIB por país 2021, (https://worldpopulationreview.com/countries/countries-by-national-debt)

inflación máxima del 16% y una situación más dura para la población. Sin embargo, la población ha conservado la confianza en su líder: entre abril de 2014 y mayo de 2018, su índice de popularidad superó el 80%[670].

Por ello, al comparar la economía rusa con la de los países occidentales, es más honesto considerar la paridad del poder adquisitivo (PPA). El coste de la vida es considerablemente inferior en Rusia, y una comparación en paridad de poder adquisitivo (PPA) ofrece una imagen más realista. La undécima economía del mundo en términos de PIB nominal, es la sexta en términos de PPA. A menudo presentado como inferior al de Francia o Italia en términos nominales, el PIB de Rusia (PPA) es aproximadamente un 30% superior al de Francia y un 65% superior al de Italia.

En otras palabras, la economía rusa no es espectacularmente fuerte, pero es considerablemente más robusta y resistente que la de los países occidentales. Se ha vuelto en gran medida autosuficiente en términos de recursos naturales, tecnología y defensa, y su reciente asociación con China -también amenazada por las sanciones- contribuirá muy probablemente a su fortalecimiento.

En términos económicos, las sanciones occidentales han tenido tres efectos principales: han animado a Rusia a desarrollar una base industrial de productos de consumo que antes no tenía; la han animado a desarrollar vínculos con China que antes no tenía; y han reducido su dependencia del capital extranjero. El incentivo para desarrollar la capacidad autóctona en muchas áreas ha contribuido a una mejor gestión del empleo.

Nuestros «expertos» tienden a limitar la capacidad de Rusia para responder a las sanciones cerrando el grifo del gas. Eso es un poco miope. Rusia es nuestra fuente de muchos materiales estratégicos, como escandio, neón (necesario para quemar microprocesadores),

---

670. https://www.levada.ru/

titanio (utilizado en aeronáutica) y otras materias primas estraté-gicas[671] cuya no entrega podría paralizar la industria occidental[672].

Además, a menudo olvidamos que Rusia sigue siendo el principal proveedor de propulsores para cohetes de Estados Unidos y su segundo proveedor de petróleo. Además, Rusia dista mucho de ser un simple proveedor de materias primas. Los hidrocarburos representan alrededor del 15% de su PIB[673] , mientras que los servicios suponen alrededor del 63%.

Para los «expertos» de «C dans l'air», Rusia es obviamente el infierno en la tierra. Jean-Dominique Giuliani afirma que Rusia es el país más desigual del planeta[674]. Esto es mentira. Los economistas miden el grado de desigualdad de un país mediante el *coeficiente de Gini*, que es objeto de un complejo cálculo[675]. La clasificación elaborada por el Banco Mundial muestra que el país más desigual del planeta es Sudáfrica, con un coeficiente de 63 (2014); Estados Unidos tiene 41,4 (2018), Rusia 37,5 (2018), Suiza 33,1 (2018) Francia 32,4 (2018) y Bélgica 27,2 (2018)[676].

Rusia no es ciertamente la potencia económica que su tamaño y su potencial podrían sugerir. Su economía aún está convaleciente, pero se encuentra en buena forma, en contra de la opinión generalizada en Occidente; y esta es una de las razones por las que el gobierno -Vladimir Putin en primer lugar- conserva una imagen positiva.

671.Nick J. Adam, «Striking back: Putin has his own card to play after being hit by sanctions», *techilive.in*, 23 de febrero de 2022.

672.Alexandra Alper y Karen Freifeld, «Russia could hit U.S. chip industry, White House warns», *Reuters*, 11 de febrero de 2022.

673.Charles Kennedy, «Oil & Gas Share Of Russia's GDP Dropped To 15% In 2020», *oilprice.com*, 13 de julio de 2021

674.Programa «C dans l'air», 25 de enero («Ucrania: ¿un mano a mano ruso o estadou-nidense? #cdanslair 25.01.2022», *France 5/YouTube*, 26 de enero de 2022 (41'09»)

675.Wikipedia, artículo «Coeficiente de Gini

676. https://data.worldbank.org/indicator/SI.POV.GINI

7. Estrategia occidental

7.1.¿Se derrumbó la URSS debido a la carrera armamentística y a la Guerra de las Galaxias?

El final de la Guerra Fría fue más el resultado del colapso del sistema socialista sobre sí mismo que de cualquier acción por parte de Occidente. La idea de que Occidente empujó a la Unión Soviética a un proceso de gasto excesivo, especialmente a través de la *Iniciativa de Defensa Estratégica* (IDE), más conocida como «*Guerra de las Galaxias*», y provocó así la caída del régimen, es un mito fantasioso.

El IDS se propuso por primera vez en marzo de 1983. En aquel momento, no era más que un ambicioso programa de investigación, que exigía una reorientación masiva de los recursos industriales, y que Estados Unidos lanzó sin conseguir llevarlo a buen puerto. Hoy, los «expertos» lo ven sólo como un desafío tecnológico, pero era sobre todo un desafío político y estratégico. La IDE cambió radicalmente la lógica de la Guerra Fría. De un equilibrio basado en la capacidad ofensiva, pasamos a un equilibrio de poder basado en la capacidad defensiva. Ronald Reagan vio incluso una dimensión global, porque la lógica sólo funcionaba si se compartían estas capacidades. Sus aliados europeos, encabezados por el Reino Unido, consideraron que se trataba de una utopía peligrosa y costosa y se volcaron con los estadounidenses.

Contrariamente a un mito perdurable, el IDS no provocó la caída en picado de la economía soviética[677]. Ciertamente, los estadounidenses lo afirmaron en su momento, como demuestra este artículo del *Washington Times* de noviembre de 1986, conservado en los archivos de la CIA[678]. Este era el estado de los conocimientos en aquel momento, y Thierry Wolton lo reitera en su libro publicado en 1987[679]. Pero un documento secreto de la CIA elaborado a principios de la década de 2000 y desclasificado en 2014 pinta un panorama muy diferente.

A diferencia de EEUU, la URSS vivía en una economía de guerra, en la que los bienes de consumo no eran una prioridad. Los dirigentes soviéticos eran conscientes de que habían alcanzado el límite de sus capacidades[680] y no pretendían dedicarse a la IDE. Según la CIA, los dirigentes del Kremlin planeaban aumentar el número de sus misiles en lugar de desarrollar un nuevo sistema paralelo. Los propios norteamericanos no tardaron en darse cuenta de que habían mordido más de lo que podían masticar. Aparte de la abundancia de ideas, a menudo poco prácticas, la IDS no produjo ningún resultado concreto y fue abandonada por los estadounidenses en 1993.

También conviene recordar que las transferencias de tecnología no eran unidireccionales: muchas de las tecnologías necesarias para el IDS habían sido desarrolladas por los soviéticos, sobre todo en el campo de la ciencia de los materiales. Treinta años después, los estadounidenses siguen dependiendo en gran medida de la metalurgia de alta tecnología y de los motores para cohetes, que siguen siendo suministrados por Rusia... ¡sin que nunca se les hayan impuesto sanciones[681]!

677.David E. Hoffman, «Mutually Assured Misperception on SDI», *Arms Control Today*, 6 de octubre de 2010.
678.«Respuesta de Moscú a los planes estadounidenses de defensa antimisiles», CIA (https://www.cia.gov/readingroom/docs/CIA-RDP99-01448R000301220006-5.pdf)
679.Véase Thierry Wolton, *Le KGB en France*, Grasset, 1987.
680.Andrew Cockburn, *The Threat: Inside The Soviet Military Machine, Random House*, 1983.
681.Tony Capaccio, «Replacing Russian Rocket Engine Isn't Easy, Pentagon Says», *Bloomberg*, 1 de Mayo 2014.

A finales de los años ochenta, el sistema soviético estaba profundamente enfermo. La catástrofe de Chernóbil hizo tomar conciencia a todos los niveles de la ineficacia de los mecanismos de gestión administrativa y política: fue el principal acontecimiento que condujo al hundimiento de la URSS. A su estela vino la política de transparencia (*glasnost*) para apoyar los esfuerzos de reestructuración (*perestroika*) *que acababan de* iniciarse. A partir de entonces, los esfuerzos occidentales por subvertir el sistema comunista sólo tuvieron un efecto marginal, hasta el punto de que los propios occidentales se vieron sorprendidos por los acontecimientos de 1989-1990, como confirmó el general Lord David Richards, Jefe del Estado Mayor de la Defensa británica en aquella época: «*¡No teníamos ni idea!*»[682].

Pocas horas después de la caída del Muro, me encontraba en el Departamento de Estado en Washington para discutir la situación estratégica en Europa. Mi delegación y yo descubrimos con estupor que ni el acontecimiento ni sus consecuencias habían sido imaginados por los políticos estadounidenses. Así que nuestro sentimiento de victoria está usurpado, y nuestro desprecio por Rusia injustificado.

7.2.¿Es relevante la estrategia occidental hacia Rusia?

Los europeos son bastante ingenuos cuando se trata de la política estadounidense. El 7 de marzo de 1992, el *New York Times* publicó un borrador de la *Guía de Planificación de la Defensa del Pentágono 1994-1998*, que esbozaba la estrategia de Estados Unidos tras la Guerra Fría[683]:

682.Rosie Laydon, «El exjefe militar británico 'no tenía ni idea' de que el Muro de Berlín caería en 1989», www.forces.net, 5 de noviembre de 2019.
683.«Excerpts From Pentagon's Plan: 'Prevent the Re-Emergence of a New Rival'», *The New York Times*, 8 de marzo de 1992.

Nuestro primer objetivo es impedir la reaparición de un nuevo rival, en el territorio de la antigua Unión Soviética o en cualquier otro lugar, que represente una amenaza de la magnitud de la que en su día representó la Unión Soviética.

Con respecto a Europa:

Debemos tratar de evitar la aparición de acuerdos de seguridad exclusivamente europeos que puedan debilitar a la OTAN.

El documento causó un gran revuelo y el Departamento de Defensa tuvo que suavizarlo en su versión final del 16 de abril de 1992. No obstante, sigue conociéndose como la *Doctrina Wolfowitz* y continúa impregnando la estrategia estadounidense en la actualidad.

El discurso occidental sobre Rusia está claramente alineado con la posición y la estrategia estadounidenses. Para entender la estrategia estadounidense, hay que remitirse a la *RAND Corporation,* un *think tank* estadounidense creado en 1948 para asesorar al Ministerio de Defensa sobre estrategia nuclear y estrategia de seguridad nacional.

En 2019, la *RAND Corporation* publicó un documento sobre la estrategia de Estados Unidos hacia Rusia, cuyos títulos de los seis subcapítulos del capítulo 4 hablan por sí solos[684]:

Medida 1: Proporcionar ayuda letal a Ucrania
Medida 2: Aumentar el apoyo a los rebeldes sirios
Medida 3: Promover el cambio de régimen en Bielorrusia
Medida 4: Explotar las tensiones en el Cáucaso Meridional
Medida 5: Reducir la influencia rusa en Asia Central
Medida 6: Desafiar la presencia rusa en Moldavia

684.James Dobbins, Raphael S. Cohen, Nathan Chandler, Bryan Frederick, Edward Geist, Paul DeLuca, Forrest E. Morgan, Howard J. Shatz, Brent Williams, «Extending Russia: Competing from Advantageous Ground», *RAND Corporation*, 2019.

Contiene todos los temas que impulsaron la política de EE.UU. y la UE hacia Rusia entre 2020 y 2022.

La forma de aplicar estas medidas también se detalló en 2019, en otro documento de *la RAND Corporation*. Fue diseñado «*para Estados Unidos y sus aliados*», con el objetivo de «*sobrecargar y desequilibrar a Rusia*»[685]. El objetivo es crear situaciones que generen tensiones sociales y económicas, poniendo a Rusia permanentemente a la defensiva en varios frentes a la vez, para desestabilizarla y debilitarla políticamente, tanto interna como externamente.

Su premisa se basa en el mito -muy extendido en Francia[686]- de que la URSS se derrumbó como consecuencia del sobreesfuerzo de sus recursos provocado por el proyecto «Guerra de las Galaxias» de Ronald Reagan.

Entre las medidas propuestas por RAND en el ámbito económico, destacan los esfuerzos contra el gasoducto germano-ruso, liderados por Donald Trump hasta los últimos días de su mandato[687] y luego retransmitidos por varios diputados europeos en tres líneas principales.

- Ampliar la producción de energía en Estados Unidos para presionar a la economía rusa, su gasto público y, por extensión, su gasto en defensa. De paso, esto aumentaría la oferta mundial y haría bajar los precios mundiales y, por tanto, los ingresos de Rusia. Esto no sólo beneficiaría a la economía estadounidense, sino que no requeriría aprobación multilateral.
- Imponer sanciones comerciales y financieras más duras para dañar la economía rusa.

---

685. James Dobbins *et al*, «Overextending and Unbalancing Russia», *RAND Corporation*, (Doc. Nr RB-10014-A), 2019.
686. Thierry Wolton, *Le KGB en France, op. cit.*
687. Faustine Vincent y Nabil Wakim, «Les États-Unis accentuent les sanctions contre le gazoduc Nord Stream 2», *Le Monde*, 5 de enero de 2021.

- Aumentar la capacidad de Europa para importar gas de proveedores distintos de Rusia, con el fin de crear tensiones económicas en Rusia e independizar a Europa de Rusia.

Esto dista mucho de la tradición europea, pero el proyecto RAND no se detiene ahí. La subversión del sistema político ruso es perceptible, tanto con las medidas adoptadas para apoyar a Navalny como con los proyectos financiados por la NED[688] (Figura 18).

Estrategia estadounidense para desestabilizar a Rusia (extracto)

Opciones ideológicas e informativas de alto coste	Probabilidad de éxito en el sobreestiramiento de Rusia	Ventajas (para Estados Unidos)	Costes y riesgos (para Rusia)
Reducción de la confianza en el sistema electoral ruso	Bajo	Medio	Top
Crear la percepción de que el plan no es de interés público	Media	Medio	Top
Fomentar las protestas internas y otras formas no violentas de resistencia	Bajo	Medio	Top
Socavar la imagen de Rusia en el extranjero	Media	Medio	Recursos

Figura 18 - Opciones para imponer costes a Rusia en los ámbitos de la política y la información. [Fuente: "Overextending and Unbalancing Russia", RAND Corporation, 2019, p. 5.

Lo sorprendente de este documento, que contiene una treintena de recomendaciones importantes, es que en ningún momento menciona la promoción de los derechos humanos o el Estado de Derecho. Esto

---

688.Véase la pregunta 6.2

confirma una observación ya hecha *anteriormente*: el asunto Navalny se ha utilizado como palanca para apoyar una política que no tiene nada que ver con la mejora de la situación en Rusia, sino que está dirigida únicamente a servir a los intereses de Estados Unidos[689].

En junio de 2018, en una reunión organizada por el FCO para movilizar el apoyo a las operaciones de influencia, se expuso claramente el objetivo de la operación: «*El programa pretende debilitar la influencia de Rusia sobre sus vecinos*»[690].

A diferencia de la URSS, donde sólo entre el 5 y el 9% de la población era comunista, hoy en día entre el 60 y el 65% de los rusos aprueba las acciones de Vladimir Putin. Así, durante la Guerra Fría, con una población que sufría bajo el régimen, la propaganda que alababa a Occidente bastaba para esperar desestabilizar a la URSS. Hoy, la situación es muy diferente: por imperfecto que sea, el gobierno ruso no está reñido con su población. Así que la propaganda ya no basta como factor desestabilizador. Hay que desinformar. Por eso Occidente ha tenido que crear estructuras con este fin.

El objetivo de las sanciones unilaterales -aunque de alcance global, gracias a la aplicación de la ley estadounidense en todo el mundo- es crear una situación insostenible para las poblaciones locales, con el fin de incitarlas a la revuelta. Este principio lo expone Richard Nephew, responsable de las sanciones en el Departamento de Estado con Barack Obama y delegado para Irán con Joe Biden, en un libro titulado *El arte de las sanciones, cuyo* espíritu puede calificarse de repugnante[691].

689.«Trump schaltet sich im Fall Nawalny ein und kritisiert Nord Stream 2», *Handelsblatt*, 5 de septiembre de 2020; «Trump fordert Stopp von Nord Stream 2», *Der Spiegel*, 7 de septiembre de 2020.

690.Evento para proveedores, Apoyo a los medios de comunicación independientes en los países de la Asociación Oriental, Apoyo a los medios de comunicación independientes en los países bálticos, Ministerio de Asuntos Exteriores y de la Commonwealth, Londres, 26 de junio de 2018.

691.Richard Nephew, *The Art of Sanctions - A View from the Field*, Columbia University Press, Nueva York, 2018.

Con el mismo espíritu, en febrero de 2021, Bernard Guetta, euro-diputado de *La République en Marche*, declaró en *France 5*[692]:

El nivel de vida no deja de bajar en Rusia, en parte, pero sólo en parte, a causa de las sanciones occidentales.

Así que el nivel de vida en Rusia está bajando gracias a nuestras sanciones. Es para estar orgullosos.

Los políticos franceses operan con el mismo software criminal. Tras ser expulsados de Mali por una junta que no veía perspectivas en el planteamiento francés del conflicto, la respuesta fue presionar a sus vecinos para asfixiar la economía maliense[693].

El 1 de marzo de 2022, tras las primeras sanciones económicas contra Rusia y el éxito desigual de los ataques contra el rublo, Occidente observa que la economía rusa es más resistente de lo esperado. Tanto es así que en Alemania empiezan a preguntarse si Europa no ha reaccionado con demasiada rapidez. En Francia, el Ministro de Economía, Bruno Le Maire, dijo de Rusia[694]:

Vamos a librar una guerra económica y financiera sin cuartel contra Rusia, pero el pueblo ruso también pagará las consecuencias.

Más tarde se retractaría tímidamente de algunos de sus comentarios. Lo esencial sigue siendo la total falta de moralidad, de ética política y de honor de nuestros políticos, incapaces de gestionar la crisis de antemano, y que buscan vengarse de la población civil.

692.«¡Le 5 sur 5 ! - C à Vous - 03/02/2021», *France 5/YouTube*, 3 de febrero de 2021 (17'10»)

693.Carole Assignon, «Mali: vers une asphyxie de l'économie?», *dw.com*, 18 de enero de 2022.

694.«Guerra en Ucrania: «Vamos a provocar el colapso de la economía rusa», dice Bruno Le Maire», *Radio France*, 1 de marzo 2022

Desde luego, no era ni legal ni apropiado lanzar una ofensiva a gran escala contra Ucrania. Eso no justifica sacrificar nuestros valores y nuestro honor: ¡dejemos eso para otros!

7.3.¿Quién politizó la lucha contra el CoViD-19?

En el programa «C dans l'air» del 17 de noviembre de 2021, cuando la oleada 5e de CoViD-19 azotaba Europa y Rusia en particular, Patrick Pelloud, un médico de urgencias que evidentemente no tiene ninguna experiencia en vacunas, afirmó que «*¡la vacuna rusa no funciona*!

Sin embargo, en febrero de 2021, la prestigiosa revista médica *The Lancet* afirmó que la vacuna era eficaz[695], un hallazgo confirmado en un artículo de la renombrada revista *Nature* en julio de 2021[696]. En septiembre de 2021, otro artículo *de The Lancet*, basado en observaciones realizadas en Argentina[697], confirmó una vez más la eficacia de la vacuna. El 24 de noviembre -una semana después de la publicación- un estudio realizado en Hungría (que utiliza la vacuna rusa junto con otras vacunas occidentales) sobre 3,7 millones de pacientes demostró que *Sputnik-V* tenía una eficacia del 85,7%[698].

695.Ian Jones & Polly Roy, «Sputnik V COVID-19 vaccine candidate appears safe and effective», *The Lancet*, volumen 397, nº 10275, 2 de febrero de 2021, pp. 642-643; Denis Y Logunov, et al, «Safety and efficacy of an rAd26 and rAd5 vector-based heterologous prime-boost COVID-19 vaccine: an interim analysis of a randomised controlled phase 3 trial in Russia», *The Lancet*, volumen 397, nº 10275, 2 de febrero de 2021, pp. 671-681.
696.Bianca Nogrady, «Mounting evidence suggests Sputnik COVID vaccine is safe and effective», *Nature*, 6 de julio de 2021 (actualizado el 8 de julio de 2021).
697.Soledad González *et al*, «Effectiveness of the first component of Gam-COVID-Vac (Sputnik V) on reduction of SARS-CoV-2 confirmed infections, hospitalisations and mortality in patients aged 60-79: a retrospective cohort study in Argentina», *The Lancet*, volumen 40, nº 101126, 12 de septiembre de 2021.
698.Vokó, Zoltán *et al*, «Nationwide effectiveness of five SARS-CoV-2 vaccines in Hungary - The HUN-VE study», *Clinical microbiology and infection*, 24 de noviembre de 2021, (doi:10.1016/j.cmi.2021.11.011).

El 25 de noviembre, *Clinical Trials Arena,* una plataforma común utilizada por varios grupos farmacéuticos, declaró que la vacuna rusa sería eficaz a largo plazo[699]. El 20 de diciembre, afirmó que también sería eficaz contra la variante *Omicron*[700].

Así que nuestro médico de urgencias hace acusaciones y dice tonterías, sin tener en cuenta la ciencia. Precisamente por culpa de estos individuos, para los que la imaginación sustituye a la razón, surgen las teorías conspirativas y el público ya no confía en los científicos... a los que se acusa (a veces con razón) de mentir.

El aumento de casos y muertes por CoViD en Rusia en noviembre de 2021 no se debe a la «ineficacia» de la vacuna, como afirma Patrick Pelloud, sino al hecho de que pocas personas están vacunadas en Rusia (alrededor del 36%).[701]

Hay dos explicaciones para esta baja tasa de vacunación: la introducción tardía de medidas coercitivas por parte del gobierno y una reticencia general a vacunarse entre la población rusa. Si el Sr. Pelloud fuera honesto, habría observado que las curvas de vacunación en la Unión Europea muestran que los países de Europa del Este están muy por debajo de la media europea, que está jalonada por Europa Occidental. Así pues, es probable que haya una razón cultural detrás de esta desafección por las vacunas. Por ejemplo, las tasas de mortalidad por CoViD en Europa son más elevadas en los países de Europa del Este (Bulgaria, Hungría, República Checa, Rumanía, Croacia, Eslovaquia, Lituania, Eslovenia, Polonia, Letonia)...[702]

Sin embargo, en el caso de Rusia, no se puede descartar que en esta reticencia hayan influido los llamados «científicos» occidentales

---

699.«La vacuna rusa Sputnik V Covid-19 demuestra eficacia a largo plazo», *clinicaltrialsarena.com*, 25 de noviembre de 2021.

700.«La vacuna rusa Sputnik V demuestra su eficacia contra la variante Omicron», *clinicaltrialsarena.com*, 20 de diciembre de 2021.

701.Cifras para el 17 de noviembre de 2021 (https://ourworldindata.org/coronavirus)

702.Cifras para el 18 de diciembre de 2021 (https://www.worldometers.info/coronavirus/)

-como Pelloud- que, al denigrar la vacuna rusa, han minado la
confianza en una vacuna que funciona. Al igual que los difusores de
noticias falsas en Occidente, los que difunden noticias falsas sobre
la vacuna rusa son igual de criminales. El conspiracionismo no se
limita a los que denigran las vacunas en Europa.

La vacuna rusa no ha sido aprobada en Europa. A pesar de una
solicitud de aprobación presentada el 4 de marzo de 2021, la *Agencia
Europea de Medicamentos* (EMA) aún no había tomado una decisión
a finales de año. Sin embargo, ha añadido un criterio «ético» (que
no se ha aplicado a ninguna otra vacuna) a su revisión de la vacuna
Spoutnik-V[703].

Al parecer, la Agencia parece tomarse en serio los rumores en
torno al anuncio de la vacuna rusa, sin leer la prensa especializada.
¿Podría esto explicarse por el hecho de que Emer Cooke, el nuevo
director de la EMA desde noviembre de 2020, fue anteriormente jefe
de la *Federación Europea de Industrias y Asociaciones Farmacéuticas*
(EFPIA), una asociación de *presión* que incluye a AstraZeneca,
Johnson & Johnson y Pfizer? De ser así, no estaríamos lejos de un
caso de corrupción... ¡Parece que es la EMA la que necesita ética!

7.4.¿Los occidentales luchan por el respeto del derecho internacional?

Sería tentador responder «sí», pero ya no es así. Como demuestran a diario los «expertos» que aparecen en nuestras pantallas de
televisión, nuestra forma de entender las relaciones internacionales
ha cambiado profundamente en el último cuarto de siglo.

703.«EU regulator to probe ethical standards of Sputnik vaccine trials - FT», *Reuters*, 7
de abril de 2021.

Nuestro acercamiento a Rusia, China y otros actores se basa en una doctrina que defiende que, mientras nuestros valores sean considerados buenos (por nosotros), podemos liberarnos del derecho internacional. Es exactamente el mismo espíritu que autorizó a los españoles a masacrar a las poblaciones amerindias, a los norteamericanos a los indios, a los israelíes a los palestinos, etc. Esto explica las intervenciones militares (contrarias al derecho internacional) en Irak, Siria y otros lugares.

Justo después de la Guerra Fría, con China aún en desarrollo y Rusia inestable, el equilibrio de poder dentro del *Consejo de Seguridad (CS) de* la ONU se inclinó a favor de Estados Unidos. Podían influir en las decisiones del Consejo de Seguridad o ignorarlo para librar impunemente guerras contra el derecho internacional. Pero a principios de la década de 2000, a medida que Rusia y China reforzaban sus economías y su credibilidad, el Consejo de Seguridad empezó a recuperar su papel de la Guerra Fría.

Para llevar a cabo su guerra contra el terrorismo, Estados Unidos y Gran Bretaña intentan crear un orden internacional alternativo que les dé vía libre. Desde principios de la década de 2000, intentan reducir la autoridad de las instituciones internacionales y sustituir un orden internacional basado en el derecho por un orden internacional basado en normas.

En otras palabras, las relaciones internacionales ya no se rigen por normas de derecho reconocidas y aceptadas por todos, sino por normas establecidas unilateralmente. Estas reglas pueden ser valores (los famosos «valores occidentales») o intereses nacionales. Gracias a este nuevo enfoque, los estadounidenses han podido justificar el secuestro de ciudadanos en el territorio de países europeos sin su aprobación, o el uso de la tortura en Europa.

Inspirado en las teorías israelíes, este enfoque ha llevado a Estados Unidos a retirarse de todos los tratados de control de armas (como vimos en la pregunta 5.1). También explica por qué la administración Trump adoptó sanciones contra los jueces de la Corte *Penal Internacional (CPI)* que querían procesar a militares estadounidenses por crímenes de guerra. La administración Biden revocó esta decisión en abril de 2021, pero presionó al TPI para que no investigara los crímenes de guerra cometidos por el ejército estadounidense en Afganistán[704].

Así pues, poco a poco hemos ido derivando hacia una «*ley del más fuerte*».

Un hito en este enfoque fue un discurso pronunciado por Tony Blair en Chicago en 2004. Como Primer Ministro, expuso el concepto de la «responsabilidad de proteger» (*R2P*), que acabaría conociéndose como la «doctrina Blair». Se basa en la idea de que existen principios (o valores) tan importantes que permiten eludir el derecho y las instituciones internacionales para justificar una intervención militar.

Con ello pretendía justificar *a posteriori* la participación británica en la guerra de Irak sin la aprobación del Consejo de Seguridad de la ONU. Irónicamente, la intervención rusa en Georgia, ordenada por Dmitri Medvédev en 2008 (y no por Vladímir Putin, como afirma Caroline Roux[705]), se justificó por la RdP. Del mismo modo, las atrocidades contra las minorías rusoparlantes en los Estados bálticos o una posible operación ucraniana contra las repúblicas autonomistas de Donbass podrían justificar la intervención rusa.

Estados Unidos considera que la ONU está reñida con su visión unipolar del mundo, en la que es el modelo a seguir. Sin embargo, frente al creciente poder de China y Rusia, y su cohesión en el Consejo de Seguridad de la ONU, Estados Unidos intenta poner en

---

704. Andrea Germanos, «Critics Fume as ICC Excludes US From Probe Into Afghan War Crimes», *commondreams.org*, 27 de septiembre de 2021; «Statement of the Prosecutor of the International Criminal Court, Karim A. A. Khan QC, following the application for an expedited order under article 18(2) seeking authorisation to resume investigations in the Situation in Afghanistan», www.icc-cpi.int, 27 de septiembre de 2021.
705. «C dans l'air» emitido el 17 de octubre de 2021 («Poutine, maître du jeu #cdanslair 17.10.2021», *France 5/YouTube*, 18 de octubre de 2021) (53'04»)

7. Estrategia occidental

marcha un sistema alternativo de gestión del orden internacional, basado en los países que le son favorables. Esta es la base de la *Cumbre de la Democracia*, lanzada por Joe Biden en diciembre de 2021, cuyo principal objetivo es «*reforzar la democracia y defenderse del autoritarismo*». Sin embargo, de los 111 países invitados, sólo 19 eran «*democracias plenas*», según la definición de la *Economist Intelligence Unit* (EIU). Los otros 92 eran (siempre según la EIU) «*democracias fallidas*» (como los propios Estados Unidos, Francia y Bélgica), «*regímenes híbridos*» y «*regímenes autoritarios*»[706].

Un ejemplo de este nuevo orden internacional es la intrusión de 4 km de un submarino estadounidense de la clase Virginia en aguas territoriales rusas frente a las islas Kuriles en febrero de 2022. Las islas Kuriles pertenecieron a Japón hasta 1945, cuando fueron concedidas a la URSS por Estados Unidos en agradecimiento por su intervención en Manchuria. Desde entonces, la soberanía sobre estas islas ha seguido siendo un punto de disputa entre Rusia y Japón, pero dio un nuevo giro en 2014 cuando Estados Unidos reconoció la soberanía de Japón sobre las islas.

Más allá del caso que nos ocupa, podemos ver que hemos pasado a un contexto en el que impera la ley del más fuerte.

Por ejemplo, Estados Unidos reconoce que:

> *El Comunicado Conjunto de 1979 entre Estados Unidos y la República Popular China supuso el reconocimiento diplomático de Taipei por parte de Pekín. En el comunicado conjunto, Estados Unidos reconocía al gobierno de la República Popular China como único gobierno legal de China, reconociendo la postura china de que sólo hay una China y que Taiwán forma parte de China*[707].

---

706. «Democracy Index 2020 - In sickness and in health?», *The Economist Intelligence Unit*, 2021

707. «Relaciones de Estados Unidos con Taiwán - Hoja informativa sobre relaciones bilaterales», *Departamento de Estado*, 31 de agosto de 2018.

Esto no les impide duplicar su presencia militar en la isla en 2021[708] y suministrarle armas[709]. Del mismo modo, aunque la Unión Europea se adhiere al principio de *«una sola China»* y no reconoce a Taiwán como Estado soberano[710], una delegación del Parlamento Europeo encabezada por Raphaël Glucksmann visitó Taiwán en contra de la opinión de Pekín[711].

Un poco como China entregando armas a Hawai, o Italia entregando armas a Córcega y haciendo campaña por su independencia, o un ministro italiano visitando a los gilets jaunes en Francia sin el acuerdo de París...

Los «valores» que se supone que defendemos son muy limitados geográficamente y distan mucho de ser universales. Mantenemos lazos cordiales con Estados Unidos. Sin embargo, entre 1947 y 1989, Estados Unidos intentó derrocar gobiernos 72 veces: 6 abiertamente y 66 mediante operaciones clandestinas, de las cuales sólo 26 tuvieron éxito[712].

Es más, con motivo de la crisis ucraniana, Joe Biden repitió una y otra vez que *«las naciones tienen la libertad de elegir su propio camino y de elegir con quién quieren asociarse*[713]*»*. Estados Unidos impone sanciones a los países que compran armas rusas. En virtud de la *Ley para Contrarrestar a los Adversarios de Estados Unidos mediante Sanciones (Countering America's Adversaries Through Sanctions Act,*

708.Erin Hale, «US Nearly Doubles Military Personnel Stationed in Taiwan This Year», *Voice Of America*, 2 de diciembre de 2021.

709.«EE.UU. aprueba una venta de armas a Taiwán por valor de 100 millones de dólares para mejorar sus misiles», *France 24*, 8 de febrero de 2022.

710.Fichas técnicas sobre la Unión Europea - Asia Oriental, *Parlamento Europeo*, 2021

711.John Feng, «European Lawmakers Visit Taiwan, Brushing Off China's Warnings», *Newsweek*, 3 de noviembre de 2021.

712.Lindsey A. O'Rourke, «Estados Unidos intentó cambiar los gobiernos de otros países 72 veces durante la Guerra Fría», *The Washington Post*, 23 de diciembre de 2016.

713.Shane Harris, Robyn Dixon, Rachel Pannett y Emily Rauhala, «Biden says U.S. has not verified a pullback of Russian troops from Ukraine's border, despite Moscow's claims», *The Washington Post*, 15 de febrero de 2022.

CAATSA), por ejemplo, ha sancionado a China. Como resultado, 33 países[714] han sido objeto de sanciones o han sufrido represalias, con el fin de disuadirles de seguir su ejemplo[715]. Francia no está mejor: el origen de las desavenencias entre Bamako y París tiene poco que ver con el Estado de derecho (París aceptó de buen grado un golpe de Estado en 2020), sino más bien con un contrato de armamento entre Malí y Rusia[716].

Así pues, no luchamos por el respeto del derecho internacional, sino por el mantenimiento de la supremacía occidental.

7.5.¿Ayuda nuestra percepción actual de Rusia a resolver el problema?

No, porque muy pocos comentaristas entienden la Rusia actual. Todavía la confunden con la URSS. Este es el problema de muchos de los «expertos», asesores e incluso ministros de la «nueva Europa» que conozco. Sólo tienen conocimientos librescos y una comprensión lejana de la cultura y el espíritu rusos.

A principios de la década de 2000, en un momento en que la administración Bush se embarcaba en guerras de larga duración y aprovechaba el impulso del momento para intensificar la presencia estadounidense en Europa del Este, Vladimir Putin llegó al poder y

---

714.Angola, Arabia Saudí, Argelia, Armenia, Azerbaiyán, Bielorrusia, Camerún, China, Corea del Sur, Egipto, Emiratos Árabes Unidos, Filipinas, Ghana, India, Indonesia, Irán, Irak, Kazajstán, Kirguizistán, Malasia, Marruecos, México, Myanmar, Nepal, Nicaragua, Nigeria, Pakistán, Perú, Qatar, Serbia, Turquía, Uzbekistán y Vietnam.

715.John V. Parachini, Ryan Bauer, Peter A. Wilson, «Impact of the U.S. and Allied Sanction Regimes on Russian Arms Sales», *Rand Corporation,* 2021.

716.Georges François Traoré, «Les vraies raisons de la brouille : Bah N'Daw aurait communiqué aux Français des documents de contrat d'armement», *maliweb.net, 26* de mayo de 2021; Georges Ibrahim Tounkara, «Assimi Goïta, l'homme au centre de la transition au Mali», *dw.com*, 26 de mayo de 2021.

dio el pistoletazo de salida. Su discurso de Múnich en 2007 puso fin a la complacencia rusa de los años de Yeltsin.

Rápidamente se convirtió en la «bête noire» de la intelectualidad europea. Se utilizó cualquier medio para desacreditarle.

La llegada de Donald Trump a Estados Unidos ha permitido definir una especie de unidad de medida de la detestación, que permite calificar a Vladimir Putin. Se dice que el presidente estadounidense está bajo la influencia de Putin[717], que habría una complicidad entre ellos[718] y una *«alquimia positiva»*[719], hasta el punto de que Trump preferiría a Putin antes que a sus socios de la OTAN[720]. En *Le Monde,* el politólogo Frédéric Charillon afirma incluso que Trump y Putin *«son aliados objetivos».*[721]

Otros afirman que la fantasiosa idea de Donald Trump de comprar Groenlandia procede de Vladimir Putin[722], mientras que Laure Mandeville, con un temblor en la voz, señala que Trump ha intentado tender puentes con Rusia...

No hay más que ver las medidas tomadas por Donald Trump contra Rusia a lo largo de su mandato (ver Anexo 1) para darse cuenta de que las relaciones con Rusia nunca han estado tan mal.

Puede que el gobierno de Vladimir Putin deje mucho que desear, pero nuestra aversión hacia él es irrisoria.

717.«Trump, ¿un "candidat mandchou"?», *letemps.ch*, 28 de septiembre de 2020 (actualizado el 29 de septiembre de 2020)

718.«Donald Trump: pourquoi ses liens avec la Russie interrogent», *AFP/Le Point*, 14 de enero de 2019 (actualizado el 15 de enero de 2019).

719.Nicolas Barotte, «Trump-Putin: cara a cara contra un telón de fondo de crisis», *Le Figaro*, 7 de julio de 2017.

720.François d'Alançon, «L'Otan coincée entre Trump et Poutine», *La Croix*, 11 de julio de 20

721.Frédéric Charillon, «Donald Trump y Vladimir Putin son aliados objetivos pero no iguales», *Le Monde*, 18 de julio de 2018.

722.Richard Wolffe, «Trump wanting to buy Greenland is yet another sign of Putin's puppetry», *The Guardian*, 21 de agosto de 2019.

Su paso por el KGB explica «*su afición a las teorías conspirativas*[723]«. Se hizo responsable de todo, de los atentados de París en 2015[724] y del atentado en el aeropuerto de Ankara el 17 de febrero de 2016[725] incluidos. El jefe del servicio de seguridad ucraniano (SBU) le atribuye la responsabilidad de los atentados de Bruselas del 22 de marzo de 2016[726] y un experto ucraniano ve en el atentado de Niza del 14 de julio de 2016 un medio para reforzar su posición en las negociaciones con John Kerry[727].

En Francia, la noche del atentado en los Campos Elíseos del 20 de abril de 2017, Christophe Girard, alcalde socialista del distrito 4e de París, no dudó en tuitear[728]:

> *Atentado en Francia pocos días antes de las elecciones presidenciales. ¡Qué extraño! Vaya y pregúntele al Sr. Putin, por ejemplo.*

... una magnífica demostración de imbecilidad, reveladora de un estado de ánimo, sintomático de una clase política tan poco ilustrada como responsable. Durante la manifestación de los Chalecos Amarillos del 1er de diciembre de 2018, el periodista Brice Couturier llegó a afirmar que «*Putin está maniobrando. Una pequeña guerra civil en Francia le vendría muy bien!*[729]».

723.Quentin Peel, «Portrait de Vladimir Poutine - Président de la Fédération de Russie», *Institut Montaigne*, blog, 17 de julio de 2018.

724.Авраам Шмулевич, «Организовал Ли Путин Парижские Теракты?», *tsn.ua*, 17 de noviembre de 2015.

725.ТСН, «До терактів у Туречинiможе бути причетна Росія», *YouTube*, 21 de febrero de 2016.

726.Новости Украины, «Глава СБУ Грицак - Придурок и Дегенерат», *YouTube*, 24 de marzo de 2016.

727.«Эксперт рассказал, как Керри убедил Путина не делать глупости», *glavnoe.ua*, 15 de julio de 2016.

728.Texto «tuiteado» el 20 de abril de 2017, a las 21:47 - borrado rápidamente inmediatamente después.

729. https://twitter.com/briceculturier/status/1068854748932128770

En la misma línea, Boris Johnson[730], el príncipe Carlos de Inglaterra[731] y Hillary Clinton[732] lo comparan con Adolf Hitler. ¡El *Departamento de Seguridad Nacional de* Estados Unidos (DHS) ha llegado incluso a advertir a los estadounidenses de que los rusos podrían intentar dividirlos por la pizza con piña[733]!

En resumen, Vladimir Putin se ha convertido en una especie de excusa para no tener una política. El problema es que le juzgamos con las tripas y no con la cabeza. En 2016, la plataforma estadounidense de análisis geopolítico *Stratfor* predijo que ni Rusia ni Vladímir Putin existirían en 2025[734]. ¿Sobre qué base? No hay respuesta.

En 2014, Barack Obama instó a Occidente a acercarse a Rusia para contrarrestar el desafío planteado por China a Estados Unidos. Ahora, siete años después, podemos ver que los europeos (y en particular los pasos de la «nueva Europa») han perseguido la línea trazada para ellos por Donald Trump, obligando a Joe Biden a seguirlos. Como resultado, Occidente se enfrenta a dos «adversarios» adyacentes que tienden a formar un único bloque poderoso: Rusia y China.

730.«El ministro británico Boris Johnson compara a Putin con Hitler», *Challenges.fr*, 21 de marzo de 2018.
731.«El príncipe Carlos compara a Putin con Hitler», *Le Nouvelliste*, 7 de agosto de 2015 (actualizado el 20 de octubre de 2015).
732.«Ucrania: cuando Hillary Clinton compara a Putin con Hitler», *Le Parisien*, 6 de marzo de 2014.
733.Mike Levine, «El DHS advierte de los esfuerzos rusos para dividir a Estados Unidos por la pizza con piña... más o menos», *abcnews*.com, 19 de julio de 2019.
734.«Decade Forecast: 2015-2025», *Stratfor.com*, 23 de febrero de 2015; Debra Killalea, «The world in 2025: China loses power, Russia 'won't exist'», *news.com.au*, 6 de febrero de 2016.

7. Estrategia occidental

7.6. ¿Nos ayudan *los fact-checkers* a luchar mejor por el Estado de Derecho?

En teoría, sí. En la práctica, no. Sí, cuando nos ayudan a ver el mundo desapasionadamente y sin prejuicios. No, cuando proporcionan un punto de vista partidista que conduce a opiniones polarizadas.

Para que el *fact-checking* sea útil y una garantía de paz, debe ser imparcial y estar libre de influencias externas. Desgraciadamente, *los fact-checkers* tienden a menudo a confundir su visión perfectamente legítima del mundo con los hechos. Se vuelven militantes. Su metodología no utiliza definiciones rigurosas de los términos que emplean, lo que les permite tachar de teorías conspirativas todo lo que no les gusta. Se convierten así en órganos de influencia que polarizan las opiniones, lo que va en contra de su objetivo principal.

La crisis ucraniana de 2021-2022, como la mayoría de las crisis, tiene su origen en la forma en que interpretamos los hechos en ambos bandos. En mi carrera de inteligencia en los servicios de inteligencia estadounidenses y británicos, aprendí a intentar comprender la forma y la lógica del pensamiento de un adversario. No según mis propias opiniones, sino haciendo caso omiso de mis propios prejuicios. Esto no significa que me adhiera a las ideas de mi adversario, sino que intento comprender su punto de vista para elaborar una respuesta adecuada. Esto es lo que expliqué en *Gouverner par les fake news*, cuyo objetivo es combatir la conspiración y ofrecer una visión más equilibrada de los acontecimientos. En consecuencia, fue calificado de «conspiracionista» por *Conspiracy Watch*[735], que publicó su veredicto en *Wikipedia*.

---

735. Antoine Hasday, «On *RT France*, Jacques Baud ticks all the geopolitical conspiracy boxes», *Conspiracy Watch*, 7 de septiembre de 2020.

Este es el problema de las estructuras asociadas a organizaciones que tienen un proyecto político o que retransmiten una ideología, como el *Centro de Excelencia para la Comunicación Estratégica de la OTAN*[736]. Pero también afecta a organizaciones como *Conspiracy Watch*, que trabaja con la *Iniciativa de Integridad (II) del* Reino Unido. La II se creó bajo los auspicios del Ministerio de Asuntos Exteriores británico (FCO), del que dependen el *Servicio Secreto de Inteligencia* (MI-6) y el *Cuartel General de Comunicaciones del Gobierno* (GCHQ), encargado de la ciberguerra y asociado a esta iniciativa. También la financian el Ministerio de Defensa y el Ejército británicos, el Ministerio de Defensa lituano y la OTAN, y su objetivo es combatir la desinformación rusa en Europa[737]. El II se apoya en la BBC y Reuters para promover un discurso oficial destinado a contrarrestar la desinformación rusa.

En Francia, el II cuenta con un grupo cuyo objetivo es «*estudiar la influencia rusa*». La lista de participantes revelada por Anonymous incluye a periodistas, funcionarios del Ministerio de Asuntos Exteriores, la Secretaría General de Defensa y Seguridad Nacional (SGDSN), Rudy Reichstadt, de *Conspiracy Watch*[738], Françoise Thom (contraria a los medios de comunicación pagados en el extranjero y al diálogo diplomático con Rusia[739]) y Galia Ackerman, que habla regularmente de Rusia en *France 5*. Como era de esperar, el grupo británico incluye a *Bellingcat* y a Vladimir Ashurkov, estrecho colaborador de Navalny.

---

736. https://www.stratcomcoe.org/

737.*Ministerio de Asuntos Exteriores y de la Commonwealth: Iniciativa de Integridad, Pregunta para el Ministerio de Asuntos Exteriores y de la Commonwealth*, UIN 196177, 27 de noviembre de 2018.

738.Benoît Bréville, «Chasseur de "conspis"», *Le Monde diplomatique*, abril-mayo de 2018; Brice Perrier, «Conspiracy Watch de Rudy Reichstadt: les contradictions de l'anti-complotiste professionnel», *Marianne*, 23 de noviembre de 2019; Laurent Dauré, «Quand les "complotologues" de *Franceinfo* font l'impasse sur la principale théorie du complot de l'ère Trump», *Acrimed*, 10 de marzo de 2021.

739.Isabelle Mandraud, «Françoise Thom, la procureure de Poutine», *Le Monde*, 21 de octubre de 2019.

Técnicamente, estos corresponsales de una iniciativa financiada por gobiernos extranjeros responden a la definición de *agentes de influencia*[740]. Según *SwissInfo*, la *Iniciativa de Integridad* ha permitido al Reino Unido:

> *intervenir en los asuntos internos de Estados europeos independientes: un ejemplo es la Operación MONCLOA en España, en la que Gran Bretaña impidió que Pedro Baños fuera nombrado Director del Departamento de Seguridad Interior de España*[741].

Estas operaciones van mucho más allá de la lucha contra la desinformación: el objetivo es influir en las políticas de los países de la Unión Europea. De hecho, no se trata tanto de luchar contra la desinformación rusa como de combatir todo lo que se oponga a la desinformación occidental. Esto es lo que afecta a nuestra comprensión de Rusia y ha contribuido a la incapacidad de los países europeos y de la Unión Europea para encontrar soluciones antes de una acción militar.

Comprender un conflicto requiere una lectura holística de los acontecimientos. El problema es que, para condenar a Rusia y China al ostracismo, los «expertos» de «C dans l'air» y otros tienen que omitir sistemáticamente parte de la historia para que su relato sea coherente. Este tipo de lectura no consigue nada, salvo polarizar la opinión.

Sin embargo, para luchar contra las dictaduras no hace falta mentir: la generación que precedió a la de los dirigentes actuales fue capaz, sin verificadores de hechos, de vencer al franquismo, a Salazar en Portugal, al comunismo en Polonia, Checoslovaquia, Rumanía,

---

740. https://fr.wikipedia.org/wiki/Agent_d influencia
741.«Anonymous svela 'rete anti Russia'», *swissinfo.ch*, 24 de noviembre de 2018.

Hungría y la URSS, y a las dictaduras turca y griega, por citar sólo algunos países europeos.

Hoy, paradójicamente, al no tener una visión holística de los problemas, los verificadores de hechos y los periodistas sólo refuerzan la autoridad de Vladimir Putin y otros.

8. Conclusiones - Putin, ¿maestro del juego?

Sí, Putin es el amo del juego, pero no por las razones que nos inspiran nuestros prejuicios y que nos recuerdan los «expertos». Es el amo del juego porque nos conoce mejor que nosotros *mismos* y mejor que nosotros a él.

No compartimos los mismos criterios de gobernanza que Vladimir Putin, y eso está bien; pero la intransigencia de nuestros «expertos» frente a Rusia o China sólo nos da la ilusión de ser fuertes. Al someternos, nos debilitamos. Las medidas que tomamos no se ajustan a la situación real y sólo reflejan nuestra percepción. El resultado es una imagen irracional de la situación que nos asegura ir siempre un paso por delante.

8.1.Balance de situación

A principios de marzo de 2022, el panorama es el siguiente.

- La Unión Europea, totalmente ausente (e incluso contraproducente) en la fase diplomática del conflicto, sólo demostró su eficacia suministrando armas a la población civil ucraniana, una decisión irresponsable, por no decir estúpida.
- A petición de Ucrania, China se perfila como mediador en el conflicto, en detrimento de actores de mediación más tradicionales, como Suiza.

- Muchos expertos estadounidenses se han dado cuenta de que era irresponsable querer extender a toda costa la OTAN hasta las fronteras de Rusia. La OTAN sólo parece entenderlo ahora.

- La OTAN parece ser una estructura que no puede responder a situaciones como las de 2021-2022. Europa necesita encontrar una arquitectura de seguridad que se adapte a su contexto. ¿Hasta qué punto aceptarán los estadounidenses quedar excluidos? Sigue siendo una cuestión abierta.

- Bielorrusia, que en 2020 quiso distanciarse de Rusia y acercarse a los europeos, ha vuelto a caer completamente en la órbita rusa gracias a la política de la Unión Europea.

- Rusia y China se han acercado considerablemente, tanto política como económicamente.

- Tanto a escala nacional como de la Unión Europea, los mecanismos occidentales de toma de decisiones se guían únicamente por la emoción, y se están volviendo incoherentes, irracionales e incapaces de anticiparse.

- Por su ignorancia, los «expertos» han modelado nuestra percepción de Rusia, Ucrania y los acontecimientos de tal manera que no hemos tenido la lectura serena de la situación que nos habría permitido evitar el desastre. Al contrario, parece que, desde diciembre de 2021, nos encontramos en una dinámica acelerada de incomprensión y parcialidad.

- Desde el comienzo de la crisis, tanto en Estados Unidos como en Europa, los servicios de inteligencia han brillado por su ausencia. Algunos de ellos tenían un cuadro de la situación mucho menos alarmante que el que nos presentaban los medios de comunicación, lo que habría propiciado un diálogo desapasionado, pero se vieron superados a la derecha por políticos más interesados en la pose y los *chistes* que en la reflexión y la negociación.

8.2. El papel de los prejuicios

En 1982, George Kennan, diplomático estadounidense que fue uno de los diseñadores de la estrategia de *contención de la* Unión Soviética, escribió[742]:

> *Me parece que la percepción de la Unión Soviética que prevalece hoy en gran parte de nuestra clase dirigente gubernamental y periodística es tan extrema, tan subjetiva, tan alejada de lo que revelaría un examen minucioso de la realidad exterior, que no sólo es ineficaz sino peligrosa como guía para la acción política.*

En 2022, sustituya «Unión Soviética» por «Rusia» y verá que no hemos cambiado mucho.

El conflicto en Ucrania es el resultado de una construcción en la que las palabras y acciones de Vladimir Putin se han interpretado sistemáticamente según nuestros prejuicios.

Con Rusia cometemos exactamente el mismo error que con el terrorismo yihadista: atribuimos al adversario una doctrina construida a partir de nuestras propias percepciones, ensamblando los hechos con nuestra lógica. El resultado es que somos incapaces de entrar en la lógica *real* del adversario, y le dejamos tomar la iniciativa. Por eso Occidente está en jaque en todos sus teatros de operaciones, por eso los israelíes son incapaces de controlar el terrorismo desde hace más de sesenta años y por eso Francia teme el regreso de los yihadistas a pesar de la derrota del Estado Islámico. No se puede derrotar a un enemigo al que no se quiere conocer

En ningún momento los diplomáticos occidentales se preocuparon por el destino de la población de Donbass, privada de recursos

---

742. George F. Kennan, *The Nuclear Delusion: Soviet-American Relations In The Atomic Age*, Pantheon (Nueva York), 1982.

y bombardeada por el gobierno ucraniano durante ocho años. En última instancia, la única influencia material significativa de la Unión Europea en los dramáticos acontecimientos de principios de 2022 fue la adopción de sanciones y el suministro masivo de armas, pero su contribución diplomática fue literalmente nula.

8.3.Conspiracionismo institucional

Nadie, ni siquiera Vladimir Putin, está a favor de la guerra simplemente porque le guste la guerra. Los halcones no ven otra alternativa que la guerra, porque su imagen de la situación *sólo* les dicta esa solución.

Desde 2014, nuestra lectura del discurso de Vladimir Putin ha seguido la misma lógica: «*Putin es un dictador*[743]», «*la dictadura engendra guerra*[744]», «*Rusia está aumentando su presencia en la frontera ucraniana*[745]», «*Putin quiere atacar Ucrania*[746]». De este modo, se alinean *remates* incuantificables e inverificables, justificados por aproximaciones, para crear una lógica artificial y crear una imagen que impide cualquier resolución pacífica del conflicto.

Los términos «separatista», «independentista» y «prorruso» son engañosos, pero han moldeado la mente de la gente. Desde 2015, los rusos han pedido sistemáticamente la aplicación de los Acuerdos de Minsk, cuyo objetivo era un estatuto autónomo para los rusoparlantes dentro de Ucrania. Es sorprendente ver que, en canales como *RTS*, la situación se presentaba sistemáticamente de una manera que descartaba cualquier conciliación.

---

743. https://youtu.be/akCBS12of_s
744.«Ucrania y Bielorrusia: la dictadura sigue engendrando guerra», *huffingtonpost.fr*, 16 de abril de 2014 (actualizado el 5 de octubre de 2016).
745.«Ucrania: las tropas rusas se despliegan en la frontera», *francetvinfo.fr*, 3 de febrero de 2022
746.Laure Mandeville, «Teniendo en cuenta los precedentes de Putin, es probable un ataque ruso a Ucrania», *lefigaro.fr*, 10 de febrero de 2022.

Los medios de comunicación estatales, como *RTS*, *France 5*, *France 24* y *RTBF*, no trabajan de acuerdo con los principios de la Carta de Múnich (Apéndice 4). Otros medios, como el canal privado *LN24* en Bélgica, presentan una información relativamente equilibrada sobre la situación en Ucrania. En *CNews* en Francia, el escalofriante relato de la periodista Anne-Laure Bonnel sobre los crímenes de guerra ucranianos en el Donbass[747] debería hacernos reflexionar sobre esta guerra y la forma en que hemos enfocado el conflicto. En este contexto, deberíamos cuestionarnos seriamente la responsabilidad moral y penal de los medios de comunicación que no trabajan de acuerdo con la ética periodística y distorsionan deliberadamente nuestra percepción.

También demuestra que nos conformamos con malas decisiones con el pretexto de que sirven a una buena causa. Es una variante de «el fin justifica los medios». No se corresponde con nuestros valores. Como hemos visto, todo lo que nos contaron los «expertos» se basaba en realidades truncadas, con algunos de los acontecimientos eliminados para encajar en la narrativa.

8.4. Indignación de geometría variable

Habiendo crecido en una cultura que rehúye la violencia tanto en los hechos como en el pensamiento, condeno la guerra, pero soy, como decimos en Suiza, un ciudadano-soldado, que acepta e incluso considera legítimo el uso de la fuerza si es necesario.

Lejos de pensar que la decisión de Vladimir Putin de atacar Ucrania fue la correcta, creo que merece la pena echar un vistazo crítico a la forma en que hemos gestionado esta crisis y las crisis en general.

---

747. Anne-Laure Bonnel: «Ucrania lleva ocho años bombardeando a su propia población y han muerto 13.000 personas», *CNews*.fr, 1 de Marzo 2022

Debemos hacernos algunas preguntas. Tras meses de proclamar *urbi et orbi* que Vladimir Putin se arriesgaba a atacar Ucrania, resulta inexplicable la total ausencia de determinación occidental para aplicar los Acuerdos de Minsk.

¿Quién condenó y trató de impedir el bombardeo sistemático de la población de Donbass por su propio gobierno? Quién sancionó al gobierno ucraniano por cortar el suministro de agua a la población de Crimea?

Los valores que pretendemos defender son de geometría variable.

Julian Assange ha pasado más tiempo en prisión que los autores de los crímenes de guerra que denunció, y nadie ha castigado a Estados Unidos por estos crímenes. Y seguimos haciéndolo... Condenamos con razón los ataques a la libertad de pensamiento, de prensa y de información. Pero en Alemania se despide a un director de orquesta porque se niega a condenar la ofensiva rusa[748]. En la República Checa, manifestarse a favor de Rusia contra Ucrania se considera «*apoyo a un crimen contra la humanidad o genocidio*», castigado con hasta tres años de cárcel[749]. Si a esto añadimos las abyectas declaraciones de Bruno Le Maire, ministro de Economía de Francia, tenemos una imagen de en qué se han convertido nuestros valores.

Los mismos que aplaudieron los ataques contra Libia e Irak se asombran de que Rusia haga lo mismo destruyendo las infraestructuras de Ucrania. Los mismos que combaten el nacionalismo en Francia y en Europa celebran, arman y apoyan el ultranacionalismo en Ucrania....

La ofensiva lanzada por Vladimir Putin es ilegal según la Carta de las Naciones Unidas. Pero... ¿acaso se ha sancionado a Estados

---

748.Marianne Guenot, «Famous conductor who is close friends with Putin was fired from his orchestra for not condemning Ukraine invasion», *Business Insider*, 1 de Marzo 2022

749.Daniela Lazarová, «El fiscal jefe advierte contra el apoyo público a la agresión rusa», *Radio Praga*, 26 de febrero de 2022.

Unidos por mentir deliberadamente al Consejo de Seguridad para justificar su guerra en Irak?

El reconocimiento por Vladimir Putin de las repúblicas del Donbass el 21 de febrero de 2022 fue recibido con una lluvia inicial de sanciones. Sin embargo, el reconocimiento unilateral por Donald Trump de los Altos del Golán como territorio israelí o de Jerusalén como capital de Israel no provocó ni una reacción ni sanciones contra Israel o Estados Unidos. Y, sin embargo, fue ilegal.

El 26 de febrero de 2022, la comunidad internacional (occidental) se preguntaba por qué Emiratos Árabes Unidos se había abstenido de condenar a Rusia en el Consejo de Seguridad[750]. Se trata de una sorprendente demostración de nuestra mentalidad occidental, que no hace ningún intento por comprender por qué los pueblos de Oriente Próximo tienen una visión ligeramente diferente de esta crisis.

¿Qué hace que la ofensiva rusa en Ucrania sea más censurable que la guerra desatada por Estados Unidos y Gran Bretaña contra Irak, contra la que no se adoptaron sanciones, a pesar de los cientos de miles (quizá millones) de víctimas que causó? ¿Acaso las poblaciones árabes valen menos que la ucraniana?

Estados Unidos, Gran Bretaña, Francia, Polonia, Lituania, Rumanía y otros países participaron en guerras de agresión tras mentir a la comunidad internacional. Han torturado y masacrado a mujeres y niños de formas documentadas y bien conocidas, con la luz verde de la Unión Europea y la OTAN. *No reaccionar equivale a condenar*[751].

No sé cuáles son los valores de Vladimir Putin, y no sé cómo describir a este hombre, pero sí sé que, en cualquier caso, nosotros no tenemos valores y no somos mejores.

---

750. Laura-Mai Gaveriaux, «Au Conseil de sécurité de l'ONU, le non-alignement stratégique des Émirats arabes unis», *Les Echos*, 26 de febrero de 2022.
751. «Avión desviado por Bielorrusia: "La falta de reacción de Rusia equivale a una garantía", afirma Jean-Yves Le Drian», *francetvinfo.fr*, 26 de mayo de 2021.

Como escribió Henri Kissinger, Consejero de Seguridad Nacional de Ronald Reagan, en el *Washington Post*:

> *demonizar a Vladimir Putin no es una política; es una coartada para no tener una*[752].

Al final, el gran ganador fue Vladimir Putin.

---

752. Henry A. Kissinger, «Cómo termina la crisis de Ucrania», *The Washington Post*, 5 de marzo de 2014.

Anexo 1 - Medidas y actividades de la administración Trump contra Rusia y sus intereses

Fecha	Medida/Actividad	Fuente
6 de enero de 2017	Los primeros carros de combate estadounidenses desembarcan en Europa para su despliegue en el Este	rtbf.be
16 de enero de 2017	Soldados estadounidenses desplegados en varios países europeos	AFP/Le Point
7 de abril de 2017	Trump lanza ataques contra Siria tras el ataque químico	AFP/Le Point
22 de abril de 2017	Trump rechaza que Exxon Mobil levante las sanciones a Rusia	Le Monde
12 de abril de 2017	Para Putin, la llegada de Trump ha empeorado las relaciones ruso-estadounidenses	lesoir.be
2 de agosto de 2017	Donald Trump emite nuevas sanciones contra Rusia	rts.ch
13 de septiembre de 2017	Washington prohíbe el antivirus Kaspersky en las agencias federales	AFP/La Presse
14 de noviembre de 2017	Canal ruso clasificado como agente extranjero	Tribune de Genève
26 de septiembre de 2017	Estados Unidos restringe los vuelos militares rusos sobre su territorio.	El Independiente

13 de diciembre de 2017	Kaspersky: el presidente Donald Trump firma la prohibición del uso de productos de la compañía en el Gobierno	developpez. com
23 de diciembre de 2017	Washington suministrará armas letales a Kiev	Le Monde
20 de diciembre de 2017	Rusia: nuevas sanciones de EE.UU., el líder checheno en el punto de mira	AFP/ lexpress.fr
18 de enero de 2018	Washington acusa a Rusia de ayudar a Corea del Norte	AFP/Le Figaro
19 de enero de 2018	Para Estados Unidos, China y Rusia son mayores amenazas que el terrorismo	Radio-Ca-nada
17 de febrero de 2018	Siria: ¿Cazas rusos muertos por ataques estadounidenses?	Francia24
26 de marzo de 2018	Trump ordena el cierre del consulado ruso en Seattle	LeMatin.ma
26 de marzo de 2018	Caso Skripal: Trump ordena la expulsión de sesenta rusos	Reuters/ Retos
4 de abril de 2018	Para hacer frente a Rusia, Estados Unidos despliega su ejército en Europa del Este	El Eco
3 de abril de 2018	Trump critica a Alemania por el gasoducto del Mar del Norte	DPA
7 de abril de 2018	Washington sanciona a los «oligarcas» próximos a Putin	Les Echos
14 de abril de 2018	Trump lanza ataques selectivos en Siria con Francia y Reino Unido	Huffington Post
12 de abril de 2018	Tensiones entre Estados Unidos y Rusia por Siria: ¿una vuelta a la Guerra Fría?	Europe1.fr
9 de abril de 2018	Aluminio. El gigante ruso Rusal, sancionado por Washington, se desploma en bolsa	AFP/ Ouest-France
8 de mayo de 2018	Irán: Rusia está «profundamente decepcionada» por la decisión de Trump	AFP/ lexpress.fr
11 de julio de 2018	Trump pide a sus aliados que aumenten su gasto militar al 4% del PIB	El Eco

11 de julio de 2018	OTAN: Trump dice a Macron que «no hay ruptura» con Europa	AFP/BFM TV
29 de julio de 2018	Gas: Trump, dispuesto a pisar los talones a Rusia en Europa	l'Opinion
9 de agosto de 2018	Asunto Skripal. Washington anuncia nuevas sanciones contra Moscú	Correo internacional
12 de agosto de 2018	Donald Trump listo para lanzar su ejército espacial	Le Temps
14 de agosto de 2018	Estados Unidos: se firma un presupuesto récord para el Pentágono	latribune.fr
11 de septiembre de 2018	Rusia, responsable de los ataques sónicos contra diplomáticos estadounidenses en Cuba	La Colina
21 de septiembre de 2018	Estados Unidos sanciona a China por sus compras de aviones Su-35 y sistemas S-400 a Rusia	opex360.com
5 de octubre de 2018	India adquiere sistemas antiaéreos rusos, pese a las advertencias de Washington	AFP/ lexpress.fr
21 de octubre de 2018	Trump se retira del tratado nuclear con Rusia	AFP/ lexpress.fr
7 de noviembre de 2018	Donald Trump impondrá nuevas sanciones a Rusia	capital.fr
30 de noviembre de 2018	Tensiones entre Rusia y Ucrania: Trump cancela una reunión con Putin	Radio-Canada
19 de diciembre de 2018	Injerencia electoral: sanciones de EE.UU. contra agentes rusos	AFP/ Le Figaro.fr
12 de junio de 2019	Trump dice que EEUU desplegará 1.000 soldados en Polonia	Reuters/Le Figaro
2 de agosto de 2019	Estados Unidos se retira oficialmente del tratado INF de desarme nuclear	Francia 24
3 de agosto de 2019	Asunto Skripal: Estados Unidos impone nuevas sanciones financieras a Rusia	AFP/Le Parisien

Anexo 1 - Medidas y actividades de la administración Trump contra Rusia y sus intereses

Fecha	Acontecimiento	Fuente
3 de enero de 2020	Donald Trump aprueba sanciones de EEUU contra las empresas que trabajan en el gasoducto Nord Stream 2	Agencia Europa
18 de febrero de 2020	Estados Unidos sanciona a Rosneft Trading S.A. para asegurar los recursos naturales de Venezuela	Departamento de Estado de EE.UU., Declaración de Michael Pompeo
21 de mayo de 2020	Donald Trump denuncia el Tratado de Cielos Abiertos y acusa a Moscú de violarlo	AFP/Franceinfo
13 de julio de 2020	Elsa Trujillo, «Trump confirma por primera vez un ciberataque estadounidense contra Rusia	BFM TV
16 de octubre de 2020	Tratado New Start: Washington rechaza la «inaceptable» oferta de Putin	liberation.fr
22 de noviembre de 2020	Estados Unidos se retira oficialmente del Tratado de Cielos Abiertos	Belga/RTBF
24 de noviembre de 2020	Rusia acusa a un buque estadounidense de violar sus aguas territoriales	AFP/Le Figaro
14 de diciembre de 2020	Estados Unidos sanciona a Turquía por la compra de misiles rusos S-400	Francia 24
15 de diciembre de 2020	Pompeo acusa a Rusia de «sembrar el caos» en la cuenca mediterránea	7sur7.be
19 de diciembre de 2020	Estados Unidos cerrará sus consulados en Rusia	24heures.ch
5 de enero de 2021	Estados Unidos intensifica las sanciones contra el gasoducto Nord Stream 2	Le Monde

Anexo 2 - Evaluación de la situación por Putin

Fecha		Fuente	Popularidad (%)
26/12/2011	Putin se enfrenta a su mayor crisis	La Tribune	63
19/12/2014	Putin está debilitado	L'Obs	85
01/02/2015	Putin pierde influencia sobre las élites moscovitas	Noticias CBC	85
08/07/2015	Putin es débil y está aterrorizado	Vox	87
18/05/2016	Putin está en un callejón sin salida	Noticias de EE.UU.	80
29/06/2017	Putin pierde prestigio	Stratfor	81
28/09/2018	Las reformas emprendidas debilitan a Putin	BFM TV	67
05/10/2018	Putin pierde el control	Express UK	66
20/06/2019	Putin pierde la confianza de los rusos	Político	68
13/08/2019	Putin es el símbolo de la humillación de Rusia	Boletín de Política Int.	67
09/09/2019	Putin pierde el control	Informe Palmer	68
20/01/2020	Putin está al borde del colapso político	Al Jazirah	68
26/04/2020	Putin podría ser derrocado por la crisis de CoViD	El Sol	59
01/05/2020	Putin se enfrenta a su mayor crisis en 20 años	El Times	59
17/06/2020	Putin se desploma en las encuestas	Al Jazirah	60

29/08/2020	Putin se tambalea	El Economista	66
21/09/2020	La resurrección de Navalny desestabiliza a Putin	Le Figaro	69
08/10/2020	Putin, aislado por la mayor crisis de su régimen	Daily Beast	68
20/11/2020	Putin tiene cáncer	Gala	65
01/02/2021	Putin está a la defensiva	Francia Inter	64
17/10/2021	La opinión pública de Putin es cada vez más desfavorable	Francia 5	67
10/01/2022	La popularidad de Putin está en declive	Le Devoir	69

La evaluación de Al Jazirah sobre el poder de Vladimir Putin, comparada con los índices de popularidad registrados por el Centro Levada en las mismas fechas[753]. *Las autoridades rusas consideran al Centro Levada un agente extranjero.*

753. «La aprobación de las instituciones y la confianza en los políticos», *Levada Center*, 2022

Anexo 3 - Acuerdos de Minsk II
(15 de febrero de 2015)

Este texto de los Acuerdos de Minsk es el incluido en la Resolución SC/2202 (2015) adoptada por el Consejo de Seguridad de las Naciones Unidas el 17 de febrero de 2015.

Paquete de medidas para aplicar los Acuerdos de Minsk

(Minsk, 12 de febrero de 2015)

1. Un alto el fuego inmediato y completo en determinadas zonas de las regiones ucranianas de Donetsk y Lugansk y su aplicación rigurosa a partir de la medianoche, hora local, del 15 de febrero de 2015.

2. retirada por ambas partes de todo el armamento pesado a distancias iguales a fin de establecer una zona de seguridad de al menos 50 km de anchura para los sistemas de artillería de calibre igual o superior a 100 mm, y una zona de seguridad de 70 km de anchura para los sistemas de lanzacohetes múltiples y de 140 km de anchura para los sistemas de lanzacohetes múltiples TORNADO-S, OURAGAN y SMERCH y los sistemas de cohetes tácticos TOTCHKA (TOTCHKA-U):

-Para las fuerzas ucranianas, desde la línea de contacto de facto ;

-Para las unidades armadas en determinadas zonas de las regiones ucranianas de Donetsk y Lugansk, a partir de la línea de contacto establecida de conformidad con el Memorando de Minsk de 19 de septiembre de 2014.

La retirada de las armas pesadas enumeradas anteriormente debe comenzar a más tardar el segundo día siguiente al alto el fuego y completarse en un plazo de 14 días.

La Organización para la Seguridad y la Cooperación en Europa (OSCE) contribuirá a este proceso con el apoyo del Grupo de Contacto Tripartito.

3. Vigilancia y verificación efectivas por parte de la OSCE del régimen de alto el fuego y de la retirada de las armas pesadas desde el primer día del alto el fuego, utilizando todos los medios técnicos necesarios, incluidos satélites, drones, radares y otros sistemas.

4. el primer día después de la retirada, apertura de un diálogo sobre las modalidades de celebración de elecciones locales de conformidad con la legislación ucraniana, en particular la ley sobre las modalidades temporales de ejercicio de la autonomía local en determinadas zonas de las regiones de Donetsk y Luhansk, así como sobre el futuro régimen de estas zonas en el marco de dicha ley.

Sin demora, a más tardar 30 días después de la firma del presente documento, la Rada Suprema de Ucrania adoptará una resolución en la que se especifique el territorio sometido a un régimen especial en virtud de la Ley de Ucrania sobre las modalidades temporales de ejercicio de la autonomía local en determinadas zonas de las regiones de Donetsk y Lugansk, sobre la base de la línea establecida por el Memorando de Minsk de 19 de septiembre de 2014.

5. indulto general y amnistía mediante la adopción de una ley que prohíba todo enjuiciamiento y castigo de personas en relación con los acontecimientos que tuvieron lugar en determinadas zonas de las regiones ucranianas de Donetsk y Luhansk.

6. liberación e intercambio de todos los rehenes y personas detenidas ilegalmente, sobre la base de «todos por todos». Este proceso debe completarse a más tardar el quinto día siguiente a la retirada.

7 Adoptar medidas para garantizar, a través de un mecanismo internacional, el acceso seguro del personal humanitario y la entrega,

almacenamiento y distribución segura de la ayuda humanitaria a los necesitados.

8. Establecer procedimientos para el pleno restablecimiento de las relaciones socioeconómicas, en particular las transferencias sociales como el pago de pensiones y otros pagos (ingresos y rentas, pago puntual de todas las facturas de servicios públicos, reanudación de la tributación dentro del marco legal ucraniano).

Para ello, Ucrania recuperará el control de la parte de su sistema bancario situada en las zonas afectadas por el conflicto, y podrá ponerse en marcha un mecanismo internacional que facilite estas transferencias.

9.Restablecimiento del pleno control gubernamental ucraniano de la frontera estatal en toda la zona de conflicto, que comenzará el primer día después de las elecciones locales y se completará tras un acuerdo político global (elecciones locales en determinadas zonas de las regiones de Donetsk y Luhansk sobre la base de la legislación ucraniana y la reforma constitucional) para finales de 2015, a reserva de la aplicación del apartado 11 en consulta y de acuerdo con los representantes de determinadas zonas de las regiones de Donetsk y Luhansk en el marco del Grupo de Contacto Tripartito.

10) Retirada del territorio ucraniano de todas las unidades armadas, equipos militares y mercenarios extranjeros, bajo supervisión de la OSCE. Desarme de todos los grupos ilegales.

11. Aplicación de la reforma constitucional en Ucrania y entrada en vigor, antes de finales de 2015, de una nueva Constitución, uno de cuyos elementos esenciales será la descentralización, teniendo en cuenta las especificidades de determinadas zonas de las regiones de Donetsk y Luhansk, que se definirán de acuerdo con los representantes de dichas zonas, y adopción, antes de finales de 2015, de legislación permanente sobre el estatuto especial de determinadas zonas de las regiones de Donetsk y Luhansk, de conformidad con las medidas expuestas en la nota que figura a continuación (véase la nota).

12. Sobre la base de la Ley de Ucrania sobre Disposiciones Temporales para el Ejercicio del Autogobierno Local en Determinadas Zonas de las Regiones de Donetsk y Luhansk, las cuestiones relacionadas con las elecciones locales se debatirán y acordarán con los representantes de determinadas zonas de las regiones de Donetsk y Luhansk en el marco del Grupo de Contacto Tripartito. Las elecciones se celebrarán de conformidad con las normas pertinentes de la OSCE y serán observadas por la Oficina de Instituciones Democráticas y Derechos Humanos de la OSCE.

13. Intensificación de la labor del Grupo de Contacto Tripartito, en particular mediante la creación de grupos de trabajo encargados de aplicar los aspectos pertinentes de los Acuerdos de Minsk. Estos grupos de trabajo reflejarán la composición del Grupo de Contacto Tripartito.

Nota

Las medidas adoptadas en virtud de la ley sobre disposiciones temporales para el ejercicio de la autonomía local en determinadas zonas de las regiones de Donetsk y Lugansk son las siguientes.

-No se castigará, procesará ni discriminará a las personas relacionadas con los sucesos ocurridos en determinadas zonas de las regiones de Donetsk y Lugansk.

-Se garantizará el derecho a la autodeterminación lingüística.

-Las administraciones locales participarán en el nombramiento de los jefes de los órganos de enjuiciamiento y acusación en determinadas zonas de las regiones de Donetsk y Lugansk.

-Las autoridades ejecutivas centrales podrán celebrar acuerdos con las autoridades locales competentes sobre el desarrollo económico, social y cultural de determinadas zonas de las regiones de Donetsk y Lugansk.

-El Estado apoyará el desarrollo socioeconómico de determinadas zonas de las regiones de Donetsk y Luhansk.

El gobierno central facilitará la cooperación transfronteriza entre determinadas zonas de las regiones de Donetsk y Luhansk y distritos de la Federación Rusa.

-Se formarán unidades milicianas a las órdenes de los consejos locales para mantener el orden en determinadas zonas de las regiones de Donetsk y Luhansk.

-Los diputados y miembros elegidos en elecciones celebradas anteriormente por la Verjovna Rada de Ucrania (el Parlamento ucraniano) en virtud de esta ley no pueden ser destituidos antes del final de su mandato.

Los miembros del Grupo de Contacto Tripartito:
Heidi Tagliavini, embajadora
L.D. Koutchma, segundo Presidente de Ucrania
Iou Zourabov, Embajador de la Federación Rusa en Ucrania
A.V. Zakhartchenko
I.V. Plotnitski

Declaración emitida por el Presidente de la Federación de Rusia, el Presidente de Ucrania, el Presidente de la República Francesa y la Canciller de la República Federal de Alemania en apoyo del paquete de medidas para aplicar los Acuerdos de Minsk adoptado el 12 de febrero de 2015.

El Presidente de la Federación de Rusia, Vladimir Putin; el Presidente de Ucrania, Petro Poroshenko; el Presidente de la República Francesa, François Hollande; y la Canciller de la República Federal de Alemania, Angela Merkel, reafirman su pleno respeto por la soberanía y la integridad territorial de Ucrania. Están firmemente convencidos de que la única opción es una solución por medios exclusivamente pacíficos. Están plenamente decididos a adoptar todas las medidas posibles, individuales o conjuntas, con este fin.

En este contexto, los Jefes de Estado y de Gobierno respaldan el paquete de medidas para la aplicación de los Acuerdos de Minsk adoptado y firmado en esta ciudad el 12 de febrero de 2015 por todos los signatarios del Protocolo de Minsk de 5 de septiembre de 2014 y del Memorando de Minsk de 19 de septiembre de 2014. Los Jefes de Estado y de Gobierno contribuirán a este proceso y utilizarán su influencia ante las partes implicadas para facilitar la aplicación del paquete de medidas.

Alemania y Francia proporcionarán apoyo técnico para rehabilitar la parte del sistema bancario situada en las zonas afectadas por el conflicto, posiblemente mediante la creación de un mecanismo internacional que facilite las transferencias sociales.

Los dirigentes comparten la convicción de que una cooperación más estrecha entre la Unión Europea, Ucrania y la Federación de Rusia favorecerá la resolución de la crisis. Con este fin, apoyan la continuación de las conversaciones trilaterales entre la Unión Europea, Ucrania y la Federación Rusa sobre cuestiones energéticas para avanzar en el suministro de gas en invierno.

También apoyan la celebración de conversaciones trilaterales entre la Unión Europea, Ucrania y la Federación Rusa para encontrar una forma concreta de abordar las preocupaciones planteadas por la Federación Rusa en relación con la aplicación de la zona de libre comercio de alcance amplio y profundo entre la Unión Europea y Ucrania.

Los Jefes de Estado y de Gobierno siguen comprometidos con la perspectiva de un espacio humanitario y económico común que se extienda desde el océano Atlántico hasta el Pacífico, basado en el pleno respeto del Derecho internacional y de los principios de la Organización para la Seguridad y la Cooperación en Europa (OSCE).

Los dirigentes seguirán comprometidos con la aplicación de los Acuerdos de Minsk. A tal fin, acuerdan crear un mecanismo de supervisión conforme al «formato de Normandía», que se reunirá a intervalos regulares, en principio a nivel de altos funcionarios de los Ministerios de Asuntos Exteriores.

Anexo 4 - La Carta de Múnich

Los diez deberes de un periodista

1) Respetar la verdad, sean cuales sean las consecuencias para sí mismo, por el derecho del público a conocer la verdad.

2) Defender la libertad de información, comentario y crítica.

3) Publicar únicamente información cuyo origen se conozca o, en caso necesario, acompañarla de las reservas oportunas; no suprimir información esencial y no alterar textos y documentos.

4. no utilizar métodos desleales para obtener información, fotografías y documentos.

5. comprometerse a respetar la intimidad de las personas.

6. rectificar cualquier información publicada que resulte ser inexacta.

7) Mantener el secreto profesional y no divulgar la fuente de la información obtenida confidencialmente.

8. abstenerse de plagio, calumnia, difamación, acusaciones infundadas y de recibir beneficio alguno como resultado de la publicación o supresión de información.

9 No confunda nunca periodismo con publicidad o propaganda; no acepte instrucciones directas o indirectas de anunciantes.

10) Negarse a recibir presiones y aceptar instrucciones editoriales sólo de los responsables de la redacción.

Los cinco derechos del periodista

1 Los periodistas exigen el libre acceso a todas las fuentes de información y el derecho a investigar libremente todos los hechos que afecten a la vida pública. El secreto de los asuntos públicos o privados sólo puede invocarse contra los periodistas a título excepcional y por motivos claramente expresados.

2 Los periodistas tienen derecho a rechazar cualquier subordinación que sea contraria a la política general de su empresa, establecida por escrito en su contrato de trabajo, así como cualquier subordinación que no esté claramente implícita en esta política general.

3 Los periodistas no pueden ser obligados a realizar un acto profesional o a expresar una opinión contraria a sus convicciones o a su conciencia.

4 El equipo de redacción debe ser informado de cualquier decisión importante que pueda afectar a la vida de la empresa. Al menos debe ser consultado, antes de tomar una decisión definitiva, sobre cualquier medida que afecte a la composición de la redacción: contratación, despido, traslado y promoción de periodistas.

5 Habida cuenta de su función y sus responsabilidades, los periodistas tienen derecho no sólo a los beneficios de los convenios colectivos, sino también a un contrato personal que garantice su seguridad material y moral, así como una remuneración acorde con su función social y suficiente para garantizar su independencia económica.

Índice